21 世纪高职高专规划教材·公共基础系列

实用口才训练教程

（第 2 版第 1 次修订本）

主　编　高雅杰
副主编　高　鹏　侯春宇
参　编　王　晶　佟永波
　　　　崔晓丹　冯　华
主　审　杨国林

清华大学出版社
北京交通大学出版社
·北京·

内 容 简 介

本教材分为口才基础训练、口才综合训练和职业口才训练三部分。编者以"工作任务"为导向、"学以致用"为原则，精心设计了普通话训练、态势语言训练、读诵训练、演讲训练、面试口才训练、社交口才训练、谈判口才训练、主持口才训练共八章内容。通过这些内容的教学，旨在培养高职学生的普通话会话能力和社交语言表达能力，提高学生的综合素质。

本书适用于高职院校各类专业基础教学，也可作为机关、公司和其他自学人员的参考用书。

本书封面贴有清华大学出版社防伪标签，无标签者不得销售。
版权所有，侵权必究。侵权举报电话：010-62782989　13501256678　13801310933

图书在版编目（CIP）数据

实用口才训练教程／高雅杰主编．—2 版．—北京：北京交通大学出版社：清华大学出版社，2016.1（2024.1 重印）
（21 世纪高职高专规划教材·公共基础系列）
ISBN 978-7-5121-2175-1

Ⅰ.①实… Ⅱ.①高… Ⅲ.①口才学-高等职业教育-教材 Ⅳ.①H019

中国版本图书馆 CIP 数据核字（2014）第 291080 号

实用口才训练教程
SHIYONG KOUCAI XUNLIAN JIAOCHENG

责任编辑：解　坤　　特邀编辑：范月琼
出版发行：清 华 大 学 出 版 社　邮编：100084　电话：010-62776969　http：//www.tup.com.cn
　　　　　北京交通大学出版社　邮编：100044　电话：010-51686414　http：//www.bjtup.com.cn
印 刷 者：北京虎彩文化传播有限公司
经　　销：全国新华书店
开　　本：185 mm×230 mm　印张：18.75　字数：420 千字
版 印 次：2020 年 8 月第 2 版第 1 次修订　2024 年 1 月第 3 次印刷
定　　价：47.00 元

本书如有质量问题，请向北京交通大学出版社质监组反映。对您的意见和批评，我们表示欢迎和感谢。
投诉电话：010-51686043，51686008；传真：010-62225406；E-mail：press@bjtu.edu.cn。

前　　言

本书第 1 版于 2008 年 2 月出版，以新鲜实用的案例、通俗幽默的语言，全面展示各方面的实用语言艺术，详细介绍提高口才能力的方法与技巧，突出课程的职业性、实践性、开放性和可持续性，便于学生理解和掌握，方便教师的教学。因此，第 1 版教材受到了广大师生的喜爱和认可。为了突出高等职业教育教学以就业为导向、以学生可持续发展为目标的理念，给广大师生提供更实用、更好用的教材，编写组对第 1 版教材进行了相应的修订。

本次修订，坚持理论知识实用和够用、案例贴近学生生活和工作、编写体例符合人的认知规律的编写原则，做出以下几个方面的重大调整：一是在章节的选取上删除了导游口才等部分，新增社交口才和领导口才两部分，进一步突出了实用性和针对性。二是在每节开头增加了"情景导入"环节，使学生更加明确各种口才训练的作用和意义，以激发学生的学习兴趣，增进学生对学习内容的理解与重视。在每一章的最后加入了"经典推荐"环节，推荐相关书籍、网站、软件等，扩大学生的训练平台，使学生的视野得到拓展。三是在"思考与训练"环节采用以情境训练为主的题型，以实现任务驱动教学方法的实施。通过以上三个方面的重大调整，本书力求更加符合高职高专教育理念，更加方便广大教师和学生的使用。

本次修订由黑龙江农业经济职业学院高雅杰主持并任主编，牡丹江市质量技术监督局高鹏、黑龙江农业经济职业学院侯春宇任副主编，黑龙江农业经济职业学院杨国林任主审。具体参与修订人员分工如下。

绪论：由黑龙江农业经济职业学院王晶编写。

上编　口才基础训练部分：第一章由黑龙江农业经济职业学院佟永波编写；第二章由黑龙江农业经济职业学院崔晓丹编写。

中编　口才综合训练部分：第三章由黑龙江农业经济职业学院冯华编写；第四章由黑龙江农业经济职业学院王晶编写。

下编　职业口才训练部分：第五章由黑龙江农业经济职业学院王晶编写；第六章由黑龙江农业经济职业学院冯华编写；第七章由黑龙江农业经济职业学院侯春宇编写；第八章由黑龙江农业经济职业学院崔晓丹编写。

全书由黑龙江农业经济职业学院高雅杰统稿。

由于编者水平有限，书中的不足与缺憾在所难免，真诚希望广大读者批评指正。

编　者
2015 年 6 月

目　　录

绪论 ……………………………………………………………………………… (1)
　　第一节　口才基础知识 ……………………………………………………… (2)
　　第二节　口才训练的原则及方法 …………………………………………… (8)

上编　口才基础训练

第一章　普通话训练 …………………………………………………………… (21)
　　第一节　普通话基础知识 …………………………………………………… (22)
　　第二节　普通话发声训练 …………………………………………………… (41)
　　第三节　普通话综合训练 …………………………………………………… (49)

第二章　态势语言训练 ………………………………………………………… (67)
　　第一节　态势语言基础知识 ………………………………………………… (68)
　　第二节　态势语言综合训练 ………………………………………………… (77)

中编　口才综合训练

第三章　读诵训练 ……………………………………………………………… (85)
　　第一节　朗读方法及技巧 …………………………………………………… (87)
　　第二节　朗诵方法及技巧 …………………………………………………… (109)
　　第三节　读诵综合训练 ……………………………………………………… (115)

第四章　演讲训练 ……………………………………………………………… (124)
　　第一节　演讲基础知识 ……………………………………………………… (125)
　　第二节　演讲技巧 …………………………………………………………… (131)
　　第三节　演讲综合训练 ……………………………………………………… (142)

下编　职业口才训练

第五章　面试口才训练 ………………………………………………………… (151)
　　第一节　面试口才基础知识 ………………………………………………… (152)
　　第二节　面试口才技巧 ……………………………………………………… (165)
　　第三节　面试口才综合训练 ………………………………………………… (176)

第六章　社交口才训练 ………………………………………………………… (188)
　　第一节　社交口才基础知识 ………………………………………………… (189)

I

第二节　社交口才技巧 …………………………………………（192）
　　第三节　社交口才综合训练 ……………………………………（211）
第七章　谈判口才训练 …………………………………………………（215）
　　第一节　谈判口才基础知识 ……………………………………（216）
　　第二节　谈判口才技巧 …………………………………………（230）
　　第三节　谈判口才综合训练 ……………………………………（240）
第八章　主持口才训练 …………………………………………………（245）
　　第一节　主持口才基础知识 ……………………………………（246）
　　第二节　主持口才技巧 …………………………………………（254）
　　第三节　主持口才综合训练 ……………………………………（273）
附录 A　容易读错的字 …………………………………………………（279）
附录 B　普通话水平测试试卷样卷 ……………………………………（287）
附录 C　口才自我训练方案 ……………………………………………（289）
参考文献 …………………………………………………………………（291）

绪　　论

内容提要

1. 口才基础知识
2. 口才训练原则
3. 口才训练方法

　　能说会道，谈笑风生，巧舌如簧，抑或是妙语连珠，是人们对好口才的一种评价。有口才的人被人们羡慕、尊敬甚至是景仰。口才在人们的工作、生活、事业中能发挥巨大的作用。

情景导入

　　有一位毕业于哈佛大学的美国青年，失业后无法生存。他身无分文，为了能够找到一份工作，已经在街上徘徊了很久。一天，他突然鼓足勇气，闯进了美国费城著名巨贾鲍尔·吉勃斯先生的办公室，请求吉勃斯牺牲一分钟接见他，允许他讲一两句话。这位陌生的怪客使吉勃斯感到惊奇，因为他的外表太引人注目了。他衣衫褴褛，全然一副穷困潦倒的样子，但精神却非常饱满。

　　一半出于好奇，一半出于怜悯，吉勃斯同意与他一谈。起初原想与他谈几秒钟，但这几秒钟却变成了几分钟，几分钟又变成了一个小时，并且谈话依旧进行着。最后，吉勃斯当即打电话给狄诺出版公司的费城经理罗兰·泰勒，再由泰勒这位著名的金融家邀请这位青年共进午餐，并给了他一个极重要的职务。感到奇怪吗？一个穷途末路的青年，竟然能在这样短的时间内影响了两位重要的人物，从而改变了自己的人生，走上阳光大道。这位毕业于哈佛大学的美国青年靠的是什么秘密武器？——口才！惊人的沟通能力和语言技巧！

　　哈佛大学培养出了各界的佼佼者，至今已有八位当选为美国总统。他们具有共同的特点：拥有卓越的口才，并借助口才走向了成功。

你懂得口才的艺术吗？本章将介绍口才的重要性及作用，了解拥有优秀口才所必备的素质，掌握口才训练的基本方法和技巧，使你能够在各种交际场合从容不迫地开口说话，展示自己的风采！

中国有句古话，叫作"一言知其贤愚"，意思就是说，口才不仅是一个人学识高低的表现，更是一个人思想、智慧、知识、见识、性格、气质等综合素质的集中反映。好口才是成功的敲门砖！在当今这个竞争十分激烈的社会，口才已经成为决定一个人生活好坏及事业成败的重要因素。练就一副好口才，不仅可以提升自己在众人心目中的地位和形象，使自己在复杂的人际关系网络间游刃有余，更重要的是，它可以为你的工作提供帮助，使你能够更加得心应手地工作，从而实现自己的人生抱负，登上事业的顶峰。

随着社会的不断进步，人们的文化视野、交际视野更加开阔，越来越多地需要在各种公开场合发表自己的意见，展现自己的才华。这个时候，如果出言不当，会使自己陷入"尴尬"的窘境；笨嘴拙舌、词不达意则会坐失良机。而如果用语精当、善于辞令，那将会赢得主动、左右逢源。所以说，口才可以代表一个人的力量，能够显示一个人的价值。将这种力量和价值投入到现实中，就会创造出无穷无尽的社会财富。

第一节　口才基础知识

一、口才的含义

口才，由"口"和"才"两部分组成。"口"是指口语表达，"才"则是可供"口"表达的知识、才学。有口无才，便如山中竹笋，嘴尖皮厚腹中空；有才无口，则如茶壶煮饺子，满腹经纶倒不出。"口才"就是在说话、交谈、朗读、论辩、讲课、演讲等社会交际活动中所具有的口语交际才能。它是一个人的道德修养、文化积累、知识结构、思维方式、价值判断、心理素质、语言艺术和仪态仪表等综合素质的集中反映。

【精彩案例一】

曾经有位著名的烹饪大师，想把自己的毕生绝学传给他最得意的一位弟子。在此之前他先让弟子给他做一道世界上最好吃的菜肴，弟子端上来一盘舌头，大师问其原因，弟子说："历来功成名就之人，大都拥有好口才，正是这东西声情并茂地描绘，才带来了许多美好的文明，才带来了人类许多欲望的满足和幸运的降临。"大师欣然，接着又让这名弟子给他做一道世界上最难吃的菜肴，没想到弟子还是端来一盘舌头。大师不解，弟子又说："舌头这东西固然美味，但它也是最难吃的。正所谓祸从口出。古往今来，这世上诸多人为的灾难、罪孽，有几桩不是由舌头挑起的呢？"大师听后大笑起来，他终于找到了继承自己绝学的最适合人选。

二、口才的六种能力

从人们的语言交际实践看，口才主要表现为说话的六种能力，即说明能力、吸引能力、说服能力、感人能力、创造能力和控制能力。

1. 说明能力

说明能力，即把话说得准确明白的能力。把自己心里的想法说出来的这种能力，是口才最基本的要求。要求说话者用词准确，语意明白，语句简洁，合乎语法规范，把客观概念表述得清晰、准确、连贯、得体。实际上，能把意思讲准确、讲明白，使听者"一听了然"，也是不容易的。比如数学家陈景润，他非常有学问，曾经写过不少专著，但由于语言表达能力的欠缺，他在讲授数学课的时候，很难让学生听明白，最后只能离开讲台，专心于数学知识的研究。

【精彩案例二】

一个人在家里宴请客人，请了很多朋友，但过了很久，还有几位客人没来，主人心里很着急，于是说："为什么该来的还不来，真是的！"一些客人听到了，心想：该来的客人没来，那我就是不该来的喽？于是就悄悄地走了。主人看到有客人走了，越来越着急，连说："怎么不该走的又走了呢？"剩下的客人一听，心想：如果走了的是不该走的，那我们就是该走的喽！于是又走了几个人，最后只剩下一位客人。妻子说："你说话前应该先考虑一下，否则说错了，就不容易收回来了。"主人说："不是呀，我说的真不是他们！"最后一位客人听了，便想：那我就是该走的了。于是头也不回地离开了。

2. 吸引能力

吸引能力，就是通过说话把别人的注意力吸引住的能力，也就是吸引周围的人倾听自己说话，使之愿意听，能听进去，并有所得的能力。余秋雨是大家比较熟悉的一位作家，他的很多作品，如《文化苦旅》、《行者无疆》等都为人们所推崇。在现实生活中，余秋雨不但有文才，还有口才，与人谈话经常是妙语连珠、出口成章。语言的精辟、知识的广博，往往使聆听者浑然忘我。

【精彩案例三】

海派清口创始人周立波，语言丰富、诙谐、尖锐、深刻、智慧，极具吸引力。他所讲的内容涉及社会方方面面，如股市、房产、教育、为官、做人、奥运、时尚、信仰、世界杯……下面是周立波的经典语句，每句话都蕴含十分深刻的道理，或是对社会的现象进行辛辣的讽刺和抨击，在让人捧腹大笑的同时，又引人思考！

① 凡事都要一分为二，文凭确实是个好东西，但好东西未必能让我们成为什么东西！

对吧？我建议大学生在求学的时候，要身在校园，心系社会。别指望老师在教你知识的同时，还能帮你读懂社会。要相信教育，但不能迷信教育。教科书上学不到真正的生存技能，经济学教授炒股大部分都套住了！大学生要学会在实践中感悟生存！

②说金钱是罪恶的，都在捞；说高处不胜寒，都在爬；说天堂最美好，都不去！

③钞票只有用掉了以后才是你的，打开皮夹子，看看没有用掉的钞票，上面印的是"中国人民银行"，跟你没关系。

3. 说服能力

说服能力，即通过言语的表达，使人信服、认可的能力。口才好的人，并不一定讲得很多，关键在于他了解别人的想法，对症下药，三言两语就能使人折服。说服能力要求言语行为具有明确的目的性，漫无边际的讲话是没有任何实际意义的。

【精彩案例四】

一位驼背的小伙子，非常固执地爱上了一位商人的漂亮女儿，但商人的女儿从来没有正眼看过他，这主要是因为他是个古怪可笑的驼背小伙子。

一天，小伙子找到商人的女儿，鼓足勇气问："你相信姻缘天注定吗？"商人的女儿眼睛看着天空答道："相信。"然后反问小伙子："你相信吗？"小伙子回答："我听说，每个男孩出生之前，上帝便会告诉他将来要娶的是哪一个女孩。我出生的时候，未来的新娘便已经许配给我了。上帝还告诉我，我的新娘是个驼背女子。我当即向上帝恳求：上帝啊，一个驼背的女人将是个悲剧，求你把驼背赐给我，再将美貌留给我的新娘。"这番话说完，商人的女儿用一种非常奇怪的眼神看着小伙子，内心深处被某些记忆搅乱了。她把手伸向他，之后成了他最挚爱的妻子。

4. 感人能力

感人能力，即用语言感动别人的能力。讲话者要以自己的真情实感感动听者，获得以情动人的效果。如果讲话者的感情平淡，语言贫乏，那他必然感动不了听众。

【精彩案例五】

在一次全省优秀教师表彰大会上，一位教师在回答记者为什么愿意从重点学校调到农民工学校任教的问题时，给大家讲了这样一个故事：她曾经给班里的同学出了一道数学题"假如你家有5口人，买来10个苹果，每个人能分到几个苹果？"但由于打字员的疏忽，将"10"打成了"1"，这样一来，这道题就根本不可能有正确答案了。但班里一个农民工的孩子，却写出了让她震撼的答案。

答案的内容是：每个人能分到一个苹果。后面接着写了原因：假如爷爷买来一个苹果，他一定不会吃，因为他知道，有病的奶奶一定很想吃，就会留给奶奶；但奶奶也不会吃，她通常会把苹果送给她最疼爱的小孙女——我；但我也一定不会吃这个苹果，我会把它送给每天在街上卖报纸的妈妈，因为妈妈每天在太阳下晒着，口渴的她一定需要这个苹果；但妈妈也不会吃，她一定会送给爸爸，因为爸爸进城这一年来，每天都在工地上干很累的活，却从没吃过苹果。所以，我们家每个人都会得到一个苹果。

说到这里，教师流下了眼泪，全场也报以热烈的掌声，每个人都被教师的精彩回答所感动。

5. 创造能力

创造能力，是指讲话中要根据思想表达的需要创造语言的能力，或者说是创造性地运用语言来表达自己思想的能力。

【精彩案例六】

有一次，江苏省交通厅公开招聘副厅长人选，有8名候选人参加竞选。答辩会上，主考问8号候选人："和其他竞争者相比，你有什么优势和劣势？"8号候选人充满自信、踌躇满志地说："我想来想去，觉得自己没什么明显劣势。"在一片笑声中他又补充说："缺点在一定条件下也是优点。"他的与众不同和富有创意的回答赢得了全场掌声。

6. 控制能力

控制能力，即控制自己语言所能引起的后果的能力。只把话说出来，却不顾及自己说的话所引起的后果，实际是瞎说一通，这算不上有口才。控制自己语言所能引起的后果的能力，表现在如下三个方面。

① 准确把握说话分寸的能力。既把意思说透彻，又不说过头，说得恰如其分，这是一种控制能力。

② 准确预测和控制听话人的反应能力。针对不同的听话人和不同的情况，准确预测和有效控制听话人对自己语言所能做出反应的能力。如向人提问某件事，要考虑能不能问，从哪个角度问，用何种语气问，对方按照提问所能做出的回答是什么，等等。

③ 恰当的语言补救能力。在说话过程中已经出现问题的情况下，改用恰当的语言进行补救的能力。

【精彩案例七】

清代的纪晓岚学识渊博，能言善辩，机智敏捷。一次乾隆皇帝开玩笑地问他："何为忠孝？"纪晓岚说："君叫臣死，臣不得不死，为忠；父叫子亡，子不得不亡，为孝。合起来，就叫忠孝。"纪晓岚刚答完，乾隆皇帝说："好！朕赐你一死。"纪晓岚当时就愣了：这从哪说起？怎么突然赐我一死？但是皇帝金口玉言，说啥算啥，纪晓岚只好谢主隆恩，三拜九叩，然后走了。纪晓岚出去以后，乾隆皇帝想：都说纪晓岚有能耐，能言善辩，我看你今天怎么办？

大概有半炷香的工夫，纪晓岚气喘吁吁地跑了进来，扑通一声给乾隆皇帝跪下了。乾隆道："大胆，纪晓岚！朕不是赐你一死吗？你为什么又回来了？"纪晓岚说："皇上，臣去死了，我准备跳河自杀。我正要跳河，屈原突然从河里出来了，他怒气冲冲地说，你小子不浑蛋吗？想当年我投汨罗江自杀，是因为楚怀王昏庸无道；而当今皇帝，贤明豁达，你怎么能死呢！我一听，我就回来了。"这样的回答，让乾隆皇帝有口难言：让他死吧，就是昏庸无道；要是让他活着呢，又赐他一死了。最后，乾隆皇帝不得不自我解嘲地说："好一个能言善辩的纪晓岚，你真是铁齿铜牙啊！"

三、口才训练的意义

现代社会，口才的重要作用已经显而易见了。那么，如何才能拥有骄人的口才呢？这就需要加强口才的训练了。

【精彩案例八】

武汉科技大学中南分校公布，将对该校2000多名大一本科生以班级为单位进行"一口话"测试：4分钟内测试3个问题，考查学生的口才，合格者可获得两个学分。这3道题分别是：1分钟自我介绍，2分钟即兴表达（演讲或讲述），1分钟回答问题。

测试满分为100分，60分为合格。即兴表达所涉40个话题均来自学生常见的问题，如应聘时的自我介绍、心目中的好老师等。1分钟问答，主要是根据学生的演讲内容即兴发问。该校非专业素质学院测评部负责人施宏开介绍，"一口话"测评旨在督促学生锻炼口才。自认为目前过不了关的学生，可暂不报名，在后期测试中继续报名免费测试。最终仍过不了关的，就无法取得这两个学分。

1. 通过口才训练可以克服"不敢说话"的弱点

在现实生活当中，有一些人不敢当众说话。这是缺乏自信的表现，是心理的问题，也是很多接受口才训练的人最难突破的一个瓶颈。演讲大师卡耐基曾经做过一个调查，即让参加口才训练的人说一下参加训练的原因，以及希望从口才训练中获得什么。调查的结果令人吃惊，大多数人的愿望与基本需要都是要解决在众人面前和公共场合不敢说话，或者是说不好话的问题。重新获得自信，能随心所欲地思考，能依逻辑次序归纳自己的思想，能在公共场所或社交人士的面前泰然自若地当众站起并侃侃而谈，谈话既富有哲理又让人信服，这是每一位接受口才训练的人的最大愿望。

 **自我检测**

请结合日常生活中谈话的经历,通过下面的问题进行自查,检验自己的讲话能力。

① 是不是在熟识的人面前有很多话可说,而在陌生人或众人面前,却无话可说?

② 是不是常常无意中说了些别人禁忌的话,而当发觉自己的话使别人反感时,又不知如何是好?

③ 跟别人谈话时,是不是不能根据对方的反应来调整自己的态度?

④ 是不是感觉自己的谈话内容东一句、西一句,没有条理,且言之无物?是不是很难找到大家感兴趣的谈话内容?

⑤ 是不是经常和别人发生争执,常常被人说"固执"呢?是不是能够很自然地改变谈话内容?

⑥ 能不能把自己所要谈的问题,用各种不同的方式来表达,以适应不同的对象?

⑦ 是不是当别人不同意自己的意见时,只会再三地重复自己已经说过的话,而不会讲出新的道理来说服他人,或者不知该在何时结束谈话?

⑧ 说话的声音是否悦耳?口齿是否清楚?

⑨ 是不是常用一些不文雅的俗话?

2. 通过口才训练可以弥补"不会说话"的不足

"不会说话",就是无法在相应的场合组织恰当的语言,以表达自己内心的真实想法。一方面是知识积累程度不够的问题,还有很重要的一个方面,就是没有掌握说话技巧。会说话的人并不是天生的,而是从现实中锻炼出来的,俗话说"一分天才,九分努力"就是这个道理。那什么叫"会说",什么又叫"不会说"呢?口若悬河,滔滔不绝,不一定是"会说"。言少语精,惜字如金,也不一定是"不会说"。其实衡量"会说"与"不会说"的一个重要标准,就是"在该说的时候"说"该说的话"。这句话看似简单,做起来却非常不易。

 思考与训练

1. 请用具体事例说明口才的六种能力。

2. 请设想在下列情况下,各位名人可能会怎么说。

① 丹麦著名童话作家安徒生,常戴着一顶旧帽子在街上溜达。一次,有个人嘲笑他:"你脑袋上边的那玩意儿是个什么东西,能算是顶帽子吗?"安徒生毫不客气地回敬道:"……?"(25字以内)

② 一位旅行家,向海涅讲述他所发现的一个小岛时,突然说道:"你猜猜看,这个小岛

上有什么现象最使我感到惊奇？""什么现象？"旅行家神秘一笑说："小岛上竟没有犹太人和驴子！"作为犹太人的海涅，不动声色地回答："……，就可以弥补这个缺陷了！"（25字以内）

③ 一次，歌德与一位尖刻的批评家狭路相逢，两人面对面站着。那批评家十分傲慢地说："对一个傻子，我绝不让路！"歌德马上站到一边，微笑着说："……。"（20字以内）

④ 美国舞蹈家邓肯曾给萧伯纳写信说："假如我们两人结婚，生下的孩子头脑像你，面孔像我，该有多好啊。"萧伯纳一本正经地回信拒绝："……，岂不是糟透了?!"（20字以内）

⑤ 有人向德国著名画家门采尔诉苦：自己画一幅画只需要一天，可是卖掉它却要等上一年。门采尔认真地回答道："……。"（20字以内）

⑥ 有一位著名钢琴家去某城市演出，发现多半座位没有观众，不免尴尬。他先向观众说道："我想这个城市的人一定都很有钱，……。"话音刚落，大厅里顿时充满了笑声。音乐会就在和谐的气氛中开始了。（20字以内）

⑦ 一位不怀好意的西方记者问周总理："为什么中国人走路时总是低着头，而西方人却昂着头走路？"周总理作了非常巧妙的回答。他说道："……。"（30字以内）

⑧ 英国议会大厅，一场演讲正在进行。演讲者是保守党议员乔因森·希克斯，他在台上讲得唾沫飞溅，而坐在台下的丘吉尔首相却不时摇头，表示反对。乔因森·希克斯很恼火，冲着丘吉尔不客气地说："我想提醒尊敬的先生们注意，我只是在发表自己的见解。"丘吉尔不慌不忙地回击到："我也想提醒尊敬的演讲者注意，……。"（10字以内）

⑨ 阿斯特夫人是英国议会的女议员，也是丘吉尔首相的政治对手。在一次聚会时，阿斯特夫人坐在丘吉尔首相的旁边，她指着桌子上的咖啡说："如果你是我丈夫，我一定在咖啡里放毒药。"面对这一挑衅，丘吉尔慢慢端起咖啡杯，针锋相对地说："……，我一定会把咖啡喝下去。"（10字以内）

⑩ 圣彼得堡某公爵家的大厅里，不断传出乐曲声，一场舞会正在进行。诗人普希金也应邀出席，不过，那时他还年轻，而且还没有知名度。又一首歌曲响起，普希金走到一位小姐面前，彬彬有礼地发出了邀请。谁知小姐连头也没转一下，从鼻子里哼出一声说："我可不能和小孩子一起跳舞。"面对傲慢，面对轻蔑，普希金先是一笑，然后颇有"绅士"风度地说："真对不起，小姐……。"（15字以内）

第二节　口才训练的原则及方法

口才是一门技术，更是一门艺术。好口才并不是天生的，它是靠刻苦训练得来的。通过最基本的训练，可以做到声音洪亮、语音规范、语速适中、逻辑清晰、表情自然、感情饱满。只有掌握好口才基本功，才能进一步完善口才技巧，提高口才水平，使口才从技术升华为艺术。

【精彩案例九】

古今中外，历史上一切出口成章、能言善辩的演讲家、雄辩家，无一不是靠刻苦训练获得成功的。

美国前总统林肯，为了训练口才，徒步30英里，到一个法院去听律师们的辩护，看他们如何论辩，如何做手势。他一边倾听，一边模仿。他还曾对着树桩和成行的玉米练习口才。

我国早期无产阶级革命家、演讲家萧楚女，更是靠平时的艰苦训练，练就了非凡的口才。他在重庆国立第二女子师范学校教书时，除了认真备课外，每天天刚亮就跑到学校后面的山上，找一处僻静的地方，把一面镜子挂在树枝上，对着镜子开始练演讲，从镜子中观察自己的表情和动作。经过这样的刻苦训练，他具备了高超的演讲才能，他的教学水平也很快提高了。1926年，他年方30，就在毛泽东同志主办的广州农民运动讲习所工作，他的演讲至今仍然受到世人的推崇。

我国著名的数学家华罗庚，不仅有超群的数学才华，而且也是一位不可多得的辩才。他从小就注意培养自己的口才，通过背诵唐诗四五百首，来锻炼自己的"口舌"。他在总结练口才的体会时说"勤能补拙是良训，一分辛苦一分才"。

一、口才训练的原则

1. 多听

多听，是指在与别人交流的时候，多听别人的说话方式，从中学习好的说话技巧，从而提高自己的语言表达能力。多听也是为多说做准备。听的时候要有侧重点，例如听新闻联播时，要学习其语言的报道性、概括性和新闻性。

2. 多读

多读，是指多读好书，培养好的阅读习惯，从书中汲取语言表达的方式和技巧。知识会增加语言的素材，增加一个人的气质、涵养。"多读"是为"多写"做准备。读的时候也和听的时候一样，一方面积累素材，另一方面要有侧重点。可多读人民日报的社论，学习其对事物先分析再评价的表述方法和语言技巧。

【精彩案例十】

人失去阅读必定失去独立思考的能力
——白岩松哈尔滨工业大学演讲节选

我的阅读分三种类型，第一是工作性阅读，定下选题之后，我就要为了做节目大量阅读，否则晚上直播我说什么？第二是职业性阅读。我是一个新闻人，家里订有很多的报纸杂志，我没有一天不逛报摊的，包括上网。第三是我要看每天的新闻、每天的报道。我觉得最重要的是，作为一个人的阅读，每天必须有一定的时间去阅读跟这个时代没有关系的东西。我的乐趣来自"读与这个时代无关的、但作为一个人而读的书"。

我在1985—1989年期间上大学。那是一个"4年如果不阅读，从内在到外在都没法儿活的年代"。20世纪80年代的阅读和教育，给我们这代人带来的最大优点就是"怀疑"。"怀疑"，才可能使我们更努力地想靠近真实。我觉得，人的独立的思维是由独立的阅读开始的。

类似《道德经》这样的书，里头好的东西太多了，但其中有5个字深深地改变了我，叫"无私为大私"。这就是阅读的乐趣，你一直感到朦朦胧胧的很多东西，你找不到与此相对应的东西，但是突然你在《道德经》里看到了这5个字，一下子就打动了你，将来会成为你的立身之本。当我辞去很多的制片人头衔，要歇一段时间的时候，恰恰是看到《道德经》里有一句话叫"杯满则溢"。杯子满了就再也装不下其他东西了，怎么办？倒掉。阅读，关键时刻，如果找对了钥匙，会大大地帮助你。

我现在只要不工作就在家，在家基本上就处在阅读的状态中。我从来不会正襟危坐地读书，躺着、卧着，各种姿态都有，而且都放着音乐。

我们过多地把创意当成了天才，但是我觉得，创意是由勤奋决定的。失去阅读必定失去独立思考的能力，这就是我现在非常担心网络阅读的原因所在。最大的危害不是人们不看书，而是过度被资讯俘虏，这个更可怕。

3. 多说

有准备、有计划、有条理地去说，或者是介绍，或者是演讲，都是锻炼口才的好办法。但要说得好、说得精彩，必须有充分的准备，这一准备过程和实际说的过程，也就是练习语言表达的过程。另外，口才的训练不仅是在课堂上，它需要广开阵地，把课内学习与课外活动结合起来。课内，可采用朗读、背诵、复述、演讲、对话等多种形式进行练习；课外，还应积极参加一切能够锻炼口头表达能力的活动，如故事会、朗诵会、演讲会、论辩会等。这样，不仅课内的训练内容得到了巩固，而且能够相互交流、相互促进、共同提高，使口语水平有一个质的飞跃。

4. 多写

平日养成多动笔的习惯，把日常的观察、心得以各种形式记录下来，定期进行思维加工和整理，日积月累，可提高逻辑思维能力，为能够有序表达打基础。

二、口才训练的方法

在口才训练的过程中，使用科学的方法，可以达到事半功倍的效果。根据每个人的学识、环境、年龄等的不同，口才训练的方法也会有所差异，但只要选择最适合自己的方法，加上持之以恒的刻苦训练，就一定会在成功大道上迅速成长。

1. 速读法

"读"指的是朗读，是用嘴去读，而不是用眼去看。顾名思义，"速读"也就是快速地朗读。这种训练方法的目的，在于练习口齿的伶俐、发音的准确、吐字的清晰。速读法的优点是，不受时间、地点的约束，无论在何时、何地，只要手头有一篇文章就可以练习，而且不受人员的限制，不需要别人的配合，一个人就可以独立完成。当然，也可以找一位同学听，让他帮助挑出速读中出现的错误，比如哪个字发音不够准确，哪个地方吐字还不清晰等。还可以用录音机把速读过程录下来，然后自己听，从中找出不足，加以改进。

（1）方法

找一篇演讲稿或一篇文辞优美的散文。先用字典、词典把文章中不认识或弄不懂的字、词查出来，搞清楚、弄明白，然后开始朗读。一般开始朗读的时候速度较慢，逐渐加快。一次比一次读得快，最后达到所能达到的最快速度。

（2）要求

语速要快，但是要吐字清晰、发音准确，而不是为了快而快。读的过程中不要有停顿，要尽量做到发声完整。如果不把每个字音都完整地发出来，那么，速度加快以后，就会让人听不清楚，也就失去了快读的意义。快，必须建立在吐字清楚、发音干净利落的基础上。体育节目的解说专家宋世雄的解说快而不乱，每个字、每个音都发得十分清楚、准确，没有含混不清的地方。这就是我们练习的榜样和标杆。

2. 背诵法

背诵法，不同于前面讲的速读法。速读法的着眼点在"快"上，而背诵法的着眼点在"准"上。"诵"是对表达能力的一种训练。这里的"诵"就是常说的"朗诵"。它要求在准确把握文章内容的基础上，进行声情并茂的表达。背诵的演讲稿或文章一定要准确，不能有遗漏或错误的地方，而且在吐字、发音上也一定要准确无误。背诵既能培养记忆能力，又能锻炼口头表达能力。

记忆是口才训练必不可少的一种素质。没有好的记忆，要培养出好口才是不可能的。只有在大脑中有充分的知识积累，才可能出口成章。如果大脑一片空白，那么再伶牙俐齿，也无济于事。记忆与口才一样，并不是一种天赋的才能，后天的锻炼对它起着至关重要的作用。"背"正是对这种能力的培养。

（1）方法

第一步，先选一篇自己喜欢的演讲稿、散文或诗歌。

第二步，对选定的材料进行分析、理解，体会作者的思想感情。这就要花点功夫逐句逐段地进行分析，推敲每一个词句，从中感受作者的思想感情，并激发自己的感情。

第三步，对所选的演讲稿、散文、诗歌等进行艺术处理，比如找出重音、划分停顿等，这些都有利于准确表达内容。

第四步，在做好以上几步工作的基础上进行背诵。

（2）要求

第一，先将文章背下来。这个阶段不要求声情并茂，只要能达到熟练记忆就行。在背的过程中，自己进一步领会作品的格调、节奏，为准确把握作品打基础。

第二，将你背熟的演讲稿、散文、诗歌等大声地背诵出来，并注意发声正确，而且带有一定的感情。

第三，用饱满的情感、准确的语音语调背诵。

这个训练最好能运用朗诵技巧，也可以请人听自己背诵，指出不足，使自己在改进时有所依据，这对练口才很有好处。

3. 练声法

练声也就是练声音、练嗓子。在生活中，人们都喜欢听饱满圆润、悦耳动听的声音，而不愿听干瘪无力、沙哑干涩的声音，所以练就悦耳动听的声音是必做的工作。

（1）方法

第一，练气。练声先练气，气息是人体发声的动力，就像汽车上的发动机一样，是发声的基础。气息的强弱和发声有着直接的关系。气不足，声音无力；用力过猛，又有损声带。所以要练声，首先就要学会用气，学习吸气与呼气的基本方法，一定要每天到室外去做深呼吸，天长日久定会见效。

第二，练声。声音是通过气流振动声带而发出来的。练发声以前先要做一些准备工作。先放松声带，用一些轻缓的气流振动它，让声带有点准备。声带活动开了，还要在口腔上做一些准备活动。口腔是人的一个重要的共鸣器，声音的洪亮、圆润与否，都与口腔有着直接的联系。口腔活动可以按以下方法进行。首先，进行张闭口的练习，活动嚼肌，也就是面皮，这样等到练声时嚼肌运动起来就轻松自如了。其次，挺软腭。这个方法可以用学鸭子"gāgā"叫声来体会。人体还有一个重要的共鸣器，就是鼻腔。有人在发音时，只会在喉咙上使劲，根本就没有用上鼻腔这个共鸣器，所以声音单薄，音色较差。练习用鼻腔共鸣的方法是学习牛叫。但一定要注意，在平时说话时，如果只用鼻腔共鸣，那么也可能造成鼻音太重的结果。

第三，练习吐字。吐字似乎离发声远了些，其实二者是息息相关的。只有发音准确无误、清晰、圆润，吐字才能"字正腔圆"。上小学时我们都学习过拼音，都知道每个字都是由一个音节组成的。而一个音节又可以分成字头、字腹、字尾三部分。这三部分从语音结构上来分，字头就是声母，字腹就是韵母，字尾就是韵尾。吐字发声时一定要咬住字头。有一句话叫"咬字千斤重，听者自动容"，说的就是这个意思。所以在发音时，一定要紧紧咬住字头，这时嘴唇一定要有力，把发音的力量放在字头上，利用字头带响字腹与字尾。字腹的发音一定要饱满、充实，口形要正确。发出的声音应该是立着的，而不是横着的；应该是圆的，而不是扁的。字尾主要是归音。归音一定要到位，要完整。也就是不要念"半截子"字，要把音发完整。当然字尾也要能收住，不能把音拖得过长。如果能按照以上的要求去练习，那么吐字一定会圆润、响亮，声音也会变得悦耳动听。

（2）要求

练声时，千万不要在早晨刚睡醒时就到室外去练习。室外与室内温差较大时，也不要张口就喊，以免声带受到损害。

【练一练】

科学练声方法和技巧

1. 深吸一口气数数，看能数多少。
2. 一口气数葫芦，看能数多少个葫芦。
3. 跑20米左右，然后朗读一段课文，尽量避免喘气声。
4. 字正腔圆地读下列成语：

英雄好汉　兵强马壮　争先恐后　光明磊落　深谋远虑　果实累累
五彩缤纷　心明眼亮　海市蜃楼　优柔寡断　源远流长　山清水秀

5. 读绕口令

① 男篮男穿蓝，女篮女穿绿。
　　男篮穿蓝练投篮，女篮穿绿练投篮。
　　男篮篮下天天练，女篮天天练投篮。
　　男篮女篮一起练，女绿男蓝绿和蓝。

② 出东门，过大桥，
　　大桥底下一树枣，
　　青的多，红的少，
　　拿着竿子去打枣，
　　一个枣，两个枣，
　　三个枣，四个枣，
　　五个枣，六个枣，
　　七个枣，八个枣，
　　九个枣，十个枣，
　　十个枣，九个枣，
　　八个枣，七个枣，
　　六个枣，五个枣，
　　四个枣，三个枣，
　　两个枣，一个枣。

③ 会炖我的炖冻豆腐，
　　来炖我的炖冻豆腐，

不会炖我的炖冻豆腐，
就别炖我的炖冻豆腐。
要是混充会炖我的炖冻豆腐，
炖坏了我的炖冻豆腐，
那就吃不成我的炖冻豆腐。

4. 耳语练声法

耳语练声法是练气之法，让学习者快速掌握科学用气发声的理论及方法。这个方法很简单，就是说悄悄话。天天说半个小时的悄悄话，即可快速掌握练气发声的方法，讲话时就可以做到气息通畅、声音悦耳、吐字清晰，那些讲话气息短、气息弱、嗓子哑、嗓子疼等问题，即可迎刃而解。

5. 复述法

复述法就是把别人的讲话或文章等重复地叙述一遍。这种方法在课堂上使用得较多。如老师让同学们看一段幻灯片，然后请同学复述幻灯片的情节或人物的对话。这种训练方法的目的在于锻炼人的记忆力、反应力和语言的连贯性。

（1）方法

选择一段长短适中、有一定情节的文章，最好是小说或演讲稿中叙述性较强的一段。然后请朗诵较好的同学朗读，最好能用录音机录下来，然后听一遍复述一遍，反复多次地进行，直到能把这个作品完整复述出来。复述的时候，可把第一次复述的内容录下来，然后对比原文，看能复述多少，重复进行，看需要多少遍自己才能把全部内容复述下来。这种练习绝不单单在于背诵，而在于锻炼语言的连贯性。如果能面对众人复述就更好了，这样还可以锻炼胆量，克服紧张心理。

（2）要求

练习初期，在选材上最好选择句子较短、内容活泼的材料进行，这样便于把握、记忆、复述。随着训练的深入，可以逐渐选一些句子较长、情节少的材料进行练习。这样由易到难，循序渐进，效果会更好。这个训练要求有耐心与毅力，要知难而进，勇于吃苦，不怕麻烦。

6. 模仿法

每个人从小就会模仿，模仿大人做事、模仿大人说话等。其实模仿的过程也是一个学习的过程。练口才也可以模仿这方面有专长的人。

（1）模仿专人

在生活中，找一位口语表达能力强的人，请他讲几段精彩的话，录下来进行模仿。也可以把喜欢的适合模仿的播音员、演员的声音录下来，然后进行模仿。

（2）专题模仿

几个同学在一起，请一个人先讲一段小故事，然后大家轮流模仿，看谁模仿得最像。这种训练可以采用打分的形式，大家一起来评分，表扬模仿最成功的一位。这个方法简单易行，且具有娱乐性，课上、课间、课后都可以进行。所要注意的是，每个人讲的小故事，一定要新鲜有趣，大家爱听爱学。而且在讲以前一定要做准备工作，争取讲得准确、生动、形象。

（3）随时模仿

每天在听广播，看电视、电影时，随时跟着播音员、演员进行模仿，重点在声音、语调、神态、动作的模仿。天长日久，不仅口语能力能大大提高，而且文学知识、词汇量等也会有所增长。所要注意的是，选择适合自己、对自己身心有益处的对象和语言、动作进行模仿。

7. 描述法

描述法类似于看图说话，只是要看的不仅是书本上的图，还有生活中的一些景、事、物、人。简单地说，描述法就是把看到的景、事、物、人用描述性的语言表达出来。描述法比以上的几种训练法难度更大。没有现成的演讲稿、散文、诗歌等做练习材料，要求自己组织语言进行描述。所以描述法训练的主要目的，就在于训练语言组织能力和表述的条理性。即兴讲话、演讲、论辩都需要有较强的语言组织能力，组织语言的能力是口语表达的基本功。

（1）方法

把一幅画或一个景物作为描述的对象。第一步，对要描述的对象进行观察。比如，所要描述的对象是"秋天的小湖边"，那么要观察一下这个湖的周围都有些什么，有树？有假山？有凉亭？有游人？树是什么样子？山是什么样子？凉亭在这湖光山色、树影的衬托下又是什么样子？秋天里的游人此时该是一种什么心情？这一切都需要用眼睛去观察、用心去感受。只有认真观察，描述才有基础。第二步，描述。描述时一定要抓住景物的特点、有顺序地进行。

（2）要求

抓住特点描述。语言要清楚、明白，要有一定的文采。描述时不要成流水账，平平淡淡。要使用形象、生动的语言。要讲顺序，不要东一句、西一句。描述的时候允许联想和想象。比如，观察到秋天的湖边有一位白发苍苍的老爷爷，孤独地坐在斑驳陆离的树荫下，就可能联想到自己的爷爷，也可能联想到这个老人的生活晚景，还可能想到"夕阳无限好，只是近黄昏"这样的诗句。在描述的时候，可以把这些加进去，使描述更充实、生动。

8. 角色扮演法

角色一词，是从戏剧、电影中借用来的，是指演员扮演的戏剧或电影中的人物。这里的角色，与戏剧、电影中讲的角色，有着相同的意义。角色扮演法，就是要像演员那样去演戏，去扮演作品中出现的不同的人物，当然这个扮演主要是在语言上的扮演。

（1）方法

选一篇有情节、有人物的小说、戏剧作为材料；对选定的材料进行分析，特别要分析人物的语言特点；根据作品中人物的多少，找同学分别扮演不同的人物角色。比比看，谁最能准确地扮演自己的角色，也可一个人扮演多种角色，以此培养自己的语言适应力。

(2) 要求

此训练的目的，在于培养语言的个性与适应性，以及表情、动作的生动性。这种训练法要求"演"的成分很重，它不仅要求声音洪亮、充满感情、停顿得当，还要求配有一定的动作和表情，绘声绘色、惟妙惟肖地把人物的性格表现出来。

9. 制定计划法

目标：锻炼最大胆地发言，锻炼最大声地说话，锻炼最流畅地演讲。

自我激励誓言：我一定要最大胆地发言，我一定要最大声地说话，我一定要最流畅地演讲。

(1) 积极心态训练

自我暗示：每天清晨默念10遍"我一定要最大胆地发言，我一定要最大声地说话，我一定要最流畅地演讲。我一定行！今天一定是幸福快乐的一天！"

(2) 想象训练

至少5分钟想象自己在公众场合成功地演讲；至少5分钟在镜前学习微笑，展示自己的手势及形态。

(3) 口才锻炼

① 每天至少10分钟做深呼吸训练。

② 抓住一切机会当众讲话。

③ 每天至少与5个人有意识地交流思想。

④ 每天至少大声朗诵或大声说话5分钟。

⑤ 每天训练自己"3分钟演讲"一次或"3分钟默讲"一次。

⑥ 每天至少给亲人、同学讲一个故事或完整叙述一件事情。

⑦ 注意讲话时的一些技巧：

- 讲话前深吸一口气，平静心情，面带微笑，眼神交流一遍后，开始讲话；
- 勇敢地讲出第一句话，声音大一点，速度慢一点，语句中间不打岔；
- 当发现紧张卡壳时，停下来有意识地深吸气，然后随着呼气讲出来；
- 如果表现不好，自我安慰"刚才怎么又紧张了？没关系，继续平稳地讲"；同时，用感觉和行动上的自信战胜恐惧；
- 紧张时，可以做放松练习，深呼吸，或尽力握紧拳头，又迅速放松，连续10次。

(4) 辅助锻炼

① 每天至少20分钟阅读书籍，培养自己积极的心态。

② 每天放声大笑10次，乐观地面对生活，放松情绪。

③ 每天躺在床上朗读，坚持读一篇文章3遍，练习胸腹呼吸，提高声音音质。

④ 训练接受他人的视线、目光，培养自信力和观察力。

⑤ 培养灿烂、真诚微笑的习惯，锻炼亲和力。
⑥ 每天总结得与失，写心得体会。每周要全面总结成效及不足，并确定下周的目标。

 思考与训练

"语商"测试。
1. 你觉得会说话对人一生的影响（　　）
   A. 重要　　　　　　　B. 一般　　　　　　　C. 不重要
2. 你和很多人在一起交谈时，你会（　　）
   A. 有时插上几句　　　　　　　　　　B. 让别人说，自己只是旁听者
   C. 善用言谈来增加别人对你的好感
3. 在公共场合，你的表现是（　　）
   A. 很善于言辞　　　　B. 不善言辞　　　　C. 羞于言谈
4. 假如一个依赖性很强的朋友，打电话与你聊天，而你没有时间，你会（　　）
   A. 问他是否有重要事情，如没有，回头再打给他
   B. 告诉他你很忙，不能和他聊天
   C. 不接电话
5. 因为一次语言失误，在同事间产生了不好的影响，你会（　　）
   A. 一样地多说话　　　　　　　　　B. 以良好言行尽力寻找机会挽回影响
   C. 害怕说话
6. 有人告诉你某某说过你的坏话，你会（　　）
   A. 处处提防他　　　B. 也说他的坏话　　　C. 主动与他交谈
7. 在朋友的生日宴会上，你结识了朋友的同学，当你再次看见他时（　　）
   A. 匆匆打个招呼就过去了
   B. 一张口就叫出他的名字，并热情地与之交谈
   C. 聊了几句，并留下新的联系方式
8. 你说话被别人误解后，你会（　　）
   A. 多给予谅解　　　B. 忽略这个问题　　　C. 不再搭理那人

计分标准：
1. 选A，2分；选B，1分；选C，0分。
2. 选A，1分；选B，0分；选C，2分。
3. 选A，2分；选B，1分；选C，0分。
4. 选A，2分；选B，1分；选C，0分。
5. 选A，0分；选B，2分；选C，1分。
6. 选A，1分；选B，0分；选C，2分。

7. 选A，0分；选B，2分；选C，1分。
8. 选A，2分；选B，1分；选C，0分。

测试分析：

得分在0～5分，表明语商较低，语言表达能力和语言沟通能力还很欠缺。如果性格太内向，这会阻碍语言能力的提高，应该尽力改变这种状况，跳出自己的小圈子，多与外界接触，寻找一些与别人进行言语交流的机会，努力培养自己的说话能力。只有这样，才有希望成为一个受欢迎的人。

得分在6～11分，表明语商良好，语言表达能力和语言沟通能力一般，如果再加把劲儿，就可以很自如地与人交流了。提高语言能力的法宝是主动出击，这样可以在语言交流中赢得主动权，语商能力自然会迈上一个新的台阶。

得分在12～16分，表明语商很高，清楚怎样表达自己的情感和思想，能够很好地理解和支持别人，不论是同事还是朋友，上级还是下级，都能和他们保持良好的言谈关系。值得注意的是：千万不要炫耀自己的这种沟通和交流能力。那样会被人认为是故意讨好别人，是十分虚伪的表现。尤其是对那种不善于与人沟通的人，更要十分注意，要做到用真诚去打动别人。只有这样，才能长久地维持好人缘，语商才能表现得更高。

经典推荐

1. 《偷偷说到心深处》，作者刘墉，漓江出版社出版。
2. 《跟卡耐基学口才》，作者戴尔·卡耐基，印刷工业出版社出版。
3. 《跟央视名嘴学口才》，作者安欣，金城出版社出版。
4. 普通话学习网：http://www.pthxx.com
5. 中国语言文字网：http://www.china-language.gov.cn

上 编

口才基础训练

第一章

普通话训练

内容提要

1. 普通话基础知识
2. 普通话发音方法与技巧
3. 普通话综合训练

情景导入

　　各方面条件都很优秀的某高校应届毕业生王玲，在向湖北某集团公司人力资源部经理介绍自己时，因带有较重的地方口音，被用人单位当场婉言相拒。用人单位的理由很简单：不录用带着浓重乡音的员工。

　　小刘是某高校经管专业应届毕业生，与王玲有着同样的遭遇。小刘称，他应聘的是一家国内大型乳制品公司的销售员，无论是专业背景，还是个人条件，公司都很满意。但小刘的一口"广西普通话"，让用人单位最终选择了放弃。

　　××大学电子商务专业的胡琼比较有先见之明，早在大三时，她就报名参加了普通话培训班，为的就是"把自己的大舌头给纠正过来"。毕业前夕，通过面试，她顺利地与杭州某外贸公司签约。

　　上述三例说明，一名即将毕业的大学生，说一口标准的普通话，是成功求职和可持续发展的基础。本章主要讲述了普通话基础知识和发音技巧，帮助同学们更好地在社会交往中与人顺利沟通。

第一节 普通话基础知识

1955年，国务院确定普通话为我国的标准语言。普通话是现代汉民族共同语，是全国各民族通用的语言。它不仅仅是方言区人们之间交际的主要工具，也是国内各民族之间交际的工具。1973年12月8日联合国大会第二十八届会议一致通过决议，把汉语作为联合国大会和安理会的六种工作语言之一。随着中国加入WTO，汉语在世界范围内的影响力逐渐增大，越来越多的外国人开始学习和使用汉语。当前，我国正处于改革开放的崭新时期，祖国发展的宏伟目标要求尽快提高全民族的科学文化水平，这其中一项重要的任务，就是推广并普及普通话。

一、普通话的概念

普通话，是"以北京语音为标准语音，以北方方言为基础方言，以典范的现代白话文著作为语法规范的现代汉民族共同语"。我国的宪法及有关法律、法规都要求推广使用普通话。

1. 语音标准

普通话在语音方面，以北京语音为标准音。自元朝以来，北京一直是中国的政治、经济、文化中心。明清时期，以北京语音为标准音的"官话"传播到全国各地。五四运动后，掀起了"国语运动"。这些都极大地促进了北京语音的传播，使北京语音最终成为"国音"。

2. 词汇标准

普通话以北方话词汇为标准词汇。北方话用在北方方言区，使用人口最多（汉族总人口的73%以上，分布在从东北的黑龙江到西南的云贵高原、从西北的玉门关到东海之滨及长江沿岸的广阔地域），具有广泛性和普遍性。普通话是在北方方言基础上形成和发展起来的。北方话的词汇是构成普通话词汇的基础。需要强调的是，北方方言的词语中也有许多北方各地的土语，比如北京人把"吝啬"说成"抠门儿"，把"肥皂"叫作"胰子"。时下里比较火的东北方言里土语就更多了，比如，普通话说"这个人长得真难看"，东北方言说成"这个人长得老砢碜了"；还有东北方言形容"多"的词汇很丰富，可以说成"贼多"、"成多了"、"老多了"、"老鼻子了"、"海了"。像这样的方言词语，在正式场合不应过多使用，如果使用过多，必然会造成交流的障碍，引起不必要的误会。所以，不能把所有北方方言的词汇都作为普通话的词汇标准，要有选择和区别。

【精彩案例一】

1998年，东北发大水，中央一位联络员与某省一位省领导电话联系，询问水灾情况。该省领导开口便说："哎呀妈呀，首长啊！！俺们这嘎水老大了！"

联络员问:"具体情况怎么样?都哪些地区被淹了?"
某省领导说:"俺们这嘎整个浪都淹了!!"
联络员摊开地图查找"整个浪"这个地方,结果怎么也找不到。
注:"整个浪"在东北方言中就是"全、都"的意思。这个案例说明了什么呢?

3. 语法标准

普通话在语法方面,以典范的现代白话文著作为语法标准。"典范的现代白话文"包含四层意思:区别于文言文,区别于五四运动以前的早期白话文,区别于不典范的现代白话文,区别于方言写的作品。唐宋时期产生了一种接近口语的书面语——白话;宋元以来的白话文学又逐渐确立了白话的书面语地位;明清时期白话文学作品广泛流传,进一步扩大了白话的影响;五四运动后,掀起了"白话文运动",巩固了白话文的语法地位,最终使白话文的语法规则成为普通话的语法标准。

二、声母

声母,是汉语音节开头的辅音。普通话语音系统一共有 21 个辅音声母,即 b、p、m、f、z、c、s、d、t、n、l、zh、ch、sh、r、j、q、x、g、k、h,和 1 个零声母。不同的声母是由不同的发音部位和发音方法决定的。

(一) 普通话声母的构成条件

① 必须处在音节的开头。

② 必须是辅音,例如"帮"(bang)、"交"(jiao),b、j 处在音节的开头,又是辅音,就是声母;"要"(yao)、"月"(yue)、"王"(wang),y、w 处在音节的开头,不是辅音,因此不是声母。没有辅音开头的音节,习惯上把它的声母叫作零声母。需要特别指出的是,零声母不是声母。

③ 声母和辅音并不相同,声母都由辅音充当,但是,不是所有的辅音都可以充当声母。ng 只作韵尾,不作声母,如"众"(zhong);n 既作声母,又作韵尾,如"年"(nian)。

(二) 声母的分类

不同的声母是由不同的发音部位和发音方法决定的。每一个声母都有自己的发音部位和发音方法,要读好声母,就必须掌握好每一个声母的发音部位和发音方法。

1. 按照发音部位分类

声母的发音部位,是指声母发音时气流受到阻碍的部位。

按照发音部位可以把声母划分为七类:双唇音、唇齿音、舌尖前音、舌尖中音、舌尖后音、舌根音、舌面音。具体说明如下。

(1) 双唇音

上唇和下唇形成阻碍发出的声音,普通话中双唇音有 3 个:b、p、m。

（2）唇齿音

上齿和下唇形成阻碍发出的音，普通话中唇齿音只有一个：f。

（3）舌尖前音（也叫平舌音）

舌尖向上齿背接触形成阻碍发出的音，普通话中舌尖前音有3个：z、c、s。

（4）舌尖中音

舌尖向上齿龈接触形成阻碍发出的音，普通话中舌尖中音有4个：d、t、n、l。

（5）舌尖后音（也叫翘舌音）

舌尖向硬腭的最前端接触或接近形成阻碍发出的音，普通话中舌尖后音有4个：zh、ch、sh、r。

（6）舌根音

舌面后部隆起抵住硬腭与软腭交界处形成阻碍发出的音，普通话中舌根音有3个：g、k、h。

（7）舌面音

舌面前部向硬腭的前端接触或接近形成阻碍发出的音，普通话中舌面音有3个：j、q、x。

2. 按照发音方法分类

声母的发音方法是指调节发音气流的方法。普通话可以从形成阻碍和克服阻碍的方式、气流的强弱、声带的振动与否等方面对声母进行分析。

（1）按阻碍的方式划分

辅音声母发音的全过程可以划分为3个阶段：构成阻碍阶段（成阻）、阻碍持续阶段（持阻）、解除阻碍阶段（除阻）。

根据这3个阻碍阶段的情况不同，普通话声母可以分为塞音、擦音、塞擦音、鼻音、边音等5种发音方法。具体说明如下。

① 塞音，又称爆破音。发塞音时两个发音部位闭紧，形成阻碍，持阻阶段保持这种状态，消除阻碍时，气流一下将阻碍冲开，爆破成音。塞音有b、p，d、t，g、k，共3组、6个。

② 擦音。发擦音时两个发音部位靠近，形成一条窄缝，气流从窄缝中挤出，摩擦成声。擦音有f、h、x、s、sh、r，共6个。

③ 塞擦音。发塞擦音时两个发音部位闭紧，形成阻碍，气流首先将两个发音部位冲开，形成一条窄缝，然后再从窄缝中挤出，摩擦成声。塞擦音的前半段具有塞音的性质，后半段具有擦音的性质，两者结合紧密，不是塞音、擦音的简单相加。塞擦音有z、c；zh、ch；j、q，共3组、6个。

④ 鼻音。发鼻音时两个发音部位闭紧，软腭下降，关闭口腔，打开鼻腔通道，气流振动声带，并从鼻腔冲出成声。鼻音有m、n，共2个。

⑤ 边音。发边音时舌尖同上齿龈接触，舌头两侧留出空隙，软腭上升，关闭鼻腔通道，气流振动声带，并经舌头两边从口腔冲出成声，故称边音。边音只有1个l。

（2）按气流的强弱划分

普通话声母中的塞音声母、塞擦音声母气流强弱明显。根据气流的强弱，塞音和塞擦音可以分为送气音和不送气音两类。气流强者为送气音，气流弱者为不送气音。

① 送气音。塞音、塞擦音发音时除阻后声门大开，气流送出速度比较快和持久，在声门及声门以上某个狭窄部位造成摩擦，这样发出的音就叫送气音。普通话中送气音有 p、t、c、ch、q、k，共 6 个。

② 不送气音。指塞音、塞擦音发音时没有送气特征，又同送气音形成对立的音。普通话中不送气音有 b、d、z、zh、j、g，共 6 个。

（3）按声带振动与否划分

从总体上说，辅音是噪音，发音时声带一般不颤动，不能形成有周期性变化的音波，但也有一部分辅音发音时声带颤动，具有半音性质。根据声带颤动与否，普通话声母可以分为清辅音声母、浊辅音声母。声带振动者为浊辅音，声带不振动者为清辅音。

① 清辅音。发音时声带不颤动而发出的音，又叫不带音。普通话中清辅音声母有 b、p、f、z、c、s、d、t、zh、ch、sh、j、q、x、g、k、h，共 17 个。

② 浊辅音。发音时声带颤动而发出的音，又叫带音。普通话中浊辅音有 m、n、l、r、ng，共 5 个。前 4 个是声母；ng 一般情况下不做声母，只做后鼻韵母的韵尾，而在某些汉语方言中有这个声母。

表 1-1 为普通话声母总表。

表 1-1 普通话声母总表

发音部位	塞音		塞擦音		擦音		鼻音	边音
	清辅音		清辅音		清辅音	浊辅音	浊辅音	浊辅音
	不送气	送气	不送气	送气				
双唇音	b	p					m	
唇齿音					f			
舌尖前音			z	c	s			
舌尖中音	d	t					n	l
舌尖后音			zh	ch	sh	r		
舌面音			j	q	x			
舌根音	g	k			h			

（三）声母发音分析

1. 唇音发音分析

（1）双唇音的发音

b：双唇、不送气、清、塞音（是双唇音、不送气音、清辅音、塞音的简称，以下类

推）

发音时，双唇闭合，软腭上升，堵塞鼻腔通路，声带不颤动，较弱的气流冲破双唇的阻碍，迸裂而出，爆发成音，如"奔波""标兵"的声母。

p：双唇、送气、清、塞音

发音的状况与 b 相近，只是发 p 时有一股较强的气流冲开双唇，如"匹配""批判"的声母。

m：双唇、浊、鼻音

发音时，双唇闭合，软腭下降，气流振动声带从鼻腔通过，从而形成鼻音，如"美妙""明媚"的声母。

（2）唇齿音的发音

f：唇齿、清、擦音

发音时，下唇接近上齿，形成窄缝，气流从唇齿间摩擦出来，声带不颤动，气流从唇齿形成的间隙里摩擦通过而成声，如"丰富""芬芳"的声母。

2. 舌尖音发音分析

（1）舌尖前音的发音

z：舌尖前、不送气、清、塞擦音

发音时，舌尖平伸，抵住上齿背，软腭上升，堵塞鼻腔通路，声带不颤动，较弱的气流把阻碍冲开一条窄缝，从窄缝中挤出，摩擦成声，如"总则""自在"的声母。

c：舌尖前、送气、清、塞擦音

c 和 z 的发音区别不大，不同的地方在于 c 气流较强，如"粗糙""参差"的声母。

s：舌尖前、清、擦音

发音时，舌尖接近上齿背。气流从窄缝中挤出，摩擦成声，声带不颤动，如"思索""松散"的声母。

（2）舌尖中音的发音

d：舌尖中、不送气、清、塞音

发音时，舌尖抵住上齿龈，软腭上升，堵塞鼻腔通路，声带不颤动，较弱的气流冲破舌尖的阻碍，迸裂而出，爆发成声，如"等待""定夺"的声母。

t：舌尖中、送气、清、塞音

发音的状况与 d 相近，只是发 t 时气流较强，如"淘汰""团体"的声母。

n：舌尖中、浊、鼻音

发音时，舌尖抵住上齿龈，软腭下降，打开鼻腔通路，气流振动声带，从鼻腔通过，如"能耐""泥泞"的声母。

l：舌尖中、浊、边音

发音时，舌尖抵住上齿龈，软腭上升，堵塞鼻腔通路，气流振动声带，从舌头两边通过，如"玲珑""嘹亮"的声母。

【精彩案例二】

一个朋友边音和鼻音不分，多次提醒，此公不以为然。前日，此公到外地出差，在大街上被一辆摩托车撞倒，肇事车逃逸。此公全身多处受伤，其状甚惨。警察赶到后，询问肇事者情况，此公边哼哼边反映情况："一男一驴（女）。"警察连问数遍，均回答一男一驴。警察恍然大悟，转身对另一警察说："马上发协查通报，通缉张果老。"

（3）舌尖后音的发音

zh：舌尖后、不送气、清、塞擦音

发音时，舌尖上翘，抵住硬腭前部，软腭上升，堵塞鼻腔通路，声带不颤动，较弱的气流把阻碍冲开一条窄缝，从窄缝中挤出，摩擦成声，如"庄重""主张"的声母。

ch：舌尖后、送气、清、塞擦音

发音的状况与 zh 相近，只是气流较强，如"车床""长城"的声母。

sh：舌尖后、清、擦音

发音时，舌尖上翘接近硬腭前部，留出窄缝，气流从缝间挤出，摩擦成声，声带不颤动，如"闪烁""山水"的声母。

r：舌尖后、浊、擦音

发音状况与 sh 相近，只是声带不颤动，如"容忍""柔软"的声母。

（4）舌根音的发音

g：舌根音、不送气、清、塞音

发音时，舌根抵住软腭，软腭后部上升，堵塞鼻腔通路，声带不颤动，较弱的气流冲破舌根的阻碍，爆发成声，如"巩固""改革""光顾"的声母。

k：舌根音、送气、清、塞音

发音的状况与 g 相近，只是气流较强，如"宽阔""刻苦"的声母。

h：舌根音、清、擦音

发音时，舌根接近软腭，留出窄缝，软腭上升，堵塞鼻腔通路，声带不颤动，气流从窄缝中摩擦出来，如"欢呼""辉煌"的声母。

【精彩案例三】

"风口"与"疯狗"

两位朋友在一起吃饭，广西人有点感冒，发现自己坐在空调风口下，便说："我感冒，不能坐在疯狗（风口）边。"说完就换座了。另一位朋友不乐意了："啥意思？"

（5）舌面音的发音

j：舌面音、不送气、清、塞擦音

发音时，舌面前部抵住硬腭前部，软腭上升堵塞鼻腔通路，声带不颤动，较弱的气流把阻碍冲开，形成一条窄缝，气流从窄缝中挤出，摩擦成声，如"境界""结局"的声母。

q：舌面音、送气、清、塞擦音

发音的状况与和j相近，只是气流较强，如"确切""亲切"的声母。

x：舌面音、清、擦音

发音时，舌面前部接近硬腭前部，留出窄缝，软腭上升，堵塞鼻腔通路，声带不颤动，气流从窄缝中挤出，摩擦成声，如"形象""虚心"的声母。

三、韵母

（一）韵母与元音、韵母的构成及特点

1. 韵母与元音

韵母是音节中声母后面的部分。例如"慢"（man），m是声母，an是韵母。零声母音节，没有声母，全部由韵母构成。例如"娅"（ya），没有声母，ia是韵母。普通话韵母共有39个，即：a、o、e、ê、i、u、ü、er、-i（"思"的韵母）、-i（"诗"的韵母）、ao、ai、ou、ei、iao、iou、uai、uei、ia、ie、ua、uo、üe、an、en、ian、in、uan、uen、üan、ün、ang、ong、eng、iang、iong、ing、uang、ueng。

韵母和元音不相等。普通话韵母主要由元音构成，完全由元音构成的韵母有23个，即：a、o、e、ê、i、u、ü、er、-i（"思"的韵母）、-i（"诗"的韵母）、ao、ai、ou、ei、iao、iou、uai、uei、ia、ie、ua、uo、üe，约占39个韵母的59%；由元音加上辅音构成的韵母（鼻韵母）有16个，即：an、en、ian、in、uan、uen、üan、ün、ang、ong、eng、iang、iong、ing、uang、ueng，约占39个韵母的41%。可见，在普通话韵母中，元音占有绝对的优势。

2. 韵母的构成

韵母是一个音节声母后面的部分，主要由元音构成。普通话韵母基本上有三种构成形式：

① 由一个元音构成，如"乌、啼"的韵母"u、i"；

② 由两个或三个元音构成，如"月、落、黝、黑"的韵母"üe、uo、iou、ei"；

③ 由元音加鼻辅音构成的，如"霜、满、天"的韵母"uang、an、ian"。

3. 韵母的构成特点

（1）元音是韵母构成的主要成分

在普通话韵母系统中，任何韵母都不能缺少元音。

（2）韵母一般由韵头、韵腹和韵尾构成

韵腹是韵母的主干,又叫作主要元音,一般由 a、o、e、ê、i、u、ü、er、-i("思"的韵母)、-i("诗"的韵母)等元音充当。韵头是韵腹前面的元音,介于声母和韵腹之间,又叫作介音或介母,一般由 i、u、ü 等元音充当。韵尾是韵腹后面的部分,一般由 i、u(o)、n、ng 等元音或辅音充当。

(3)韵母可以没有韵头和韵尾,但不能没有韵腹

例如:"温"(wen)有韵头、韵腹和韵尾,"凹"(ao)就只有韵腹和韵尾,而"鸭"(ya)只有韵头和韵腹。

【精彩案例四】

某领导的普通话

原文:
大会开鼠,项在请领导花阳。
各位女婿乡绅们:
　　瓦们汕头,轰景买丽,高通荒便,山鸡很多,欢迎你来逃猪!瓦花展,你撞墙。完了,吓吓大家。真的是吓吓大家啊。

译文:
大会开始,现在请领导发言。
各位女士先生们:
　　我们汕头,风景美丽,交通方便,商机很多,欢迎你们来投资!我发展,你赚钱。完了,谢谢大家。真的是谢谢大家呀。

(二)韵母的分类

根据不同的标准,普通话韵母可以划分出不同的种类。一是根据韵母开头的元音发音口形特点分为开口呼、齐齿呼、合口呼和撮口呼,简称"四呼";二是按韵母内部结构特点可以分为单韵母、复韵母、鼻韵母。

1. 按照发音口形特点分类

(1)开口呼

开口呼指不是 i、u、ü 或不是以 i、u、ü 开头的韵母。开口呼韵母有 a、o、e、ê、er、-i("思"的韵母)、-i("诗"的韵母)、ao、ai、ou、ei、an、en、ang、eng 共 15 个,约占全部韵母的 38%。

(2)齐齿呼

齐齿呼是指 i 或 i 开头的韵母。齐齿呼韵母有 i、iao、iou、ia、ie、ian、in、iang、ing 共 9 个,约占全部韵母的 23%。

(3)合口呼

合口呼是指 u 或 u 开头的韵母,合口呼韵母有 u、uai、uei、ua、uo、uan、uen、uang、

ueng、ong 共 10 个，约占全部韵母的 26%。

（4）撮口呼

撮口呼是指 ü 或 ü 开头的韵母，撮口呼韵母有 ü、üe、üan、ün、iong 共 5 个，约占全部韵母的 13%。

2. 按照韵母内部结构特点分类

（1）单韵母

由一个元音构成的韵母叫单韵母，又叫单元音韵母。普通话中单元音韵母共有 10 个：a、o、e、ê、i、u、ü、-i（"思"的韵母）、-i（"诗"的韵母）、er。

单韵母的不同音色是由三方面造成的。

① 舌位的前后。舌头前伸，舌头前部隆起，发出的音是前元音，如 i；舌位后部隆起，发出的音是后元音，如 u。

② 舌位的高低（即开口度的大小）与口腔的开闭密切相关。口腔闭，舌位居高，发出的音就是高元音，如 i、u、ü；口腔开，舌位低，发出的音就是低元音，如 a。

③ 唇形的圆扁。嘴唇向两边展开或呈自然状态，发出的音是不圆纯音，如 i、a；嘴唇拢圆，发出的音是圆纯音，如 o、u。

根据以上情况，单韵母还可以分为舌面单韵母、舌尖单韵母、卷舌单韵母。

① 舌面单韵母。

a：发音时，口腔大开，舌头前伸，舌位低，舌头居中，嘴唇呈自然状态，如"沙发""开花""打靶"的韵母。

o：发音时，口腔半合，舌位半高，舌头后缩，嘴唇拢圆，如"波""泼""摸"的韵母。

e：发音状况大体像 o，只是双唇自然展开成扁形，如"歌""苛""喝"的韵母。

ê：发音时，口腔半开，舌位半低，舌头前伸，舌尖抵住下齿背，嘴角向两边自然展开，唇形不圆，如"耶"的读音。在普通话里，ê 很少单独使用，经常出现在 i、ü 的后面，在 i、ü 后面时，书写要省去 ê 上面的符号"^"。

i：发音时，口腔开度很小，舌头前伸，前舌面上升接近硬腭，气流通路狭窄，但不发生摩擦，嘴角向两边展开，呈扁平状，如"低""体""米"的韵母。

u：发音时，口腔开度很小，舌头后缩，后舌面上升接近硬腭，气流通路狭窄，但不发生摩擦，嘴唇拢圆成小孔，如"图书""互助"的韵母。

ü：发音时，口腔开度很小，舌头前伸，前舌面上升接近硬腭，但气流通过时不发生摩擦，嘴唇拢圆成一小孔。发音情况和 i 基本相同，区别是发 ü 时嘴唇是圆的，发 i 时嘴唇是扁的，如"语句""盱眙"的韵母。

② 舌尖单韵母。

-i：（前）发音时，舌尖前伸，对着上齿背形成狭窄的通道，气流通过不发生摩擦，嘴唇向两过展开。用普通话念"私"并延长，字音后面的部分便是-i（前）。这个韵母只跟 z、 c、s 配合，不和任何其他声母相拼，也不能自成音节，如"资""此""思"的韵母。

-i：（后）发音时，舌尖上翘，对着硬腭形成狭窄的通道，气流通过不发生摩擦，嘴角向两边展开。用普通话念"师"并延长，字音后面的部分便是-i（后）。这个韵母只跟 zh、ch、sh、r 配合，不与其他声母相拼，也不能自成音节，如"知""吃""诗"的韵母。

③ 卷舌单韵母。er：发音时，口腔半开，开口度比 ê 略小，舌位居中，稍后缩，唇形不圆。在发 e 的同时，舌尖向硬腭轻轻卷起，不是先发 e，然后卷舌，而是发 e 的同时舌尖卷起。"er"中的 r 不代表音素，只是表示卷舌动作的符号。er 只能自成音节，不和任何声母相拼，如"儿""耳""二"字的韵母。

（2）复韵母

由两个或三个元音结合而成的韵母叫复韵母。普通话共有 13 个复韵母：ai、ei、ao、ou、ia、ie、ua、uo、üe、iao、iou、uai、uei。根据主要元音所处的位置，复韵母可分为前响复韵母、中响复韵母和后响复韵母。

① 前响复韵母。前响复韵母共有 4 个：ai、ei、ao、ou。它们的共同特点是前一个元音清晰响亮，后一个元音轻短模糊，音值不太固定，只表示舌位滑动的方向。

ai：发音时，先发 a，这里的 a 舌位靠前，念得长而响亮，然后舌位向 i 的方向移动，不到 i 的高度。i 只表示舌位移动的方向，音短而模糊，如"白菜""海带""买卖"的韵母。

ai—爱戴　拆开　拍卖　采摘

ei：发音时，先发 e，比单念 e 时舌位前一点，这里的 e 是个中央元音，然后舌位向 i 的方向滑动，如"北美""黑霉"的韵母。

ei—蓓蕾　配备　肥美　飞贼

ao：发音时，先发 a，这里的 a 舌位靠后，是个后元音，发得响亮，接着舌位向 o 的方向滑动，如"高潮""报道""吵闹"的韵母。

ao—号召　草包　草稿　逃跑

ou：发音时，先发 o，接着向 u 滑动，舌位不到 u 即停止发音，如"后楼""收购""漏斗"的韵母。

ou—欧洲　口头　丑陋　猴头　筹谋

② 中响复韵母。中响复韵母共有 4 个：iao、iou、uai、uei。它们共同的发音特点是前一个元音轻短，后面的元音含混，音值不太固定，只表示舌位滑动的方向，中间的元音清晰响亮。

iao：发音时，先发 i，紧接着发 ao，使三个元音结合成一个整体，如"巧妙""小鸟"的韵母。

iao——妙药　教条　吊桥　逍遥

iou：发音时，先发 i 紧接着发 ou，紧密结合成一个复韵母，如"优秀""求救""牛油"的韵母。

iou——悠久　绣球　久留

uai：发音时，先发 u，紧接着发 ai，使三个元音结合成一个整体，如"摔坏""外快"的韵母。

uai——怀揣　乖乖

uei：发音时，先发 u，紧接着发 ei，紧密结合成一个整体，如"退回""归队"的韵母。

uei——灰堆　鬼祟　摧毁　回味

中响复韵母在自成音节时，韵头 i、u 改写成 y、w。复韵母 iou、uei 前面加声母的时候，要省写成 iu、ui，如 liu（留）、gui（归）等；不跟声母相拼时，不能省写用 y、w 开头，写成 you（油）、wei（威）等。

③ 后响复韵母。后响复韵母共有 5 个：ia、ie、ua、uo、üe。它们的共同特点是前面的元音发得轻短，只表示舌位从那里开始移动，后面的元音发得清晰响亮。

ia：发音时，i 表示舌位起始的地方，发得轻短，很快滑向前元音 a，a 发得长而响亮，如"加价""假牙""压下"的韵母。

ia——恰恰　压价

ie：发音时，先发 i，很快发 ê，前音轻短，后音响亮，如"结业""贴切""趔趄"的韵母。

ie——乜斜　铁鞋

ua：发音时，u 念得轻短，很快滑向 a，a 念得清晰响亮，如"花褂""桂花"的韵母。

ua——耍滑　挂画　花袜　娃娃

uo：发音时，u 念得轻短，舌位很快降到 o，o 清晰响亮，如"活捉""阔绰"的韵母。

uo——蹉跎　过错　骆驼　没落

üe：发音时，先发高元音 ü，ü 念得轻短，舌位很快降到 ê，ê 清晰响亮，如"雀跃""决绝"的韵母。

üe——雪月　约略

后响复韵母在自成音节时，韵头 i、u、ü 改写成 y、w、yu。

（3）鼻韵母

由一个或两个元音后面带上鼻辅音构成的韵母叫鼻韵母。鼻韵母共有 16 个：an、ian、uan、üan、en、in、uen、ün、ang、iang、uang、eng、ing、ueng、ong、iong。

根据鼻辅音韵尾的不同，鼻韵母可分为两种：前鼻韵母，由元音和前鼻辅音（舌尖鼻辅音）韵尾 n 构成；后鼻韵母，由元音和后鼻辅音（舌根鼻辅音）韵尾 ng 构成。

① 前鼻韵母训练。前鼻韵尾 n 与声母 n 发音部位相同，即舌尖抵满上齿龈，区别在于声母 n 要除阻，韵尾 n 不除阻。

an：发音时，先发 a，然后舌尖向上齿龈移动，最后抵住上齿龈，发前鼻音 n，如"感叹""灿烂"的韵母。

an——漫谈　繁衍　淡蓝　坦然　橄榄

en：发音时，先发 e，然后舌尖向上齿龈移动，抵住上齿龈发鼻音 n，如"认真""根本"的韵母。

en——人参　本分　深圳　愤恨　沉闷

in：发音时，先发 i，然后舌尖向上齿龈移动，抵住上齿龈，发鼻音 n，如"拼音""尽心"的韵母。

in——亲近　殷勤　金银　琴音

ün：发音时，先发 ü，舌尖向上齿龈移动，抵住上齿龈，气流从鼻腔通过，如"均匀""军训"的韵母。

ün——逡巡　纭纭　允许

in、ün 自成音节时，写成 yin（音）、yun（晕）。

ian：发音时，先发 i，i 轻短，接着发 an，i 与 an 结合得很紧密，如"偏见""先天"的韵母。

ian——变迁　电线　连绵　沿线

uan：发音时，先发 u，紧接着发 an，u 与 an 结合成一个整体，如"贯穿""转弯"的韵母。

uan——宽缓　专断　婉转

üan：发音时，先发 ü，紧接着发 an，ü 与 an 结合成一个整体，如"轩辕""全权"的韵母。

üan——渊源　源泉　圆圈

uen：发音时，先发 u，紧接着发 en，u 与 en 结合成一个整体，如"春笋""温存"的韵母。

uen——温顺　昆仑　论文　分寸

② 后鼻韵母训练。后鼻韵尾 ng 与声母 g、k、h 发音部位相同，即舌根抵住软腭，区别在于 ng 是浊鼻音，发音时软腭下垂，气流振动声带从鼻腔通过，没有除阻过程。

ang：发音时，先发 a，舌头逐渐后缩，舌根抵住软腭，气流从鼻腔通过，如"厂房""沧桑"的韵母。

ang——纲常　螳螂　上当　盲肠

eng：发音时，先发 e，舌根向软腭移动，抵住软腭，气流从鼻腔通过，如"更正""生冷"的韵母。

eng——风声　萌生　鹏程

ing：发音时，先发 i，舌头后缩，舌根抵住软腭，发后鼻音 ng，如"定型""命令"的韵母。ing 自成音节时，作 ying（英）。

ing——情景　倾听　宁静

ong：发音时，舌根抬高抵住软腭，发后鼻音 ng，如"工农""红松"的韵母。

ong——公众　轰动　总统　从容

iang：发音时，先发 i，接着发 ang，使二者结合成一个整体，如"亮相""想象"的韵母。

iang——将相　湘江　向阳

iong：发音时，先发 i，接着发 ong，使二者结合成一个整体，如"汹涌""穷凶"的韵母。

iong——熊熊　炯炯

uang：发音时，先发 u，接着发 ang，由 u 和 ang 紧密结合而成，如"状况""双簧"的韵母。

uang——狂妄　装潢

ueng：发音时，先发 u，接着发 eng，由 u 和 eng 紧密结合而成。ueng 自成音节，不拼声母，如"翁""瓮"。

ueng——老翁　渔翁　水瓮

iang、iong、uang、ueng 自成音节时，韵头 i、u 改写成 y、w。

另外，uen 跟声母相拼时，省写作 un，如 lun（伦）、chun（春）。uen 自成音节时，仍按照拼写规则，写作 wen（温）。

表 1-2 为普通话韵母总表。

表 1-2　普通话韵母总表

		开口呼	齐齿呼	合口呼	撮口呼
单韵母		-i	i	u	ü
		a			
		o			
		e			
		ê			
		er			
复韵母		ai	ia	uai	
		ei	ie	uei	üe
		ao	iao	ua	
		ou	iou	uo	
鼻韵母		an	ian	uan	üan
		en	in	uen	ün
		ang	iang	uang	
		eng	ing	ueng	
				ong	iong

四、声调

声调是音节的高低升降变化,它主要是由音高决定的。音乐中的音阶也是由音高决定的。因此,声调可以用音阶来模拟,学习声调也可以借助于自己的乐感。但要注意,声调的音高是相对的,不是绝对的;声调的升降变化是滑动的,不像从一个音阶到另一个音阶那样跳跃式地移动。

描写声调的高低通常用 5 度标记法:用竖标分 5 度,分别表示"高 5、半高 4、中 3、半低 2、低 1",然后在比较线的左边用曲线或直线表示音节的音高变化形式和升降幅度,如图 1-1 所示。

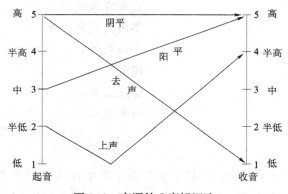

图 1-1　声调的 5 度标记法

普通话有 4 个声调:阴平、阳平、上声、去声。

1. 阴平

念高平,用 5 度标记法来表示,就是从 5 到 5,写作 55。声带绷到最紧,始终无明显变化,保持音高,如青、光、天、开。

2. 阳平

念高升(或说中升),起音比阴平稍低,然后升到高。用 5 度标记法表示,就是从 3 升到 5,写作 35。声带从不松不紧开始,逐步绷紧,直到最紧,声音从不低不高到最高,如行、平、田、环。

3. 上(shǎng)声

念降升,起音半低,先降后升。用 5 度标记法表示,是从 2 降到 1 再升到 4,写作 214。声带从略微有些紧张开始,立刻松弛下来,稍稍延长,然后迅速绷紧,但没有绷到最紧,如解、满、好、管。

4. 去声

念高降(或称全降),起音高,接着往下滑。用 5 度标记法表示,是从 5 降到 1,写作

51。声带从紧开始到完全松弛为止,声音从高到低,音长是最短的,如下、育、报、润。

【精彩案例五】

网络流传一调侃段子:一位乡音浓重的语文老师,为学生朗读据说为陆游的《卧春》,要求学生边听边写下来。

老师朗读诗歌如下:　　　　　　有位学生听写如下:
《卧春》　　　　　　　　　　　《我蠢》
暗梅幽闻花,　　　　　　　　　俺没有文化,
卧枝伤恨底,　　　　　　　　　我智商很低,
遥闻卧似水,　　　　　　　　　要问我是谁,
易透达春绿。　　　　　　　　　一头大蠢驴。
岸似绿,　　　　　　　　　　　俺是驴,
岸似透绿,　　　　　　　　　　俺是头驴,
岸似透黛绿。　　　　　　　　　俺是头呆驴。

五、变调

变调是指语流中某个声调受到相邻字音声调的影响而出现的声调变读现象。例如"古典","古""典"的调值都是214,单独念读的时候都要读214调值;合在一起,"古"受到后面"典"的影响,变读35调。

变调是一种比较常见的音变现象,阴平、阳平、上声、去声在语流中都存在不同程度的变调。当两个相同的声调相连时,前一个字的声调常常会发生变化,只是有的变化比较明显,有的变化不太明显。例如,阴平+阴平:"今天","今"(阴平)由55变读为44。阳平+阳平:"和平","和"由35变读为34。上声+上声:"舞蹈","舞"由214变读为35。去声+去声:"注意","注"由51变读为53。

变调的作用在于能使语流更加流畅。如果把语流中的每个上声都读成214调,语流的节奏就会受到破坏,就会破坏语流的流畅感,既拗口,又费时。

常见的比较明显的变调有:上声的变调、"一""不"的变调、轻声、儿化、"啊"的音变。

(一)上声的变调

1. 念半上

上声在阴平、阳平、去声前面念半上,调值由214变成21或211,也就是只降不升,由于上声的起音就低,所以近似低平调。例如:

每天 měitiān　　每年 měinián　　每月 měiyuè

2. 念直上

上声跟上声相连，前面的上声变成升调，跟阳平一样（或近似阳平），调值由214变成24或35。例如：

美好 měihǎo　　厂长 chǎngzhǎng　　领导 lǐngdǎo　　永久 yǒngjiǔ　　好感 hǎogǎn

（二）"一""不"的变调

1. "一"的变调

① 单念或在末尾念原调。例如：一、一十一、初一、第一。

② 在去声前变阳平。例如：一日、一月、一定、一个、一类。

③ 在非去声前变去声。例如：一天、一年、一两。

2. "不"的变调

"不"单用，用在词句末尾或用在非去声之前时，声调不变，都念去声。例如：不，我偏不！不多、不忙、不小。

"不"在以下情况下变调。

① 在去声前念阳平。例如：

不去 bú qù　　不干 bú gàn　　不对 bú duì

② 嵌在反复问句中间，念轻声。例如：

来不来 lái bu lái　　学习不学习 xué xí bu xué xí

好不好 hǎo bu hǎo　　整齐不整齐 zhěng qí bu zhěng qí

③ 单念或在非去声前念原调，在去声前变阳平，在重叠词中间轻声。例如：

不（去声）！　我不说（阴平前）　不来（阳平前）　不好（上声前）　不对（去声前）　来不来（重叠词中间）　去不去（重叠词中间）

（三）轻声

1. 轻声的概念

普通话音节都有一个固定的声调，可是某些音节在词和句子中失去了它原有的声调，读成一种轻短模糊的调子，甚至声母、韵母也发生了变化，这就是轻声。

2. 轻声的规律

普通话多数轻声同词汇、语法有密切联系。

① 语气助词"吗""呢""啊""吧"等。例如：

是吗？　他呢？　看啊！　走吧！

② 助词"着""了""过""的""地""得"。例如：

看过　忙着　来了　我的　勇敢地　喝得（好）

③ 名词的后缀"子""头"。例如：

桌子　椅子　木头　石头

④ 方位词"上""下""里""边"。例如：

墙上　河里　天上　地下　底下　那边

⑤ 叠音词和动词的重叠形式后面的字。例如：
弟弟　奶奶　说说　想想　谈谈　跳跳
⑥ 表示趋向的动词。例如：
出来　进去　站起来　走进来　取回来
⑦ 某些常用的双音节词的第二个音节习惯上读轻声。例如：
明白　暖和　萝卜　玻璃　葡萄　知道　事情　衣服　眼睛

3. 轻声的作用

普通话里有些词或词组靠轻声音节与非轻声音节区别意义和词性。

兄弟 xiōngdì （［名］哥哥和弟弟）

兄弟 xiōngdi （［名］弟弟）

能干 nénggàn （［形］有才能；会办事）

能干 nénggan （［形］心灵手巧；精明）

言语 yányǔ （［名］指所说的话）

言语 yányu （［动］开口；招呼）

运气 yùnqì （［动］武术、气功的一种练身方法）

运气 yùnqi （［名］幸运）

（四）儿化

1. 儿化和儿化韵

er 在普通话里是一个比较特殊的韵母，它不同声母相拼，也不能同其他音素组合成复合韵母，可以自成音节。er 自成的音节很少，常见的有"耳""而""儿""饵""尔""二""贰""迩"等。此外，er 常附在其他音节后边，使这个音节发生变化，成为一个带卷舌动作的韵母，这就是儿化现象。儿化后的韵母称为儿化韵。带儿化的韵母的音节，一般用两个汉字来表示。用汉语拼音字母拼写这些儿化音节时，只需在原来的音节之后加上"r"。

2. 儿化的作用

儿化在表达词语的语法意义和修辞色彩上都起着积极的作用。

① 区别词性。例如：

盖（动词）——盖儿（名词）

个（量词）——个儿（名词）

② 区别词义。例如：

信（信件）——信儿（消息）

末（最后）——末儿（细碎的或呈粉状的东西）

③ 表示某种喜爱、温婉的感情色彩。例如：

小曲儿　来玩儿　大婶儿　慢慢儿走

④ 表示细小、轻微的性状。例如：

小鱼儿　门缝儿　一会儿　办事儿

3. 儿化韵的发音

① 韵母为 a、o、e、u 的音节，儿化后主要元音基本不变，后面直接加上表示卷舌动作的"r"。例如：

号码儿 hàomǎr　山坡儿 shānpōr　饭盒儿 fànhér　水珠儿 shuǐzhūr

② 韵母 ia、ua、ao、ou、uo 和 iao、iou 等，儿化后主要元音或韵尾基本不变，直接加"r"。例如：

一下儿 yīxiàr　鲜花儿 xiānhuār　手稿儿 shǒugǎor　封口儿 fēngkǒur

知了儿 zhīliǎor　小牛儿 xiǎoniúr　小说儿 xiǎoshuōr

③ 韵母 i、ü 儿化后在原韵母之后加上 er，i、ü 仍保留。例如：

小米儿 xiǎomǐr（读作 xiǎomiěr）

有趣儿 yǒuqùr（读作 yǒuquèr）

④ 韵母-i（前、后）儿化后失去原韵母，加 er。例如：

戏词儿 xìcír（读作 xìcer）

果汁儿 guǒzhīr（读作 guǒzher）

⑤ 以 i 或 n 为韵尾的韵母，儿化后丢掉韵尾，主要元音后面加 r。例如：

一块儿 yīkuàir（读作 yīkuàr）

树根儿 shùgēnr（读作 shùgēr）

饭馆儿 fànguǎnr（读作 fànguǎr）

冰棍儿 bīnggùnr（读作 bīnggùr）

⑥ 以 ng 为韵尾的韵母，儿化后丢掉韵尾 ng，主要元音鼻化，同时在鼻化元音后加上 r。例如：

瓜瓤儿 guārángr（读作 guārár）

板凳儿 bǎndèngr（读作 bǎndèr）

⑦ 韵母 in、ün 儿化后，丢掉韵尾 n，主要元音保留，后面加上 er；韵母 ing 儿化后，丢掉韵尾 ng，主要元音保留，后面加上鼻化的 er。例如：

手印儿 shǒuyìnr（读作 shǒuyier）

花裙儿 huāqúnr（读作 huāquer）

花瓶儿 huāpíngr（读作 huāpier）

（五）语气词"啊"的音变

"啊"附着在句子的末尾是语气助词。由于跟前一个音节连读而受其末尾音素的合音影响，常常发生音变现象。"啊"的音变是一种增音现象（包括同化增音和异化增音）。在不同的语音环境中，"啊"的读音有不同的变化形式。另外"啊"的不同读音，可用相应的汉字来表示。

① 前面音节的末尾音素是 a、o、e、i、ü、ê 的，读作"呀"（ya）。例如：

快去找他啊（tāya）！
你去说啊（shuōya）！
今天好热啊（rèya）！
你可要拿定主意啊（yìya）！
我来买些鱼啊（yúya）！
赶紧向他道谢啊（xièya）！

② 前面音节的末尾音素是 u、ao、iao 的，读作"哇"（wa）。例如：

你在哪里住啊（zhùwa）？
他人挺好啊（hǎowa）！
口气可真不小啊（xiǎowa）！

③ 前面音节的末尾音素是 n 的，读作"哪"（na）。例如：

早晨的空气多清新啊（xīnna）！
多好的人啊（rénna）！
你猜得真准啊（zhǔnna）！

④ 前面音节的末尾音素是 ng 的，读作"啊"（nga）。例如：

这幅图真漂亮啊（liàngnga）！
注意听啊（tīngnga）！
最近太忙啊（mángnga）！

⑤ 前面音节的末尾音素是 -i（前）的，读作"啊"（za）；前面音节的末尾音素是 -i（后）的，读作"啊"（ra）。例如：

今天来回几次啊（cìza）！
你有什么事啊（shìra）！
你怎么撕了一地纸啊（zhǐra）！

掌握"啊"的变读规律，并不需要一一硬记，只要将前一个音节顺势连读"a"（像念声母与韵母拼音一样，其间不要停顿）自然就会念出"a"的变音来。

 思考与训练

1. 舌尖前音、舌尖中音、舌尖后音中的"前""中""后"的含义是什么？
2. 给下面一首诗注音（声、韵、调）。

   白日依山尽，
   黄河入海流。
   欲穷千里目，
   更上一层楼。

3. 什么是变调？普通话的变调主要有哪些？

4. 上声最主要的变调有哪些？请举例说明。
5. "一""不"的变调有哪些？请举例说明。
6. 播放一段标准的普通话录音或视频（如中央电视台的节目），坚持听几分钟，说出所听的内容，然后放大音量重复收听并加以对照。（有关内容教师可根据需求自选）

第二节　普通话发声训练

人类发音，没有单独的发音器官，而是使用呼吸器官、消化器官做发音器官。发音器官包括呼吸器官、喉头和声带、口腔和鼻腔三个部分。其中，除了声带外，其他所有的发音器官都是"兼职"。说话时，横在呼出气流通道上的两条声带，迅速地一开一闭，把稳定的气流切成一串串的喷流，进而转换成听得见的峰音，随着舌、唇、腭等器官的运动，不断改变声道的声学性质，将峰音变成能区别的语音，通过胸腔、喉腔、咽腔、鼻腔、口腔组成的共鸣器放大而发出声音。这就是发音的全过程。从这个过程中可以看出，发音效果如何，与呼吸、声带、共鸣器等有着直接的关系。为此，在发音训练中，应着重进行下列训练。

一、气息训练

气息是声音的动力来源。充足、稳定的气息是发音的基础。有的人讲话或唱歌声音洪亮、持久、有力，人们赞叹说，他（她）"中气"很足；相反，有的人说话或唱歌声音很小，有气无力，上气不接下气，像蜜蜂一样嗡嗡叫，使人难以听清，这种人则"中气"不足。其间除了身体素质的区别外，还有一个气息调节技巧问题，即呼吸和讲话的配合、协调是否恰当的问题。正常情况下，说话是在呼气时进行的，而不是在吸气时进行的，停顿则是在吸气时进行的。如果是持续时间较长的讲话或朗诵，必然要求有比平时更强的呼吸循环。

1. 胸腹联合呼吸法

讲话时的正确呼吸方法应当是，胸腹式联合呼吸法（也称丹田呼吸法）。即运用小腹收缩，丹田的力量控制呼吸。郭兰英在谈到运用这种呼吸方法时说："唱歌时小肚子常是硬的，唱得越高就越硬。"

胸腹式联合呼吸介于胸式呼吸和腹式呼吸两者之间，是二者的结合。具体方法如下。

（1）吸气

小腹向内即向丹田收缩，相反，大腹、胸、腰部同时向外扩展，可以感觉到腰带渐紧，前腹和后腰分别向前、后、左、右撑开的力量。用鼻吸气，做到快、静、深。

（2）呼气

小腹几乎要始终收住，不可放开，使胸、腹部在努力控制下，将肺部储气慢慢放出，均匀地外吐。呼气要用嘴，做到匀、缓、稳。在呼气过程中，语音一个接一个地发出后，组成有节奏的有声语言。

2. 气息训练注意事项

在讲话过程中，想要处理好讲话和呼吸的关系，必须注意以下3点。

① 尽可能轻松自如，吸气要迅速，呼气要缓慢、均匀，吸入的气量要适中。

② 尽可能在讲话中的自然停顿处换气，不要等讲完一个长句才大呼大吸，显得讲话很吃力。还要根据自己的气量来决定是否用中途不便停顿的长句，不要为了渲染和增强表达效果而勉为其难地为之。否则，会适得其反。

③ 尽可能使讲话时的姿势有利于呼吸。无论是站姿还是坐姿，都要抬头舒肩展背，胸部要稍向前倾，小腹自然内收，双脚并立平放。这样发音的关键部位——胸、腹、喉、舌等才能处于良好的呼吸准备和行进状态之中。呼吸顺畅，方可语流顺畅。

3. 气息训练方法

练习气息的方法有很多，主要有以下5种。

① 闻花香：仿佛面前有一盆花，深深地吸进其香气，控制一会儿后缓缓吐出。

② 吹蜡烛：模拟吹灭生日蜡烛，深吸一口气后均匀缓慢地吹，尽可能时间长一点，达到25～30秒为合格。

③ 咬住牙，深吸一口气后，从牙缝中发出"咝——"声，力求平稳、均匀、持久。

④ 数数：从一数到十，往复循环，一口气能数多少遍就数多少遍，要数得清晰响亮。

⑤ 用绕口令或近似绕口令的语句练习气息。如：

打南边来了个哑巴，腰里别了个喇叭；打北边来了个喇嘛，手里提了个鳎蟆。提着鳎蟆的喇嘛要拿鳎蟆换别着喇叭的哑巴的喇叭；别着喇叭的哑巴不愿拿喇叭换提着鳎蟆的喇嘛的鳎蟆。不知是别着喇叭的哑巴打了提着鳎蟆的喇嘛一喇叭；还是提着鳎蟆的喇嘛打了别着喇叭的哑巴一鳎蟆。喇嘛回家炖鳎蟆，哑巴滴滴答答吹喇叭。

开始做练习的时候，中间可以适当换气。练到有了控制能力时，逐渐减少换气次数，最后要争取一口气说完。

二、口腔训练

口腔灵活，说话才利索。早晨起来，口腔肌肉休息了一晚上，说话没有下午或者晚上那么顺当了，当然也没那么灵活。所以要进行口腔训练，做做口腔体操，使口腔尽快灵活起来，口腔训练的主要方法有以下4种。

1. 口腔开合练习

张嘴像打哈欠，闭嘴如啃苹果。开口的动作要柔和，两嘴角向斜上方抬起，上下唇稍放松，舌头自然放平。做这个练习，克服口腔开度的问题。

2. 咀嚼练习

张口咀嚼与闭口咀嚼结合进行，舌头自然放平。

3. 双唇练习

双唇闭拢向前、后、左、右、上、下，以及左右转圈双唇打响（这个练习还有助于女孩子美唇)。

4. 舌头练习

舌尖顶下齿，舌面逐渐上翘。

舌尖在口内左右顶口腔壁，在门牙上下转圈。

舌尖伸出口外向前伸，向左右、上下伸。

舌在口腔内左右立起。

舌尖的弹练，弹硬腭、弹口唇。

舌尖与上齿龈接触打响。

舌根与软腭接触打响。

三、共鸣训练

说话时，95%左右的音量，需要通过共鸣腔放大得来。共鸣腔是决定音色的重要发音器官，直接引起语音共鸣的是声带上方的喉、咽、口、鼻四腔。此外，胸腔和头腔也有共鸣作用。说话用声是以口腔共鸣为主，以胸腔共鸣为基础。共鸣器以咽腔为主又可分为高、中、低三区共鸣。高音共鸣区，即头腔、鼻腔共鸣，音流通过该区共鸣，可以获得高亢响亮的声音。中音共鸣区，即咽腔、喉腔、口腔共鸣，这里是语音的制造场，是人体中最灵活的共鸣区，音流在这里通过，可以获得丰满圆润的声音。低音共鸣区，主要是胸腔共鸣，音流通过该区共鸣，可以获得浑厚低沉的声音。

要想使说话的声音好听和持久，就要正确地运用共鸣区。而运用共鸣区的关键，在于处理好"畅"与"阻"的对立和统一关系。所谓"畅"，就是整个发音的声道必须畅通无阻，胸部舒展自如，喉部放松滑润，脊背自然伸直，以使声音不憋不挤，形成一个声柱，流畅地奔涌出来。所谓"阻"，并不是简单地把声音阻挡住，而是不让声音直截了当地通过声道奔涌出来，让它通过共鸣区加工、锤炼，变得洪亮、圆润、雄浑、优美动听。

1. 共鸣训练方法

要处理好"畅"与"阻"的关系，必须进行共鸣训练。下面介绍几种简单易行的共鸣训练方法。

① 放松喉头，用"哼哼"音唱歌。

② 牙关大开合，同时发出"啊"音。

③ 模拟汽笛长鸣声"滴"，滴（di）既可平行发音，也可由大到小或由小到大地变化发音。

④ 做扩胸运动，同时尽量发高亢或低沉的声音。

⑤ 夸张四声练习。选择韵母因素较多的词语或成语，运用共鸣技巧做夸张四声的训练，如：

逆水行舟　背井离乡　智勇无双　热火朝天　信以为真　万古流芳　厚古薄今
光辉灿烂　旧地重游　气贯长虹　方兴未艾　各奔前程　富贵荣华　心花怒放

壮烈牺牲　欢欣鼓舞

⑥ 大声呼唤练习。假设某人在离自己 100 米处，大声呼唤：张——师——傅——，快——回——来——！喂——，那——里——危——险——，快——离——开——！

2. 口腔共鸣的训练

一般采用双唇用喷法（发 p 音）、舌尖用弹法（发 t 音）。要有意识地集中一个点发，就像子弹从口腔里射出，击中某一个目标。音要从上腭打到硬腭前端，然后送出，发音时鼻腔要关闭（先用"和"捏住鼻子试几次，就感觉到了）

练习：bā——dā——gā bā——dā——gā
　　　pā——tā——kā pā——tā——kā
　　　bā——dā——gā——pā——tā——kā
　　　bā bá bǎ bà/bā bá bǎ bà/bā bá bǎ bà
　　　pēng pā pī pū pāi
　　　pāi pū pī pā pēng

3. 鼻腔共鸣的训练

鼻腔共鸣是通过软腭来实现的。当软腭放松时，鼻腔通路打开，口腔的某些部位关闭，声音在鼻腔得到共鸣，如鼻辅音 m、n、ng 等。当鼻腔与口腔同时打开，产生的是鼻化元音。少量的鼻化元音可以增加音色的明亮，但过多的鼻化会造成"囊鼻"，会影响你的朗诵与发音。

（1）鼻腔共鸣训练

纯 a、i、u 音——加鼻腔共鸣的 a、i、u 音。

鼻辅音+元音 ma——mi——mu，na——ni——nu。

m 音哼唱，使硬腭之上的鼻道中的气息振动，软腭的前部扯紧。

n 音哼唱，使软腭中部振动并扩大鼻咽腔。

ng 音哼唱，使软腭中部振动并扩大鼻咽腔。

词语练习：妈妈　大妈　光芒　中央　接纳　头脑

（2）解除鼻音训练

软腭上提，口腔后部声音的通道畅通无阻，就可以解除鼻音，同时可以减轻喉音重的毛病。

发"吭"声练习：首先挺软腭，关闭鼻咽道，然后突然发出"吭"声。

手捏住鼻孔不出气，发"a"音。

串发六个元音：a——o——e——i——u——ü。

鼻音重的，练声时，尽量少发带有 m、n 的声音。

4. 胸腔共鸣的训练

胸腔的空间及共鸣能量大，发出的声音有深度和宽度，听起来浑厚、宽广，会给听众一种庄严、深沉、真实、可信感。它是口腔共鸣不可缺少的基础。

① "a"元音直上直下有滑动练习，或者用手按住胸口，发"a"音，发"ha"音，然

后读"海洋""遥远"等词。

②夸大的上声练习，hǎo、bǎi、mǐ、zǒu等。

③读"百炼成钢""翻江倒海"等成语。

④读"小柳树，满地栽，金花谢，银花开"。（反复练习）

5. 头腔共鸣

头腔共鸣需要一定的气势和音高，在朗诵中很少使用这种共鸣，唱歌时用得多一些。但有时为了加强感情色彩也会用到，这时声音高昂、明快、铿锵有力，会感到声音是从眉心发出的。

发"i"、"a"上滑音体会，就像练声乐的人发出的一样。

[训练]朗读下面诗词，要求放慢速度，有意识地夸张，尽量找出最佳共鸣效果。声音适当偏后些，使之浑厚有力。注意防止"囊鼻音"。

红旗飘，军号响，子弟兵，别故乡。

路迢迢，秋风凉，敌重重，军情忙。

苗岭秀，旭日升，百鸟鸣，报新春。

锣鼓响，秧歌起，黄河唱，长城喜。

手足情，同志心，飞捷报，传佳音。

顶天地，志凌云，山城堡，军威震。

四、吐字训练

吐字清晰，是朗诵的基本要求之一。因此，吐字归音是学习朗诵必须练习的一项重要基本功。吐字归音是汉语（汉字）的发声法则，即"吐字"和"归音"的技巧。

1. 吐字训练

吐字也叫"咬字"。吐字时首先要注意口型，口型该大开时不能半开，该圆唇时不能展唇，尽量使声音立起来。其次注意字头，字头是字音的开始阶段，要求叼住弹出。"叼住"要叼得巧而不死，过紧则僵，过松则泄；"弹出"要弹得轻捷有力，不粘不滞。发音要有力量，摆准部位，蓄足气流，干净利落，富有弹性。要用这一阶段的力量去带动字腹和字尾的响度，使声音立得住、传得远。

[训练]读下面的绕口令。先慢读，注意分辨声母，发好字头音，读准声调，读几遍后再加速。

老宋和老宗，二人去买葱。老宋把葱说成蒜，老宗把蒜说成葱。蒜是蒜，葱是葱，芫荽竹笋芹菜青，脆瓜莴苣大辣椒，哪样说错都不行。

破皮袄破了个破皮窟窿，会补破皮袄的来补破皮窟窿，不会补破皮袄的别来补破皮窟窿。

2. 归音训练

字尾是字音的收尾部分，指韵母的韵尾。归音是指字腹到字尾这个归音过程。归音时，唇舌的动程一定要到位，字腹要拉开立起，即在字腹弹出后口腔随字腹的到来扯起适当开度（共鸣主要在这儿体现），然后收住，要收得干净利落，不拖泥带水，但也不能草草收住。如"天安门"三个字归音时舌位要平放，舌尖抵住上齿龈，归到前鼻韵母"n"音上。只有这样归音才到位，才有韵味，普通话才地道。不能归音时听不到"n"的尾音，但要注意做好"到位弱收"，不能用劲。归音恰当、到位与否对"字正"起着重要作用。

[训练] 读下面的绕口令，注意"n"和"ng"的收音。

梁家庄有个梁大娘，梁大娘家盖新房。大娘邻居大老梁，到梁大娘家看大娘，赶上梁大娘家上大梁，老梁帮着大娘扛大梁，大梁稳稳当当上了墙，大娘高高兴兴谢老梁。

五、常见错误发声及纠正

1. 闷暗

音色：沉闷、缺少光泽（亮度）。

原因：口腔肌肉松散，牙关不开。这样的发声没有共鸣，给听众有声无字的感觉。

纠正：

① 加强21个声母的重点练习，同时与开、齐、合、撮四呼结合起来练习，全面锻炼口腔；

② 双唇音 b、p、m 与开口呼韵母相拼的音节练习，速度放慢，吐字有力，韵腹拉开立起，收好字尾 b-ang—bang（棒）、p-ang—pang（庞）、m-ang—mang（忙）、b-ai—bai（百）；

③ 如果遇到发音部位靠后的声母、韵母，应该有意识地往前送，在不影响音色的前提下，发音部位前移，可做四字词练习：花红柳绿、锦绣河山、山明水秀、心知肚明；

④ 练习绕口令。

2. 喊叫

音色：尖锐、刺耳、粗糙，有时跑音。

原因：盲目追求高音造成，呼吸部位浅，舌根、颈部、下腭肌肉紧张，喉咙被卡紧。

纠正：

① 调整好呼吸，吸气部位要深，呼气控制，提起软腭，舌根及下腭要松弛；

② 不要加强高音，使声音向低宽发展；

③ 从自己最自然的中声区，发 a、o、e、i、u、v 六个主要元音的延长音，声音要拉开立住；

④ 平时多练习朗读一些柔和的诗歌、民歌、短句等。

3. 鼻音

音色：暗淡、枯涩，像感冒声，鼻子堵塞。

原因：口腔开度不够，软腭无力塌下，舌中部抬起使部分气流进入鼻腔，从而失去了部分口腔共鸣。

纠正：

① 关闭鼻腔通路，用半哈欠的感觉将软腭提起，放松舌根、牙关，让后声腔的开度加大；

② 用上述感觉发六个单元音的延长音，发音总趋势是下行的感觉；

③ 将 16 个鼻韵母中的主要元音与鼻韵尾作拆合练习：ang-a-ng、uan-u-a-n、ong-o-ng、ing-i-ng；

④ 注意少练的音节：有鼻音的人初练声应该少练 m、n 声母开头的音节和 n、ng 结尾的音节。

4. 捏挤

音色：单薄、发扁，声音像从口腔中挤出。

原因：由于舌根下压或舌根僵硬造成喉咙捏紧。此时软腭放得太低，口腔打不开。也有人为了追求声音明亮、靠前的效果，喉咙自然吊高升起，产生挤捏。这样的声音加大声带负担，影响声带活动范围，很容易损坏嗓子。

纠正：

① 改变不正确的呼吸方法，采用胸腹联合呼吸法，气息要有一定深度；

② 发音时采用自然张口，下腭要放松，抬起软腭，放松牙关；

③ 练习 ba、pa、da、ta、bang、dang、zhang、chang、shang、bu、pu，注意字头发音短暂，主要时间用在"韵腹"的拉开立起阶段；

④ 短语练习：伟大中国、鸟语花香、惊涛骇浪、翻江倒海；

⑤ 夸大上声练习：好、美、满、想、养、厂、请、跑。

5. 喉音

音色：生硬、沉重、弹性差。

原因：气息短浅，上胸部紧张，舌根用力，后声腔开得过大。

纠正：

① 舌头活动部位要准确，一般舌头的活动主要在舌尖及舌的中部，注意放松喉咙；

② 两肩放松，调整好呼吸，发音时，头位不要过于压低，让音波在口腔中轻轻上提；

③ 张口吸气或"半打哈欠"的感觉，体会喉咙、舌根、下腭放松的感觉；

④ 加强唇舌的练习，如 b、p、m、d、t、n、l 和韵母相拼的音节；

⑤ 短诗练习，如李白的《早发白帝城》。

发音位置靠前靠后，都会造成发音器官不必要的损伤，声音也变得暗沉。放松喉头、舌根，提高软腭，让声音在中声区位置发出，肯定是最舒服也是最自然的状态，音色也会更好。

六、用声与嗓音保护

1. 嗓音与情、声、气

在声音训练中，有"情取其高，声取其中，气取其深"的说法。有些人在朗读前要么过度紧张，要么满不在乎，没有"情"怎么有"义"、怎么感染别人呢？所以有必要提前让自己做好准备，调整情绪，早一点进入状态，发挥良好的精神。

有的人，发声时状态、姿势不正确，比如下巴太用力、嗓子喊，或者胸部拘谨，导致发出的声音挤、捏、窄、沉闷、喑哑。培训的时候，要做到：高音不喊，低音不散。只有把气、声、情互相配合、巧妙运用，才能既让声音吸引人，又能保护嗓子。

2. 嗓子的保护方法

① 坚持锻炼身体，游泳和长跑是最有效的方法，使用正确的方法坚持练声，循序渐进。

② 练声时，声音由小到大、从近到远、从弱到强、由高到低，避免一开始就大喊大叫损伤声带。

③ 保证充足的睡眠是保护声带的最好措施。

④ 生病尤其感冒的时候，尽量少用嗓，此时声带黏膜增厚，容易产生病变。

⑤ 女性在生理周期或者其他原因鼻、咽、声带充血的时候，禁止练声。

⑥ 尽量少吃辛辣刺激性食物，油腻、甜黏、冷热刺激的食品也是嗓子的杀手，烟酒也要避免。

⑦ 坚持用淡盐水漱口，可以消除炎症并保护嗓子。

⑧ 中药保健，如胖大海+冰糖，还有金嗓子喉宝、西瓜霜、草珊瑚含片、清音丸等，都是不错的保护嗓子的药品。

思考与训练

请结合普通话水平测试模拟卷，测试自己的普通话水平。

1. 读单音节字词（100个音节，共10分，限时3.5分钟）。

宰	姚	怎	翁	蟹	池	砂	怀	旅	罚	潘	拈	孔	踝	抠
蹦	贰	菌	绘	标	涩	凑	习	圆	嫁	弱	眨	荀	抡	泼
暖	絮	碾	穷	舔	邹	船	兆	秦	鸣	槛	缸	隋	救	臊
淹	管	质	涌	憋	封	略	骗	披	蜜	踩	慌	坛	恨	稿
嗑	图	贡	梯	墨	恽	嚷	剖	故	镇	贷	童	猛	存	紫
废	垮	类	丹	瓷	邬	岭	扯	倍	降	觉	霜	掐	钉	赴
踹	钓	肠	纫	梁	睡	绕	券	耸	求					

2. 读多音节词语（100个音节，共20分，限时2.5分钟）。

手软	恰如	选派	风筝	庄园	水鸟	财会
儿孙	乒乓球	参加	女神	卓绝	率先	轻蔑
疟疾	揣摩	茂密	差价	小说	配套	仰望
利索	雄兵	勋章	广阔	金鱼儿	混合	蒙古包
提防	松散	废品	醉态	苦处	全局	杏仁儿

掠取　唱片　他乡　传呼　纵队　挂钟　盈亏
而且　轮流　咏赞　裙子　刻薄　汗流浃背

3. 朗读短文（共30分，限时4分钟），作品12号（见《普通话水平测试指南》第565页）。

4. 命题说话（请在下列话题中任选一个，共40分，限时3分钟）。
① 谈谈对某一社会现象的看法
② 我最尊敬的一个人

第三节　普通话综合训练

一、声母训练

（一）声母发音练习

1. 双唇音与唇齿音
① 听读，辨别下列各字的声母。
啤　毛　扶　秒　抱　伐　边　否　扒　幕
倍　飞　炮　膜　被　品　眯　肺　比　瀑
② 练读下列词语，注意读准声母 b、p、m、f。
漂浮　跑步　蜜蜂　北面　风靡　表妹　赔本　普遍
模范　法宝　繁茂　抛锚　喷饭　斑马　肥胖　佩服

2. 舌尖前音
① 听读，辨别下列各字的声母。
杂　慈　字　司　操　丝　刺　资　擦　桑
蚕　再　私　灾　裁　苏　增　惨　左　酸
② 练读下列词语，注意读准声母 z、c、s。
早操　紫菜　总裁　座次　厕所　再三　操纵　色泽　随从　素材　册子　颂词
总算　走私　参赞　彩色　蚕丝　塑造　苍翠　酸菜　嫂子　从速　自私　存在
才子　粗俗　嗓子　棕色　测算　沧桑　自从　才思　操作　资财　错综　宗祠

3. 舌尖中音
① 听辨下列几组读音。
蓝色—难色　郎中—囊中　老人—恼人　累心—内心　篱笆—泥巴
联结—年节　良家—娘家　临界—凝结　冷冻—能动　料到—尿道
邻居—凝聚　隆重—浓重　水流—水牛　大陆—大怒　旅客—女客
② 听读，辨别下列各字的声母。
你　里　腾　带　难　蓝　逮　苔　挪　罗

淋 捻 担 娘 挺 梁 沓 拧 砣 铝
③ 练读下列词语，注意读准声母 d、t、n、l。
答礼　脑力　泰斗　嫩绿　露脸　丹田　冷暖　倒塌
年轮　雷同　打通　耐劳　泥泞　纳凉　胎毒　拟订

4. 舌尖后音

① 听读，辨别下列各字的声母。
轴 称 惹 闩 锄 绉 婶 润 床 绕
痣 拆 肾 闯 溶 舜 铡 熟 热 枕
② 同声母词语练习。
zh：
庄重　战争　制止　纸张　支柱　执政　忠贞　壮志
ch：
查抄　铲除　成虫　春潮　船厂　愁肠　唇齿　初创
sh：
硕士　顺手　书生　首饰　设施　赏识　烧伤　少数
r：
冉冉　闰日　忍辱　柔弱　濡染　热热　人人　软弱
③ 练读下列词语，注意读准声母 zh、ch、sh、r。
昌盛　伸张　禅师　任职　时差　骤然　善终　饶舌
折射　沉渣　食指　乳汁　车辙　燃烧　炒肉　展翅

5. 舌面前音（舌面音）

① 听读，辨别下列各字的声母。
挤 稀 嫁 掐 砌 瞎 僵 钱 小 敲
搅 鞋 皆 锌 井 腥 咸 间 咀 券
② 练读下列词语，注意读准声母 j、q、x。
汲取　迁就　席卷　饯行　强项　屈膝　下脚　浆洗
侨居　校庆　京腔　侵袭　相劝　锦旗　囚禁　先觉

6. 舌面后音（舌根音）

① 听读，辨别下列各字的声母。
龟 槛 核 挎 晃 搁 划 磕 狠 钙
乖 啃 光 黑 扛 锅 烤 烘 概 棵
② 练读下列词语，注意读准声母 g、k、h。
干枯　看护　壕沟　恐吓　后跟　怀古　关口　函购
蛊惑　惶恐　昏聩　快感　怪话　矿工　抗旱　恭候

（二）声母发音综合练习

1. 词语对比练习

① b—m、b—p 与读零声母（u 韵）的字的辨别。

被服—佩服　饱了—跑了　步子—铺子　鼻子—皮子
必须—秘书　被套—配套　蝙蝠—篇幅　作文—做门
纹路—门路　大网—大蟒　公务—公墓　无恙—模样

② f—k—h 声母字的辨别。

虎头—斧头—苦头　裤子—父子—护士　欢欣—翻新
花生—发生　荒唐—方糖　舅父—救护　开口—海口

③ d—t、n—l 声母字的辨别。

肚子—兔子　平淡—平坦　特意—得意　大堤—大题
南宁—兰陵　老路—恼怒　褴褛—男女　无奈—无赖

④ g—k 声母字的辨别。

圆规—圆盔　骨干—苦干　梗概—慷慨　改革—开课
挂上—跨上　关心—宽心　天公—天空　干完—看完

⑤ j—q 声母字与 g—k 声母字的辨别。

一群——捆　君子—棍子　大曲—大哭　真菌—真困
老九—老狗　江门—肛门　窍门—靠门　求救—求告

⑥ z—c—s 声母字与 j—q—x 声母字的辨别。

资金—基金　字母—继母　自理—祭礼　唱腔—上苍
诗词—稀奇　名次—名气　磁石—其实　辞藻—起早
俗人—昔人　口算—口训　寺院—戏院　死守—洗手

⑦ z—c—s 声母字与 zh—ch—sh 声母字的辨别。

造就—照旧　增高—蒸糕　赠品—正品　栽花—摘花
葱郁—充裕　粗布—初步　从来—重来　新村—新春
散光—闪光　五岁—午睡　肆意—示意　司长—师长

⑧ zh—ch—sh 声母字与 j—q—x 声母字的辨别。

作者—大姐　招待—交代　专款—捐款　船长—船桨
尺码—骑马　姓陈—姓秦　朝上—桥上　窗口—枪口
失望—希望　发射—发泄　烧化—消化　树木—序幕

⑨ r 声母字与零声母字的辨别。

日本—译本　染病—眼病　燃料—颜料　干扰—干咬
柔姿—邮资　任务—印务　仍旧—营救　让座—样坐

2. 标注声母练习

① 练习一：

美德好比宝石，它在朴素背景的衬托下反而更加华丽。同样一个打扮并不华贵却端庄、严肃而有美德的人是令人肃然起敬的。

② 练习二：

美犹如盛夏的水果是容易腐烂而难以保持的。世上有许多美人，她们有过放荡的青春却迎受着愧悔的晚年。因此，把美的形貌与美的品德结合起来吧，只有这样，美才会放射出真正的光辉。

3. 绕口令练习

① 炮兵（p、b）：

八百标兵奔北坡，炮兵并排北边跑。

炮兵怕把标兵碰，标兵怕碰炮兵炮。

② 混纺（h、f）：

丰丰和芳芳，上街买混纺。

红混纺，粉混纺，黄混纺，灰混纺。

红花混纺做裙子，粉花混纺做衣裳。

红、粉、灰、黄花样多，五颜六色好混纺。

③ 四老师（s、sh）：

石、斯、施、史四老师，天天和我在一起。

石老师教我大公无私，斯老师给我精神食粮；

施老师叫我遇事三思，史老师送我知识钥匙。

我感谢石、斯、施、史四老师。

④ 抱子看报纸（z、zh）：

报纸是报纸，抱子是抱子，报纸抱子两回事。

看报纸不是看抱子，只能抱了子看报纸。

⑤ 子词丝（z、c、s）：

四十四个字和词，组成一首子词丝的绕口词。

桃子李子柿子和榛子，栽满院子村子和寨子。

刀子斧子锤子和尺子，做出桌子椅子和箱子。

蚕丝生丝熟丝和缫丝，制成粗丝细丝人造丝。

名词动词数词和量词，组成诗词唱词绕口词。

⑥ 日头热（r）：

日头热，晒人肉，晒得心里好难受。

晒人肉，好难受，晒得头皮直发皱。

4. 歌词朗读练习

① 我爱你，中国：

百灵鸟从蓝天飞过，我爱你，中国。我爱你春天蓬勃的秧苗，我爱你秋日金黄的硕果。我爱你青松气质，我爱你红梅品格。我爱你家乡的甜蔗，好像乳汁滋润着我的心窝。我爱你，中国，我要把最美的歌儿献给你，我的母亲，我的祖国。

② 南泥湾（读准 n 和 l）：

花篮的花儿香，听我来唱一唱。来到了南泥湾，南泥湾好地方。好地方那个好风光，再不是旧模样，是陕北的好江南。

5. 对话练习

① 对话一：

小张：还有 5 分钟就上课了，再不走就迟到了！

小江：我的鞋找不到了！化学书也没了！

小张：你这个马大哈！每天不是这个不见了，就是那个不见了！真没办法！

小江：嚷什么呀？快帮我看看床下有没有？再看看抽屉！

小张：在这儿呢！快走！快走！

② 对话二：

小陈：今晚有一个文学欣赏讲座，你去吗？

小秦：在哪儿？谁主讲？

小陈：在电教室，是程教授。

小秦：电教室的音响效果特别棒！一定去！

小陈：原来你是想去欣赏音响而不是欣赏文学！

小秦：哪里哪里，一举两得嘛！

③ 对话三：

小黄：我喜欢在咖啡里加些方糖。

小王：我喜欢喝黑咖啡，原汁原味。

小黄：那太苦了，很难下咽。方糖在哪里？

小王：大概在商店里。

小黄：嗨，你存心不让我喝。算了算了，我也来一次"原汁原味"吧。

④ 对话四：

卢勇：除了小徐，其他人都随我去厨房帮忙。

劳蓉：小徐怎么这么特殊？

卢勇：小徐去买酒。这么热的天，你也想去吗？

劳蓉：那我可不想去。不过我也不会包饺子。

卢勇：你可真是"衣来伸手，饭来张口"的大小姐！

劳蓉：你别这样说，不会包饺子，可我会炒菜呀！

卢勇：真的？拿手好菜是什么？

劳蓉：香酥鸡、烤乳鸽、西瓜拼盘、清蒸蟹……太多了！

⑤ 对话五：

饶秀：开发区建了一个花溪公园，很漂亮！

姚珊：我上星期也去过，是很漂亮，也很热闹。
饶秀：可惜的是有些游人到处扔垃圾。
姚珊：对，上次我还跟一个人因为这事吵起来了。
饶秀：是吗？怎么回事？

二、韵母训练

（一）韵母发音练习

1. 单韵母

① i 和 ü 对比训练。

i：地理　笔记　积极　秘密　漆器　记忆　集体　利益
ü：女婿　区域　序曲　旅居　语句　聚居　须臾　曲剧
i 和 ü 对比读法：
意见—遇见　移民—渔民　理由—旅游　风气—风趣　经济—京剧
得意—德育　容易—荣誉　雨季—雨具　分期—分区　起义—曲艺
-i（前）不能读成 i、e 或 u。
zi：资本　子女　自己　仔细　字母
ci：词典　磁场　此外　次品　刺激
si：私人　思考　四处　似乎　饲料

② 绕口令练习。

读好 i 和 -i 韵母：
一二三、三二一，一二三四五六七，七六五四三二一。七个姑娘来聚齐，七只花篮手中提，摘的是橙子、橘子、柿子、李子、梨子和栗子。

读好 i 和 ü：
清早起来雨淅淅，王七上街去买席，骑着毛驴跑得急，捎带卖蛋又贩梨。一跑跑到小桥西，毛驴一下失了蹄，打了蛋，撒了梨，跑了驴，急得王七眼泪滴，又哭鸡蛋又骂驴。

③ 对话练习。

对话一：

小吕：喂！是人民剧团创作室吗（ma）？
老李：是啊，您是哪里？
小吕：我是河滨中学，请问吕革命伯伯在吗？
老李：他到文化局开会去了，下午才能回来。您有事要转告他吗？
小吕：是的，我是他的侄子（zi），他要的两本书我已找到，请您转告他明天上班时，我给他送去，谢谢！

对话二：

小鸽：阿（ā）姨（yí），请给我拿（ná）双旅（lǚ）游鞋。

李玉：你要多大（dà）号的？
小鸽：有三十八（bā）的吗？
李玉：有，就这一种式样，你看看。
小鸽：这怎么是二（èr）十四的？
李玉：你说的是旧鞋码，三十八的新码就是二十四。
小鸽：好，我就买这双。

2. 复韵母

① 听音练习，分辨下列字的韵母。
毛　该　欧　霞　交　嗅　姜　航　邹　丢
夸　多　对　决　衰　杯　老　窑　虐　胞
② 练读下列词语，读准每个复韵母。
悲哀　雅座　摇摆　表率　血压　诱拐　周到　跨越
瓦解　背后　确凿　接洽　垂柳　抽调　概括　唾液
③ 词语对比练习。
e—er：
蛾子—儿子　恶人—二人　恶心—耳朵　额外—而且
ai—ei：
摆布—北部　奈何—内河　来生—雷声　埋头—眉头
ao—ou：
稻子—豆子　考试—口试　毛利—牟利　牢房—楼房
ua—uo：
进化—进货　滑动—活动　抓住—捉住　唰唰—说说
iao—iou：
耀眼—右眼　生效—生锈　角楼—酒楼　消息—休息
uai—uei：
怪人—贵人　外来—未来　怀乡—回乡　甩手—水手
iao—ao：
条子—桃子　缥缈—抛锚　校长—哨长　小数—少数
iou—ou：
修饰—收拾　旧了—够了　救人—揍人　修复—收复
④ 绕口令练习。
铜勺和铁勺（ao—iou）：
铜勺舀热油，铁勺舀凉油；铜勺舀了热油舀凉油，铁勺舀了凉油舀热油。
彩楼和锦绣（ao—ou—iou）：
咱村有六十六条沟，沟沟都是大丰收。东山果园像彩楼，西山棉田似锦绣。北山有条红旗渠，滚滚清泉绕山走。过去瞅见这六十六条沟，心里就难受；今天瞅见这六十六条彩楼、锦绣、万宝沟，瞅也瞅不够！

⑤ 对话练习。

对话一：

小赵（zhào）：这次普通话考（kǎo）试采用口（kǒu）试的形式，你准备好了吗？

小周（zhōu）：还不行，有些音我老（lǎo）是发不好，这（zhè）盒录音带借（jiè）我听一下，可以吗？

小赵：拿去（qù）吧。不过（guò），星期六（liù）之前一定要还（huán）给我。

小周：OK。好借好还，再借不难。

对话二：

小郝（hǎo）：你哥哥（ge）得了全校高考状元，没庆贺（hè）一下吗？

小侯（hóu）：能少（shǎo）得了吗？亲戚、朋友来了一拨（bō）又一拨。

小郝：够（gòu）你们忙的。他考上了哪所学校（xuéxiào）？

小侯：北大国际关系学院。

小郝：太好了！学什么专业？

小侯：传播学。

3. 鼻韵母

① 听音练习，分辨下列各字的韵母。

穷　村　新　染　汪　沾　渊　掌　桑　军
盟　香　闯　丛　星　真　粉　专　先　翁

② 练读下列词语，读准每个鼻韵母。

询问　云南　缓慢　边缘　鲜嫩　辛酸　村镇　心愿
聪明　胸膛　旺盛　东方　声明　涌动　敬仰　亮光

③ 词语对比练习。

an—ang：

开饭—开放　担心—当心　一半—一磅　烂漫—浪漫
赞歌—葬歌　三叶—桑叶　反问—访问　天坛—天堂

en—eng：

身世—声势　陈旧—成就　三根—三更　诊治—整治
木盆—木棚　申明—声明　瓜分—刮风　清真—清蒸

in—ing：

人民—人名　不信—不幸　辛勤—心情　亲近—清静
引子—影子　金银—经营　红心—红星　姓林—姓凌

ian—iang：

险象—想象　简历—奖励　坚硬—僵硬　鲜花—香花

小县—小巷　新鲜—新乡　大连—大梁　浅显—抢险
uan—uang：
机关—激光　专车—装车　大碗—大网　大船—大床
管饭—广泛　环球—黄球　欢迎—荒淫　官民—光明
④ 绕口令练习。
盆和棚（en—eng）：
老彭拿着一个盆，经过老陈住的棚；盆碰棚，棚碰盆，棚倒盆碎棚压盆。
小琴和小青（in—ing）：
小琴和小青，小琴手很勤，小青人很精，手勤人精，琴勤青精，你学小琴还是小青？
扁担和板凳（an—ian—ang）：
扁担长，板凳宽，扁担没有板凳宽，板凳没有扁担长，扁担绑在板凳上，板凳不让扁担绑在板凳上，扁担偏要绑在板凳上。
⑤ 对话练习。
练习一：
小陈（chén）：哟！小程，你的头怎么了？
小程（chéng）：昨天（tiān）打球不小心碰（pèng）伤了，缝（féng）了三针（zhēn）。
小陈：真（zhēn）想不到！一定（dìng）要小心（xīn）哪，千万（qiānwàn）别弄（nòng）感染（gǎnrǎn）了！
小程：是啊，现在天气很热，最容（róng）易感染。我现在去打消炎（yán）针。
小陈：要不要我陪你？
小程：我自己可以，谢谢你。
练习二：
小金（jīn）：宿舍装（zhuāng）电（diàn）话以后，方便（fāngbiàn）多了。
小景（jǐng）：没有电话的时候想（xiǎng）电话，有了电话真（zhēn）麻烦（fán）。
小金：怎（zěn）么讲（jiǎng）？
小景：你想啊，一部电话得负担（dan）多少东（dōng）西？亲情（qīnqíng）、友情、师生（shēng）情……
小金：这不正（zhèng）好给你机会联（lián）络感情吗？
小景：可电话费负担不起呀，上（shàng）个月我买了3张（zhāng）卡，弄得伙食费很紧张（jǐnzhāng）；
小金：那你就不要打那么多嘛！有事打，没事别瞎聊！
小景：但（dàn）他们（men）老是call我呀！
小金：说来说去，还是你自己引（yǐn）火上身（shēn）哪。
小景：再有啊，那电话说不定（dìng）什（shén）么时候就响（xiǎng）了，弄得我们睡不好。

小金：我教你一个办（bàn）法，睡觉的时候把话机挂起来，别人打不进（jìn）来。
小景：可人家有急事找你，这不误事吗？
小金：这也不行（xíng），那也不行，没电话的时候你不也活得挺（tǐng）好？

（二）韵母发音综合练习

① 读准带介音的词语。

广州　抓紧　恰巧　降价　双向　尖端　壮大　瓜果
转换　赚钱　简短　窘况　元帅　庄严　宣传　专员
分段—分蛋　条子—桃子　壮族—藏族　矿上—炕上
缥缈—抛锚　砸烂—杂乱　钻探—赞叹　讲价—井架
明亮—明令　粮食—零食　开枪—开仓　一端——旦

② 结合句子的词语对比练习。

荣誉—容易：
他今年得了冠军，这个荣誉的取得可不容易啊！
稻秧—豆秧：
你没干过农活，连稻秧和豆秧都分不清楚。
小麦—小妹：
我和小妹一起去割小麦。
接着—撅着：
小明撅着嘴不说话，给他皮球也不接着。
皮鞋—皮靴：
今天我们俩一起上街，我买了双皮鞋，他买了一双皮靴。
铲子—厂子：
我们这个厂子，是生产铲子的。
申明—声明：
他发表了一个声明，申明了自己的观点。
简化—讲话：
他讲话的内容是关于简化汉字的。
不信—不幸：
我不信他会遭到不幸。
轮子—笼子：
小心你的车轮子，别碰了我的鸟笼子。
盘子—盆子：
我叫你买盘子，你怎么买了一个盆子？
北方—北风：
中国北方的冬天，经常刮北风。

张开—睁开：
这孩子一睁开眼，就张开双臂叫大人抱。
运煤—用煤：
你只知道用煤，不知道运煤，用完了，谁去运？
存钱—从前：
从前我每月都把钱花光，这个月起开始存钱了。
③ 歌词朗读练习。
我和我的祖国（uo—e—iao—ou—o）：
我和我的祖国，一刻也不能分割，无论我走到哪里，都流出一首赞歌。我歌唱每一座高山，我歌唱每一条河，袅袅炊烟，小小村落，路上一道辙。我最亲爱的祖国，我永远紧依着你的心窝。你用你那母亲的脉搏和我诉说。

我的祖国和我，像海和浪花一朵，浪是那海的赤子，海是那浪的依托。每当大海在微笑，我就是笑的旋涡，我分担着海的忧愁分享海的欢乐。我最亲爱的祖国，你是大海永不干涸，永远给我碧浪清波，我心中的歌。

驼铃（eng—ing—ang—iang—ong—iong）：
送战友，踏征程，默默无语两眼泪，耳边响起驼铃声。路漫漫，雾蒙蒙，革命生涯常分手，一样分别两样情。战友啊战友，亲爱的弟兄。当心夜半北风寒，一路多保重。

送战友，踏征程，任重道远多艰险，洒下一路驼铃声。山叠嶂，水纵横，顶风逆水雄心在，不负人民养育情。战友啊战友，亲爱的弟兄，待到春风传佳讯，我们再相逢。

④ 标注下文音节韵母。

练习一：
美国总统林肯，出身于农民家庭，当过雇工、石匠、店员、舵手、伐木者等，社会地位卑微，但从不放松口才训练。17岁时，他常徒步30多英里到镇上，听法院里律师慷慨陈词的辩护，听传教士高亢悠扬的布道，听政界人士振振有词的演说，回来后就寻一无人处精心模仿演练，终于口才日日进步。1830年夏，他为准备在伊利诺伊一次集会上的演说，面对光秃秃的树桩和成行成片的玉米，一遍又一遍地试讲。后来他连任两届总统，也成了世界著名的演说家。

提示：训练 xùnliàn　慷慨 kāngkǎi　高亢 gāokàng

练习二：
我国著名演说家曲啸，在20世纪80年代初的几场演讲，真是一鸣惊人，众人叹服。当有人评说他是"天生的好口才"时，他笑着说："哪来的天才呀？不敢当。我小时性格内向，说话还口吃，越急越结巴，有时脸涨得通红也说不出话来……"曲啸练口才也吃了不少苦。比如为开阔心胸，训练心理素质，他常常早晨迎着寒风，跑到沙滩高声背诵高尔基的散文诗《海燕》。他不放过一切"说"的机会，积极参加论辩会、演讲比赛、朗诵会、话剧演出，终于在高中阶段崭露头角。一次在"奥斯特洛夫斯基诞辰纪念会"上，他拿着一份简单的提纲,一口气竟作了两个小时的精彩演讲。经历了 20 多年的人生磨难,生活的锤炼使他的口才达到炉火纯青的地步。

提示:结巴 jiēba　背诵 bèisòng　锤炼 chuíliàn

三、音变训练

(一) 变调训练

1. 上声的变调

(1) 单项训练

① 单念或在词语末尾的上声。

走　你　甩　想　海　嘴　铁　晓　一起　宽广　大胆　历史

在朗读时,句子末尾的上声字一般不读全上(214 调值),读半上(211 调值)即可,例如:

在课外的时候,她教我们跳舞,我现在还记得她把我扮成女孩子表演跳舞的情景。今天想来,她对我的接近文学和爱好文学,是有着多么有益的影响!即使她写字的时候,我们也默默地看着她,连她握铅笔的姿势都急于模仿。

有时为了强调才会读全上,例如:

我现在还记得她把我扮成女孩子表演跳舞的情景。

② 上声字在非上声字前。

在阴平字前:

好书　火车　老师　小说　首先　指挥　紧张　普通
主观　本身　眼光　武装　纺织　柳州　体贴　产生

在阳平字前:

祖国　朗读　几何　语言　古船　美人　旅行　可能
以前　女人　感情　小时　委员　仿佛　本来　有时

在去声字前:

讨论　感谢　感动　请假　美术　马上　表示　美丽
主任　保证　掌握　巩固　反映　土地　整顿　总是

在轻声字前:

尾巴　脑袋　耳朵　姐姐　斧头　老爷　椅子　老实
矮子　奶奶　老婆　马虎　口袋　伙计　嘴巴　喇叭

两个上声字相连:

处理　所以　粉笔　管理　采取　品种　老板　选举
勇敢　水果　理解　手指　厂长　影响　只好　彼此

三个上声音节相连:

展览/馆　蒙古/语　洗脸/水
水彩/笔　手写/体　洗染/组

很/理想　小/两口　老/保守
耍/笔杆　纸/雨伞　请/允许
三个以上的上声音节相连：
永远/友好　老李/想走　请/往北/走　我很了解/你
咱俩/永远/友好　给你/两碗/炒米粉　请你/给我/打点儿/洗脸水
展览馆/里/有/好/几百种/展览品
（2）综合训练
朗读下面的句子或片段，注意需要变调的地方。
① 一切反动派都是纸老虎。
② 两国人民是永远友好下去，还是挑起事端燃起战火？
③ 柳厂长批评了管理组的做法，要求他们整改。
④ 有些演讲者全神贯注在自己的讲稿上，从来不正视听众一眼。肯定地说，这样的演讲者在演讲的当天，就会被听众忘掉。
⑤ 还有一些演讲者从头到尾用一种语调读自己的稿。这样的演讲根本不会被人家接受，只不过是麻痹听众的注意力，使听众昏昏欲睡。
⑥ 养鸟是我的一个癖好。与鸟为伴，乐无他求。鸟有灵性与人相通，此乃爱之根源。
⑦ 今晚亘花广场将上演大型舞蹈史诗。
⑧ 这是五百块钱，你去买两百箱无尘粉笔。

2. "一"和"不"的变调

（1）单项训练
① 单念、词末、序数。
一：
始终如一　统一　第十一排　三十一号座位　第一
不：
偏不！她刚才高兴不？
② 在阴平、阳平、上声前。
训练一：
一锅　一车　一吨　一筐　一拍　一家　一根　一张
一头　一直　一行　一时　一连　一齐　一团　一层
一举　一己　一本　一晃　一里　一口　一脸　一嘴
训练二：
不多　不说　不屈　不高　不安　不惜　不堪　不公
不读　不成　不曾　不凡　不符　不及　不详　不然
不法　不轨　不久　不朽　不许　不准　不好　不美
训练三：

一盘散沙　一朝一夕　一衣带水　一知半解　一刀两断
一鸣惊人　一如既往　一团和气　一贫如洗　一筹莫展
一板一眼　一手遮天　一往无前　一举两得　一马平川
训练四：
不甘寂寞　不知所措　不经之谈　不哼不哈　不约而同
不劳而获　不言而喻　不平则鸣　不谋而合　不学无术
不打自招　不假思索　不解之缘　不省人事　不即不离
③ 在去声前。
训练一：
一半　一切　一致　一部　一辆　一块　一段　一并
一次　一亿　一扇　一丈　一趟　一粒　一架　一再
一去　一寸　一万　一对　一个　一瞬　一概　一律
训练二：
不幸　不料　不测　不愧　不要　不错　不断　不快
不但　不怕　不论　不过　不用　不便　不必　不利
不屑　不逊　不外　不做　不适　不信　不在　不像
训练三：
一技之长　一诺千金　一日千里　一曝十寒　一意孤行
一箭双雕　一落千丈　一脉相传　一面之词　一目十行
不见不散　不计其数　不见经传　不置可否　不义之财
④ 夹在词语中间。
看一看　走一走　说一说　跳一跳　拉一拉　停一停
行不行　跑不跑　差不多　睡不着　打不开　关不关
（2）综合训练
① 我们俩一见如故，无话不谈。
② 这不假思索的一番话，搞得大家不尴不尬。
③ 一座座青山紧相连，一朵朵白云绕山间，一片片梯田绿，一阵阵歌声随风传。谁不说俺家乡好？
④ 不了解情况就不要乱说，更不应该随便下结论。
⑤ 如果一定要走，也应该把理由说一说。
⑥ 我不是不想去，是不能去。
⑦ 因为当初一念之差，导致现在一事无成。
⑧ 想起当年这块不毛之地，真让人不寒而栗。
⑨ 一粥一饭当思来之不易。
⑩ 这个人的打扮不伦不类，真让人不舒服。

3. 重叠形容词的变调
（1）AA 式
花花的　松松的　美美的　白白的　黄黄的　薄薄的
碎碎的　红红的
（2）ABB 式
美滋滋　明晃晃　干巴巴　傻乎乎　平展展　病歪歪
乐融融　臭烘烘　孤零零　慢腾腾　红艳艳　喜洋洋
绿油油　圆滚滚　沉甸甸　直瞪瞪　文绉绉　空荡荡
（3）AABB 式
安安静静　甜甜蜜蜜　严严实实　花花绿绿　粗粗壮壮
干干巴巴　敲敲打打　轻轻松松　恩恩爱爱　匆匆忙忙

（二）轻声训练
1. 词语练习（注意读准轻声音节的调值）
① 阴平后面的轻声。
桌子　他的　心思　苍蝇　闺女　商量　哆嗦　亲戚
② 阳平后面的轻声。
虫子　您的　柴火　能耐　麻利　皮匠　勤快　蛤蟆
③ 上声后面的轻声。
椅子　你的　扁担　搅和　口袋　比量
④ 去声后面的轻声。
凳子　绿的　秀才　亲家　伺候　大夫　力量　位置

2. 找出下列句中的轻声词，并进行朗读练习
① 这个问题不容易明白，麻烦你再给我讲讲。
② 小伙子，下点儿功夫，搞出点儿名堂来。
③ 谁的裙子这么漂亮？在哪儿买的？
④ 赶紧换上干净衣服，我们去公园逛逛。
⑤ 他的聪明用得不是地方。
⑥ 这样的好事打着灯笼也难找哇！
⑦ 什么事情都可商量，不要吵。
⑧ 对这个问题我们已经了解得很清楚了，他还啰唆个没完。
⑨ 我很佩服小李，他出的主意总是非常出人意料。
⑩ 芝麻大的一点儿事情，不要太在乎它。

3. 朗读短文（注意读好轻声词）
① 短文一：
曲曲折折的荷塘上面，弥望的是田田的叶子。叶子出水很高，像亭亭的舞女的裙。层层

的叶子中间，零星地点缀着些白花，有袅娜地开着的，有羞涩地打着朵儿的；正如一粒粒的明珠，又如碧天里的星星。微风过处，送来缕缕清香，仿佛远处高楼上渺茫的歌声似的。这时候叶子与花也有一丝的颤动，像闪电般，霎时传过荷塘那边去了。叶子本是肩并肩密密地挨着，这便宛然有了一道凝碧的波痕。叶子底下是脉脉的流水，遮住了，不能见一些颜色；而叶子却更见风致了。

② 短文二：

早上起来，妈妈给弟弟穿上衣服，打开窗户。窗子上的玻璃把太阳光反射到墙上，整个屋子显得格外明亮。我揉揉眼睛，对爸爸说："今天天气真暖和，咱们去公园逛逛，好吗？"哥哥在外面听见了，跑进来说："妹妹说得对，我们一起去。"爸爸站起来，看看妈妈，摸摸我的头说："行啊，是个好主意！大家收拾一下，准备点儿东西就走吧！"

（三）儿化训练

1. 听辨音与发音练习

① 音节的末尾是 a、o、e、ê、u（包括 ao、iao）。

酒窝儿　浪花儿　饭盒儿　大伙儿　唱歌儿　带头儿　加油儿
配角儿　白猫儿　小鸟儿　油画儿　麦苗儿　台阶儿　小狗儿

② 音节的末尾是 i、n（in、ün 除外）。

窗台儿　小孩儿　晚辈儿　香味儿　零碎儿　木塞儿　碗筷儿
一点儿　旅馆儿　课本儿　木棍儿　灯芯儿

③ 音节的韵母是 in、ün。

树林儿　织锦儿　皮筋儿　围裙儿
晓军儿　合群儿　郎君儿　上旬儿

④ 音节的韵母是 i、ü。

玩意儿　小鸡儿　眼皮儿　小米儿　麦粒儿　见底儿　金鱼儿
马驹儿　毛驴儿　蛐蛐儿　工具儿　水渠儿

⑤ 音节的韵母是 -i（"思"的韵母）、-i（"诗"的韵母）。

没词儿　棋子儿　铁丝儿　渣滓儿　鱼刺儿　后嗣儿
鱼翅儿　没辙儿　锯齿儿　电脑儿　红纸儿　有事儿

⑥ 音节的韵母是后鼻音韵母（ing、eng、ang）。

帮忙儿　光亮儿　油灯儿　老翁儿　没空儿　门缝儿　板凳儿
小虫儿　借光儿　瓜秧儿　竹筐儿　粪坑儿　危房儿　好样儿

⑦ 音节的韵母是 ing、iong。

花瓶儿　银杏儿　烙饼儿　红星儿　水晶儿　晓零儿　知青儿
女佣儿　小勇儿　英雄儿　陶俑儿　前胸儿　小熊儿　师兄儿

2. 句子中儿化音节的辨读练习

① 小王儿特别喜欢吃瓜子儿。
② 咱俩一块儿去打球儿吧!
③ 新疆的葡萄干儿久负盛名。
④ 别看他个儿矮,干起活儿来劲儿可大啦。
⑤ 这包子的味儿不对,馅儿可能馊了。
⑥ 我们从后门儿走,到公园玩儿玩儿。
⑦ 麻烦你把盖儿盖上。
⑧ 这笔尖儿太尖了,差点儿划破了纸。
⑨ 她把拾来的花瓣儿做成了精美的标本儿。
⑩ 他的爱好还不少:看电影儿啊、练字儿啊、唱歌儿啊、画画儿啊,都喜欢。

(四)语气词"啊"的训练

1. 句子练习

① 千万注意啊!
② 好大的雨啊!
③ 是他啊!
④ 真多啊!
⑤ 这是什么车啊?
⑥ 大家一起学啊!
⑦ 身上这么多土啊!
⑧ 这里的条件真好啊!
⑨ 大家跳啊!
⑩ 这是金丝猴儿啊!

2. 对话练习

① 第一组:
甲:你去哪儿啊?
乙:去图书馆啊。
甲:现在才七点半,还没开门啊!
乙:是啊,我怎么忘了!
甲:先去报栏看看吧,最近足球赛事很多啊!
乙:好啊,一起去啊。

② 第二组:
甲:这是什么啊?
乙:吃的东西啊!

甲：啊，应有尽有啊！面包啊、香肠啊、饮料啊、西瓜啊、瓜子啊。今天我们要大吃一顿啊？

乙：是啊，给你好好庆贺庆贺啊！

甲：给我庆贺什么啊？

乙：今天是你的生日啊！你怎么忘了？

③ 第三组：

甲：人的欲望啊，真是没有止境。

乙：你又在发什么感叹啊？

甲：我正在看戴厚英的《人啊，人》这部小说。

乙：这小说和"人的欲望"有什么关系啊？

甲：当然有啊！你看了作品之后，也会有同感的。

④ 第四组：

甲：你怎么乱放报纸啊？

乙：不放这儿，放哪儿啊？

甲：你往柜子里放啊，那儿有的是地方。

乙：好大的脾气啊！好好好，我拿走就是了。

④ 第五组：

甲：这件衣服好漂亮啊！

乙：它花了我半个月的工资啊！

甲：是吗？这么贵啊？

乙：你看这衣服上印的字啊，是进口货！

甲：这可骗不了我，这明明是英文的"中国制造"啊！

乙：啊？

经典推荐

1. 普通话学习网：http://www.pthxx.com
2. 欣欣普通话在线：http://www.pthzx.net
3. 标准普通话教程讲座：北京广播学院播音主持艺术学院副教授吴弘毅主讲 http://www.56.com/w90/play_album-aid-6555196_vid-MzQ0MjUzOTI.html
4. 《跟我学普通话》软件（Let's Learn Chinese），是一款技术先进的普通话学习软件。

第二章

态势语言训练

内容提要

1. 态势语言基础知识
2. 态势语言综合训练

情景导入

每当提到列宁,人们便会想起他那个性化的体态动作——站在火车站边的装甲车上,或会议大厅的讲台上,穿着短大衣,一手叉腰,身子前倾、头上仰,一手向空中用力地挥动……列宁演讲时的每一个手势和动作,都会立即引起全场雷鸣般的掌声和狂热的欢呼。但是,由于社会革命党人的暗害,精力充沛的列宁越来越衰弱了。1923 年,他第三次战胜病魔,但右肢麻痹,并且失去了说话的能力,但他仍顽强地坚持工作。

有一天,《真理报》报道了列宁接见工人代表并进行"亲切交谈"的消息:"……依里奇坐在硬背圆椅上,轻轻地向坐在软垫圈上的来访者倾斜着身子,他带着机智和友谊的微笑,开始亲切的谈话……"

人们奇怪,列宁怎么能说话了?其实,列宁并没有恢复说话的能力,他完全是在用体态"说话"。他的手势、眼神、表情使他的表达仍然富有魅力,以至于来访的工人代表没有觉察到这时的列宁已经是一个不能说话的人了。

人们在进行信息与感情的交流中,不仅要运用有声语言,同时还靠面部表情、手势和身体姿态动作来辅助表达思想感情,这种姿态动作被人们称为态势语言、体态语言或可视语言。态势语言在与对方交流的过程中具有特别重要的意义,有时甚至会起到"此时无声胜有声"的作用。本章主要阐述态势语言的基础知识、态势语言的运用及态势语言的综合训练,帮助同学们在掌握有声语言的同时,更好地展示无声语言的魅力。

第一节 态势语言基础知识

语言,是人类最重要的交际和思维工具,是一套音义结合的符号系统。它是我们生产、生活中时时处处都要用到的交流方式。俗话说:"人心隔肚皮,人心莫测"。事实上,人的内心状态并不是不可揣测。人们的表现即使在有声语言方面有所掩饰,也会通过无声语言,尤其是态势语言表露出来。因为态势语言具有习惯成自然的下意识特性,所以它比有声语言更能表现出人的心理状态。人们在进行信息与感情的交流过程中,常常借助态势语言来强调重要的问题、词句和感情,或借助态势语言表达那些言不足意或不宜明白的信息,使态势语言和有声语言二者彼此互补,相得益彰。

一、态势语言的含义

态势语言,是以人体的姿态动作来表示意义的一种肢体语言。它包括面部表情、眼神、手势和其他动作。比如人们常说的"摇头不算,点头算",就是用摇头或者点头来表达不同意或同意的信息。再比如,人们常用竖起大拇指表示好;用微笑表示满意、赞同;用咬牙切齿表示愤恨。聋哑人就是靠态势语言来表达思想感情的。在人们的可视交往中,有声语言和态势语言是不可分割、同时存在的。很难想象两个人谈话时,一方既没有丝毫动作,也没有一点表情,那只能是一台冰冷的播放机器。

二、态势语言的作用

端庄的仪表和高雅的风度是对话的良好开端,而适当的肢体动作不仅有助于有声语言的表情达意,且能使听众通过视觉的帮助,加深对话题的理解和对讲话者个人魅力的认同。同样,端庄的仪表和高雅的个人风度,以及适当的肢体动作,对于发挥好口才的魅力,也同样起着举足轻重的作用。具体来看,态势语言的重要作用主要体现在以下 4 个方面。

1. 有声语言传达必须借助于态势语言

一般说来,态势语言可以单独进行,而有声语言是不能单独进行的。因为,绝对没有态势语言参与的有声语言是不存在的。在现实生活中,有声语言只有加上态势语言的辅助,才能做到声、情俱佳。

2. 态势语言是人类语言的精华

态势语言是语言的长期积淀的产物,是人类语言的精华。大量事实也表明,态势语言是一个以协调、组织为主要内容的信息表达过程,态势语言在语言艺术中具有重要地位。

3. 态势语言决定着"第一印象"的好坏

在现实生活和工作中,人们会本能地喜欢或者讨厌一些人,原因是双方往往在7～20秒内即可给彼此留下印象,而这种印象极难改变且可以延续一辈子。"第一印象"又往往成为日后他人对其做出判断的心理依据。"第一印象"好,人们日后对于其语言、行为,往往就容易向好的方面推想。"第一印象"不好,则反之。由此可见"第一印象"之重要。而"第一印象"的好坏,就取决于一个人对态势语言的运用,尤其在工作中更是如此。

4. 态势语言有助于人际间的情感沟通

人际间情感沟通的手段、途径有许多,而态势语言是其中重要的一种。一方面,通过适度而恰当的态势语言,可以洞察交往对象的心理、性格,了解对方的行为目标、动机和情感过程,巧妙地掌握对方意图,获取大量的有用信息;另一方面,也可以运用态势语言向交往对象输出思想和感情信息,及时、含蓄、朦胧、幽默地将自己的感情信息和工作意向传达给对方。

【精彩案例一】

有趣的手势词

向上伸大拇指:这是中国人最常用的手势,表示夸奖和赞许,意味着"好""妙""了不起""高明""绝了""最佳""顶呱呱""盖了帽了""登峰造极"。在尼日利亚,宾客来临,要伸出大拇指,表示对来自远方的友人的问候。在日本,这一手势表示"男人""您的父亲"。在美国、墨西哥、荷兰、斯里兰卡等国家,这一手势表示祈祷幸运。在英国、印度、法国,在拦路搭车时则是横向伸出大拇指表示要搭车。如果在希腊将大拇指急促地翘起,意思是要对方滚蛋。可以想象一下,如果一位英国旅游者,在希腊用这样的手势求助搭车,他可能不仅搭不到车还会遭到训斥。在印度尼西亚,伸出大拇指表示指东西。但在澳大利亚,竖大拇指则是一个粗野的动作。

向下伸大拇指:世界上有相当多的国家和地区都使用这一手势,但含义不尽相同。在中国,把大拇指向下,意味着"向下""下面"。在英国、美国,大拇指朝下含有"不能接受""不同意""结束"之意,或表示"对方输了"。墨西哥人、法国人则用这一手势来表示"没用""死了"或"运气差"。在泰国、缅甸、菲律宾、马来西亚、印度尼西亚,大拇指向下表示"失败"。在澳大利亚,使用这一手势表示讥笑和嘲讽。在突尼斯,向下伸出大拇指,表示"倒水"和"停止"。

向上伸食指:世界上使用这一手势的民族也很多,但表示的意思不一样。中国人向上伸食指,表示数目,可以指"一",也可指"一十""一百""一千"……这样的整数。在日本、朝鲜、菲律宾、斯里兰卡、印度尼西亚、沙特阿拉伯、墨西哥等国,食指向上表示只有一个(次)的意思。在美国,让对方稍等时,要使用这种手势。在法国,学生在课堂上向上伸出食指，老师才会让他回答问题。在新加坡，谈话时伸出食指，表示所谈的事最重要。在缅甸，请求别人帮忙或拜托某人某事时，都要使用这一手势。在澳大利亚的酒吧、饭店向上伸出食指，表示"请来一杯啤酒"。在墨西哥、日本、马来西亚，这一手势表示顺序上的第一。在中东，用食指指东西是不礼貌的。

向上伸中指：两千多年来罗马人一直称中指为"轻浮的手指"。事实上，单独伸出中指的手势在世界绝大多数国家都意味着不好的事情，普遍用来表示"不赞同""不满"或"诅咒"之意。在美国、澳大利亚、突尼斯，这种手势表示侮辱。在法国，表示行为下流龌龊。在沙特阿拉伯，表示恶劣行为。在新加坡，表示侮辱性行为。在菲律宾，表示诅咒、愤怒、憎恨和轻蔑。在中国，表示对方"胡扯"或对对方的侮辱。不过，在缅甸和尼日利亚，向上伸出中指表示"一"，在突尼斯表示"中间"之意。

向上伸小指：在中国，这一手势表示"小""微不足道""最差""最末名""倒数第一"，并且引申而来表示"轻蔑"；在日本，表示"女人""女孩""恋人"。在朝鲜，表示"妻子""女朋友"。在菲律宾，表示"小个子""年少者""无足轻重之人"。在美国，表示"懦弱的男人"或"打赌"。尼日利亚人伸出小手指，含"打赌"之意。但在泰国和沙特阿拉伯，向对方伸出小手指，表示彼此是"朋友"，或者表示愿意"交朋友"。在缅甸和印度，这一手势表示"想去厕所"。

三、态势语言基本要求

态势语言是通过说话人的面部表情、手势动作、眼神视线、服饰打扮等表情达意的一种信息交流，是运用自然、人文、社会三大科学研究的新成果，是观察并解释人的表情动作的交叉性科学。态势语言的设计旨在协助有声语言更好地表达自己的思想感情，因而必须做到以下5点。

1. 自然

孙中山曾这样告诫人们："处处出于自然。"自然是对态势语言的第一要求。表情和动作要自然，自然见真情。有的人说话时，动作生硬；也有的人则刻意表演，动作和姿态总是很做作，像在"背台词"。这些都会使人感觉别扭，不真实，缺乏诚意。因此有人说，"宁要自然的雅拙，不要做作的乖巧"，这不是没有道理。

2. 简洁明了

体态动作要简单精练，不必要的态势语言必须去掉。动作要大众化，举手投足要符合一般生活习惯，动作简洁明了才易于被人们看懂和接受。如果搞得烦琐复杂、拖泥带水，甚至龇牙咧嘴、手舞足蹈，可能会喧宾夺主，妨碍有声语言的正常表达，也令听者眼花缭乱、不知所措。因此，平时就要注意克服不良的习惯动作，无意义的多余手势务必去掉，这对演讲的成功是非常有好处的。

3. 适度适宜

有的人做的动作比说的话还多，那不是口才，而是表演。所谓适度，就是要求动作要适量，以不影响听者对你说话的注意力为度，不要用得过多。所谓适宜，即要求动作必须与说话的内容、情绪、气氛协调一致，不要故作姿态、故弄玄虚，甚至手口不一。据说美国前总统尼克松在一次招待会上，举起双手招呼记者们站起来，嘴上却说："大家请坐"，使记者们大感不解。于是，这一说话时动作与内容的不协调成了轶闻。

4. 富有变化

态势语言应生动、有活力。只有生动的态势语言，才能艺术地表情达意，才能给人以美感，从而产生感染力和征服力。在日常交际过程中，多种态势语言也应相互配合，整体协调、连贯，从而表现出自然的风度美、气质美和韵致美，为听众塑造良好的说话者的形象。说话时，适当的重复动作是完全必要的，它往往能重现或强调原来的情绪。但是不能总重复一种姿势。如果一种表情、一种手势做到底，则会显得单调乏味，迟钝死板。因此，要善于随着说话内容、情绪的变化适当地变换动作和姿态，以达到生动活泼、富有朝气和魅力的效果。

5. 姿态端正

开口说话时，端正姿态，会给听者留下一个好印象。如果说话时目光游离不定，东张西望，会使听众反感。

四、态势语言的组成

态势语言与有声语言一样，在漫长的历史过程中，其含义已约定俗成。态势语言主要由仪表、头部动作、面部表情、手势、体态等几部分组成。

（一）仪表

仪表，是一个人自我形象的外部展现，是一个人在人际交往中最好的个人"名片"，也是传递信息的第一种态势语言。人的仪表，主要包括身材、长相、容貌、服饰等方面。它实际上是由先天和后天两方面的因素组成的。先天的因素，是指自然形成无法改变的因素，如长相、身材等。后天的因素，是指通过修饰、打扮等可以改变和优化的因素，如美容、服饰等。一个人的美有"内在"和"外在"之分。但是，抽象的"内在美"的本质，只有通过"外在美"的形式才能表现出来。

人的仪表往往先于语言给人一个鲜明的印象，对语言交际的顺利开展和优化谈话效果所起的作用不可估量。一个仪表很好的人，他往往能在不开口之前就赢得周围人对他的好感，从而奠定了个人良好的交际环境。因此，在日常交际中，我们都应该重视仪表美。这里向大家介绍一下公共交际场合中的穿着打扮。

在注重仪表的文明社会，一个人的穿着打扮，能够体现出一个人的文化修养、审美水平及综合素质。而在服饰打扮上，我们推崇国际公认的 T.P.O 原则。所谓 T.P.O 是 Time、Place 和 Object 的简写。T（time）指服饰打扮必须根据时间来决定，这里的时间是个广义的概念，既指时令、季节，又指具体月日或星期几，也可具体到一天内的白天、晚上甚至钟点。P（place）指地点、场所、位置、职位，即服饰打扮应与所处的场合相吻合、相协调。

O（object）代表目的、目标、对象，即试图通过穿着打扮，来达到给对方留下什么印象的目的，也就是有目标地选择服饰。

具体说来，穿着打扮既要自然得体、协调大方，又要遵守约定俗成的规范或原则。服装不但要与自身具体条件相适应，而且必须时刻注意客观环境、所在场合对人的着装要求，即着装打扮要优先考虑时间、地点和目的三大要素，努力使穿着打扮的各方面与其保持协调一致。比如，在演讲时，演讲者的着装应当有别于家常便服，但又不同于文艺演出。因此，演讲者登台穿着不宜过于华丽，以免喧宾夺主，而应以大方、朴素、庄重为宜。

（二）头部动作

头部动作，是态势语言中一个不可缺少的组成部分。通常来讲，点头表示同意、赞许、认同等；头部左右摇摆表示否认、不满意、拒绝或者强调；头部向前表示同情、期望、倾听等；头部向后表示惊吓、退让等；头部端正表示正常的态度、自豪、威严、自信、喜悦等；头部向上表示希望、祝愿、祈祷等；头部向下表示害羞、谦逊、自责、思考等。部分头部态势语如图3-1至图3-3所示。

【精彩案例二】

谈话时头部态势语示意图

图3-1　挺得笔直　　　　图3-2　侧向一旁　　　　图3-3　低头

- 挺得笔直（抬头姿势）——说明对谈判和对话人持中立态度；
- 侧向一旁——说明对谈话有兴趣；
- 低头——说明对对方的谈话不感兴趣或持否定态度。

（三）面部表情

面部表情，是经过许多世纪培养成功的一种态势语言，是比口语更复杂的语言。如果讲话者鲜明准确地把内心情感体现在脸上，加之对话中有声语言和肢体语言的密切配合，就会产生极大的感染力，收到表情达意的效果。面部表情，是人们通过面部来表达思想感情的身体语言的一种，它是运用态势语言的关键所在，能迅速、准确、真实地反映情感，传递信息。面部表情是凭借眉、眼、嘴及面部肌肉的变化等体现出来的，内容极为丰富。面部表情可表现肯定与否定、积极与消极、强烈与轻微、接纳与拒绝等情感。由于它可控、易变、效果较为明显，个体可通过它显示情感，表达对他人的兴趣，显示对某事物的理解，并表明自己的判断。所以，面部表情是人们运用较多的态势语言形式之一。

生理学家的研究表明：人的面部肌肉组织是由 24 双肌筋交错构成的，其中有 6 双通过舒展来表示愉快的感情，有 18 双则用来表示不愉快的感情。这种面部肌肉组织所产生的感情表现，不受国界、地区、人种的限制，是对于任何社会的人都通行的交际手段。一般地说，表现愉悦的关键部位是嘴、颊、眉、额；表现厌恶的是鼻、颊、嘴；表现哀伤的是眉、额、眼睛及眼睑；表现恐惧的是眼睛和眼睑。

1. 眼神

在所有的面部表情中，眼神是重中之重。眼睛是心灵的窗户，这说明它最能坦露人的内心思想感情。正如孟子所说："存乎人者，莫良于眸子。"透过眼睛这扇"心灵窗户"，能够使人更直接、更清晰地窥见对话者内心的思想情感。心理学家苏赞也说："眼睛能够暴露一个人心中最大的秘密。"不管他在说什么，他的眼睛就会告诉你他正在想什么。两眼向前注视，表现勇气和决心；轻轻上抬表示高兴、希望、兴奋；向下是羞愧、胆怯、谦卑、悔恨；死盯着但视而不见表现着迷或疯狂；向侧面看表现憎恶、讨厌、反感；两眼圆睁、滚动闪烁则表现恐惧、气愤及勃然大怒或兴高采烈；茫然凝视表现绝望；半闭双眼则表现快乐幸福、喜不自胜；斜眼表示轻蔑、冷落、怀疑、厌倦；不予考虑时则表现出眨眨眼睛偏向一边。

在现实生活和交际中，凡是有经验的人，总会恰如其分地巧妙运用眼神与有声语言来表达千变万化的思想感情，调节交际现场的气氛。

2. 微笑

面部表情中另一个必须讲到的就是微笑。微笑是所有交际语言中最有感染力的，是人际交往的高招。微笑可以缩短人与人的距离，一个微笑可以使原本素不相识的人很快成为朋友。

在运用微笑传情达意的时候，要注意以下 5 点：第一是要笑得真诚，微笑既是自己愉快心情的外露，也是纯真之情的表达，只有这样才能引起对方的共鸣；第二要笑得自然，即微笑是发自内心的，绝不能为笑而笑；第三是笑要分场合，对人微笑要看所处场合，否则可能会适得其反。比如参加一个追悼会，这种场合自然不宜微笑；第四是微笑的对象要合适，对不同的交际对象应使用不同含义的微笑，以传达出不同的感情；第五是微笑的程度要合适，即微笑是向对方表示一种礼节和尊重，如果没有节制，其传达出的意味就会大大不同。

3. 眉毛

面部表情中眉毛的变化，也能直接反映出复杂的内心世界。眉毛上挑且微微颤动，表示喜上眉梢、扬眉吐气、眉飞色舞；眉头紧锁则表示忧郁、心事重重；横眉表示鄙视；竖眉表示愤怒；低眉表示认错、顺从、沉思。

4. 嘴型

嘴在语言表达中所起的作用，是靠口型的变化来体现的。在和谐宁静、端庄自然时嘴唇闭拢；嘴唇半开时表示惊讶、疑问；嘴唇全开表示惊骇；嘴角向上表示喜悦、诙谐、礼貌、殷勤和善意；嘴角向下表示痛苦悲切、无可奈何；不高兴时撅着嘴；愤怒时绷紧嘴，有时也表示挑衅、对抗或决心已定。

（四）手势

有人称："手势是口语表达的第二语言。"当众讲话时的手势，不仅能够强调和解释语言所传达的信息，而且往往能使讲话的内容更丰富、形象、生动，让听众可听、可看、可悟。恰当地使用手势，是态势语言要求中的重要环节。手势在讲话中具有含蓄表达内心想法的独特作用。手势的运用是否恰当，会直接或间接地对讲话效果产生不同程度的影响。口语表达中的手势，不同于舞台表演中的手势，舞台表演中的手势动作幅度要比生活中的大得多，具有夸张感。而在日常口语表述中，手势是加强说话感染力的一种辅助动作，要求优雅、灵活、适度、自然得体。

手势的动作多种多样，以下是交际活动中常用的 4 种手势。

1. 手掌的手势

① 仰手式，即掌心向上，拇指张开，其余几指微曲。手部抬高表示欢欣赞美、申请祈求；手部放平表示诚恳地征求听众的意见，取得支持；手部降低表示无可奈何。

② 覆手式，即掌心向下，手指状态同上。这是审慎的提醒手势，演说者有必要抑制听众的情绪，进而达到控制场面的目的，也可表示否认、反对等。

③ 切手式，即手掌挺直全部展开，手指并拢，像一把斧子飕飕地劈下，表示果断、坚决、快刀斩乱麻等。

④ 推手式，即指尖向上并拢，掌心向外推出。这种手势常表示排除众议，一往无前的态势，显示出内心的坚决和力量。

⑤ 剪手式，即切手式的一种变异。掌心向下，然后同时向左右分开。这种手势表示强烈的拒绝，毋庸置疑，演说者也可以用这种手势，排除自己话题中涉及的枝节。

2. 拳头的手势

① 举拳式，即举起双拳在空中晃动。这种手势有号召人们起来斗争、奋斗的意义。

② 握拳式，即五指收拢，紧握拳头。这种手势有时表示示威、报复，有时表示激动的情绪、坚决的态度、必定要实现的愿望。

3. 手指的手势

① 啄手式，即手指并拢呈簸箕形，指尖向着听众。这种手势具有强烈的针对性、指示

性，但也容易形成挑衅性、威胁性。一般是对相识的听众或与演说者有某种关联时才使用。

② 包手式，即五指尖相触，指尖向上，就像一个收紧了开口的钱包。这种手势一般是强调主题和重要观点，在遇到具有探讨性的问题时使用。

③ 伸指式，即指头向上。单伸食指表示专门指某人、某事、某意，或引起听众注意；单伸拇指表示自豪或称赞；数指并伸表示数量、对比等。

4. 握手的手势

握手是人们日常生活中最常见也是运用最广泛的手势语言。尽管对绝大多数人而言，握手只是两个人之间双手相握的一个简单动作，但它的功能却很强大，不仅常用在人们见面和告辞时，更可作为一种祝贺、感谢或相互鼓励的表示。两手一经接触，所有的思想情感便渗透其中，如表示友情、诚意、祝愿、谅解、合作、期待、鼓励、欢迎、告别、热情、充满信心、达成协议、消除误会等。

【精彩案例三】

不同手部姿势代表的内心世界

1. 在耳朵部位搔痒痒或轻揉耳朵——说明对方已不想再听你说下去。
2. 用手指轻轻触摸脖子——说明对方对你说的话持怀疑态度或持不同意见。
3. 把手放在脑袋后边——说明对方有意论辩。
4. 用手挡住嘴或稍稍触及嘴唇或鼻子——说明对方想隐藏内心的真实想法。
5. 用手指敲击桌子——说明对方觉得无聊或不耐烦（用脚敲击地板同此理）。
6. 一般地用手托腮——说明对方觉得无聊，想放松放松。
7. 用手托腮，食指顶住太阳穴——说明人家在仔细斟酌你说的话。
8. 轻轻抚摸下巴——说明对方在考虑做决定。
9. 手指握成拳头——说明对方小心谨慎，情绪有些不佳。
10. 手放在腰上——说明对方怀有敌意，随时准备投入行动。

（五）体态

体态，是态势语言中另一个重要的组成部分，对一个人整体形象的塑造有着与相貌同等重要的作用。两者不同的是，相貌是天生的，是不可更改的，但是体态则可以通过后天的训练，达到尽可能理想的状态。

体态主要是靠腿部来表现。腿部虽属身体的下端，但它往往最先表露潜意识。谈话中，当人们不愿意把内心的焦躁不安明显地表露在脸上或者身体其他部位的大幅度动作上时，往往就用轻轻地摇动腿部或抖动腿部来表达。因此，腿部也能表现人的情绪和意识。

不论坐着还是站着，腿部常常呈现出这样三种姿势：两腿分开、两腿并拢和两腿交叉。

两腿分开是一种开放型姿势，显出稳定、自信，并有接受对方的倾向。两腿并拢的姿势则过于正经、严肃和拘谨，如立正、正襟危坐，虽然慎重，却令人紧张、压抑，自己也不舒服。两腿交叉是一种防御性姿势，往往显得害羞、忸怩、胆怯，或者随便散漫、不热情、不融洽，如坐着时的架腿姿势（跷二郎腿）。架腿姿势通常是控制消极情绪的人体信号，对于女性来说，这是一种不可取的姿势，这种毫无拘束的姿态或许会给人留下放肆、自大或过于随便的印象。下面介绍一下坐姿、站姿、走姿上的具体要求。

1. 坐姿语

坐姿语，就是通过各种坐的姿势来传递信息的语言，包括就座和落座的姿势。入座应轻缓，走到座位前转身，轻稳地坐下，不发出嘈杂的声音。落座后，上身保持挺直，头部端正，目光平视前方或交谈对象，腰背稍靠椅背。在正式场合，或有尊者在时，不能坐满座位。两手掌心向下，叠放在两腿之上，两腿自然弯曲，小腿与地面基本垂直，两脚平落地面。另外，男子应注意两膝间的距离以松开一拳或二拳为宜，女子则以不松开为好。非正式场合，允许坐定后双腿叠放或斜放。

需要注意的是，无论是哪一种坐姿，都要自然放松，面带微笑。特别是在社交场合，不可仰头靠在座位背上或低着头注视地面；身体不可前俯后仰，或歪向一侧；双手不应有多余的动作；双腿不宜分开过大，间距不超过肩宽（女性更要注意，不要过分叉开），腰板轻松地挺直，这样显得自然、从容、情绪饱满；不要把小腿放在大腿上，更不要把两腿直伸出去或反复不断抖动。这些都是缺乏教养和傲慢的表现。

2. 站姿语

站姿语，就是通过站立的姿态传递信息的语言。一般来说，在人多的场合宜站着讲话，这既是出于礼貌，对听众表示尊重，又便于展示演讲者的体态语言，充分显示演讲者的气质、风度和力量。我国当代著名演讲家曲啸说："要想从语言、气质、神态、感情、意志、气魄等方面充分地表现演讲者的特点，也只有在站立的情况下才有可能。"

站立是人们生活、工作及交往中最基本的举止之一。正确的站姿是站得端正、稳重、自然、亲切。站立时，上身正直，头正目平，面带微笑，微收下颌，肩平胸挺，直腰收腹，两臂自然下垂，两腿相靠直立，两腿靠拢，双脚呈"V"字形。女性两脚跟可并拢，肌肉略有收缩感。如果站立过久，可以将左脚或右脚交替后撤一步，但上身仍须挺直。

日常交际中，从一个人的站姿就可以看出一个人的状态。如有人站立时喜欢用一只腿做支撑，有的人站立时喜欢倚靠在东西上，还有的人站立时全身不够端正，双脚叉开过大，双脚随意乱动，无精打采、自由傲慢等。这些站姿都不可以在正式场合运用，否则会被看作是不雅或失礼。

3. 走姿语

走姿语，就是通过行走的步态传递信息的语言。与坐姿语和站姿语所不同的是，走姿语是动态的。有过舞台表演实践的人，无不把台步看得很重要。日常交际中，人的走姿语可分为以下三种类型。第一种是稳健自得型。即行走的时候，步履稳健，昂首挺胸，仰视阔步，步伐较缓，步幅较大。这种走姿所表达的就是"愉快、自得、有骄傲感"。注意头不能抬得过高（给人感觉傲慢），也不能过低（显得不自信）。第二种是轻松自如型。即行走时心情轻松，步子的幅度适中，步速不紧不慢，上身直立，两眼平视，两手摆动自然（手臂摆动幅度过大显得呆板，过小显得猥琐）。这种走姿所表达出来的含义就是"轻松自如，比较平静"。第三种是庄重礼仪型。即行走的时候，上身挺直，步伐矫健，双膝弯曲度小，步姿幅度和速度都适中，步伐和手的摆动有强烈的节奏感，眼睛正视前方。"庄重、热情、有礼"是这种走姿所要传达的主要含义。

有声语言作用于听众的听觉器官，态势语言作用于听众的视觉器官，两种信息同时协调地传递，就会增强讲话内容的感染力和说服力，使听众在潜移默化中受到教育，使讲话者收到事半功倍的效果。如果工作生活中恰当地运用态势语言，在一颦一笑、一招一式、举手投足之间，就能流露出你的涵养、风度、气质、学识和品位，岂不是每个人的共同愿望？

思考与训练

1. 态势语言的含义与要求是什么？
2. 态势语言的作用有哪些？
3. 简述态势语言的组成。
4. 假如你将参加一周后的系学生会换届选举，你想竞选学生会主席一职，请你结合你的演讲稿设计你在演讲中运用的态势语（可从走姿、站姿，表情和手势几方面考虑）。

第二节　态势语言综合训练

一、目光语训练

1. 训练目标
掌握不同情境下目光的变换。
2. 训练材料
（1）分析词语含义
请分析、体会并用眼睛表现下列词语的含义和差别。
看、盯、瞟、瞅、瞧、注视
（2）目光语练习
假设前方固定物是你最喜欢的人，或对着镜子和自己说话，进行目光语的练习。
（3）评议
请一位同学登台面向全体同学做3至5个不同的目光语，并口述每个目光语的含义，结束后由其他同学和老师共同评议。

（4）讨论

下面的眼神可能透露了什么？

① 听着听着，目光呆滞了。

② 听着听着，眼睛湿润了。

③ 听着听着，身子不停地扭动起来。

④ 听着听着，忽然眼睛闪动了一下，向别处看去。

⑤ 听着听着，眼睛突然亮了。

⑥ 听着听着，眼珠转动，不自觉地搓着双手。

⑦ 听着听着，一面点头，一面打起哈欠来。

⑧ 面对对方时，眼神飘忽不定。

（5）选出视角信息

从下列答案中选出视角的正、仰、斜、俯透出的信息。

A. 庄严、真诚、谨慎等
B. 轻蔑、冷漠、厌恶等
C. 景仰、追忆、傲慢等
D. 思索、关切、羞怯等

（6）选出视线信息

从下列答案中选择视线的长、短、软、硬透出的信息。

A. 敌意、关注、质询等
B. 赏识、期待、探询等
C. 执着、仇恨、审察等
D. 同情、关怀、慈爱等
E. 崇敬、回味、痛苦、怀念等

3. 训练说明

眼神训练时，不要死盯一个人或一个角落，目不转睛，适当时候要有所调整；不要盯着观众的某个部位，比方说下颌、衣服或其他地方，应注视观众的眼睛；眼神要注意与头、面部表情及身体协调；看前面的目标，不能只抬眼皮不抬头或抬头转头无眼神儿。

二、表情语训练

1. 训练目标

学生能够了解各种表情语的意义，熟练运用各种表情语。

2. 训练材料

表情主要指面部肌肉的收绽、脸面的光泽、气色及肤纹的细微变化，这些都微妙地折射出一个人内心世界的变化。一个人的思想、情绪、喜怒哀乐及种种复杂的情感，都能从面部表情上找到答案。

① 对着镜子做微笑的练习，注意面部肌肉上提，唇齿相依，鼻翼微张。

② 播放优秀主持人节目或优秀演讲片段，指出在节目或演说过程中，使用了哪些面部表情，试解释每个表情所表达的意义。

③ 准备一篇熟悉的稿件，最好能够背下来，对着同学们讲述，老师和同学点评其表情的运用是否自然、得体。

④ 请列举出汉字中用眉毛表示内心情感的词语，并且试着通过面部表情表现出来。

⑤ 设计恰当的面部表情表达下列词语。

微笑、大笑、苦笑、感动、激动、悲伤

3. 训练说明

微笑训练要与心理感受同步，是发自内心的；注意表情与稿件内容、基调、节奏的协调一致；表情要有所控制，不要过于夸张。

三、手势语训练

1. 训练目标

能够为自己设计不同情境下恰当的手势语。

2. 训练材料

（1）给下面的话分别设计一个手势

① 开会前，会场一片混乱，组织者说："大家安静，安静！"

② 老师在讲课时提到了一个问题，于是说："我讲的这个问题非常重要！"

③ "你想怎样做？这样是绝对不行的！"

④ 攀登吧，无限风光在险峰。

⑤ 朋友们，我们的事业是伟大的，前途是光明的，让我们为实现这一目标而奋斗吧！

⑥ 她那个人太卑鄙了，我无法和她相处。

（2）集中观看并组织评议

集中观看某主持人的节目、演讲比赛、论辩赛等视频，评论该主持人或演讲者或辩手所运用的手势语的共同特点或存在的不足。

（3）用手势表示下列词的意思

前进、暂停、很好、不好、没有、胜利、恭喜

（4）握手练习

同学间互相扮演晚辈、领导、年轻女子的角色，练习握手。

（5）讨论

讨论主持人王小丫的手势语特点。

3. 训练说明

一定的手势，是吸引听众不可缺少的手段，它可以使语言表达更加生动活泼，更富感染

力，而且"手势语"也是构成多彩的主体形象的重要因素。要想提高自己的手势表现力，就应勇于实践，并适当模仿，同时又要突破模式，敢于创新，摸索出自己的"套路"，尽量体现自己的个性。但要记住手势不可过多、过于复杂。

四、体态语训练

1. 坐姿训练

（1）训练目标

做到坐有坐相。

（2）训练材料

① 观看中央电视台《为您服务》节目，讨论主持人的坐姿特点。

② 请同学走上讲台，坐在座位上，说几句简短的话（可配合其他态势语言），再回到自己的座位上，然后谈谈自己的"知觉造型"如何体现内心情绪，台下同学和老师评论该同学的表现。

③ 两人一组，模拟专访主持人的坐姿、会议坐姿、谈判坐姿，教师点评。

（3）训练说明

入座起坐动作要轻盈舒缓、自然，切忌不要弄出噪声；落座要保持上身平直；不要玩弄桌上东西或不停抖腿，给人心不在焉、无修养之感。学生实践之后，评出最佳坐姿者。

2. 站姿训练

（1）训练目标

做到站有站相。

（2）训练材料

① 讨论：集中观看某主持人的节目、演讲比赛、论辩赛等视频，学生评论主持人或演讲者或辩手的站姿的特点或存在的不足。

② 请学生轮流站到讲台上，大家当场指出其站姿是否规范。

（3）训练说明

女性站立时，应双脚成"V"形，双膝和双脚后跟尽量靠紧。男性站立时，双脚可稍稍叉开，最多与肩同宽。站立时，手不要插在衣服或裤子的兜里，可以自然下垂。

3. 走姿训练

（1）训练目标

能够挺起腰板走出自信的步伐。

（2）训练材料

① 请每位同学绕教室走一圈，老师和其他同学评议其走姿是否合乎要求，并指出问题所在。

② 男女同学一对一对地走上讲台说几句话，再走下来。同学间互相分析其走姿是否美观。

（3）训练说明

走路时注意头部的高低，双肩放松展开。同行时，注意调整步幅，尽量同步行走。

五、综合训练

1. 训练目标

能够恰当地综合运用各种态势语言，为自己的口语表达增色。

2. 训练材料

① 如果你是某单位的领导，要做下属的思想工作，你应该采用什么样的坐姿？

② 一个同学和你长谈到半夜，而你早想睡了，你应该怎样用体态语表示你想睡觉了。

③ 指出下面这段文字中体态语的具体表现，并讨论它的作用。

影片《列宁在十月》的结尾：起义的工人、士兵攻占冬宫以后，列宁来到聚满起义工人、士兵的斯莫尔尼宫大厅里，顿时欢呼声山呼海啸般响起。窗外炮声隆隆，列宁走到台前，大厅平静下来。"同志们！布尔什维克的同志们！"列宁把右手向前一挥，说："今天，大家一直所说的那个工农革命，成功了！"影片定格在这历史的瞬间：列宁身体稍向前倾，两眼眺望前方，左手拇指插在胸前西服背心里，右臂有力地向前伸展，右掌心向下四指并拢果断地指向前方。

④ 下面是《高山下的花环》中雷军长的一段台词，请设计态势语并试讲。

"我的大炮就要万炮轰鸣，我的装甲车就要隆隆开进！我的千军万马就要去杀敌，就要去拼命！就要去流血！可刚才，有个神通广大的贵妇人，竟有本事从千里之外，把电话打到我这前沿指挥所。她来电话干啥？她来电话是要我给她儿子开后门不上战场，让我关照关照她的儿子！哼！走后门，她竟敢走到我这流血牺牲的战场上！我在电话里臭骂了她一顿！我雷某人不管她是天老爷的夫人，还是地老爷的太太，走后门，没门儿，谁敢把后门走到我这流血牺牲的战场，我雷某人要让她儿子第一个扛上炸药包去炸碉堡！去炸碉堡！！"

⑤ 三人一组进行模拟训练。一名同学做导游，另一位同学当游客，第三名同学录像。对校区内的教学楼、图书馆、宿舍楼、运动场等场所从不同的角度一一进行介绍，体会边走边说的体态语的把握。同学之间交替进行，互相对录像进行点评。

⑥ 选一段感兴趣的稿件，设计出观众人数和表现的体态，对着镜子练习。

⑦ 让学生自己选择内容，五分钟时间准备，做一次简短的讲话，要求用上体态语，其他学生及教师共同给予评价。

⑧ 写一段约150字的话，体现人物在片刻间的表情和动作，内容自选，可以是答教师问、受奖、旧友重逢、比赛获胜等。设计时注意新旧知识联系，要求学生注意从体态语角度写出人物的个性（注意由课内到课外，由口语到书面语的迁移）。

⑨ 尝试在课余时间，在与同学或其他人的交往中，借助体态语来表达自己的意思，并将表达内容记录下来。

3. 训练说明

尽量从多角度思考不同情境下适合的态势语言，不要仅局限于某一种。连贯的理解，不要把每个动作或表情分开来孤立、片面地理解。

综合情境来理解姿势、文化、所处环境、年龄、性别、地位、个人习惯等。

经典推荐

1. 中央电视台新年新诗会。
2. 中国播音主持网。

中 编

口才综合训练

中

第三章

读诵训练

内容提要

1. 朗读方法及技巧
2. 朗诵方法及技巧
3. 读诵综合训练

情景导入

2008年5月18日,中央电视台"爱的奉献"赈灾晚会中陈道明等众多演艺明星朗诵的《我们与你同在》感人肺腑,催人泪下。人们在感受朗诵的魅力的同时,感悟了人生真谛。

《我们与你同在》
朱 海

陈道明:这一刻我们的泪眼朝着一个共同的方向,一个名叫汶川的地方!

宋春丽:一阵大地剧烈的颤抖,撕裂了我们的胸膛,无法抑制的泪流,挂满了中国的脸庞。

王 刚:多少亲人呐,在地动山摇的瞬间骨肉分离,家毁人亡。

袁 立:多少孩子从得救的那刻起便成了孤儿,失去爹娘。

陶泽如:多少个鲜活的生命挣扎在废墟下,渴望着生还的最后一线希望!

温玉娟:抢救生命,时不我待。党中央国务院第一时间、第一地点把运筹帷幄的总指挥部设在了抗震救灾的第一线上。

侯勇：向前，向前，向前，通路，通电，通讯，我亲爱的十万战友啊，你们从空中，水路，山路，八方突进，凿开生存之路，把战旗插向生命最需要的地方。

陈宝国：这一刻我们要用悲伤呼唤，呼唤灾区所有生命的坚强，你在死亡线上，我们就在你们的身旁。

唐国强：每一分钟都在发起抢救生命的总攻，每一秒钟都在与死神直面较量，一分一秒的煎熬，一分一秒的争夺，为夺回亲人心跳的力量。

濮存昕：挺住！我的父母！挺住！我的孩子！挺住！我们所有在废墟下的亲人！我们有十三亿双手伸向你啊，一定要把你拉出死亡的魔掌！

陈好：别哭，孩子。当爷爷奶奶告诉你这句话的时候，全中国的父母都在你的身旁，你是我们的孩子，一瞬间的灾难夺不去你一生的幸福，孩子，学会坚强。

濮存昕：别怕，老人家，您的儿女不在了，还有我们在身旁，为您重聚往日的欢乐，为您尽孝，为您继续幸福时光。

陈道明：我灾区的父老乡亲啊，我的姐妹弟兄！来，靠近我们的肩膀，一起向远方眺望，哪怕生命的翅膀再沉重，有我们在，一定要让你飞向阳光。

宋春丽：这一刻，亲情的中国集结起所有的爱心的力量，进军巴蜀，进军汶川，进军所有受灾的地方。

王刚：献出你的爱心吧，我的朋友，为风餐露宿的亲人添一个帐篷，哪怕是一碗方便面，一瓶矿泉水。

袁立：献出你的爱心吧，我的同行，为嗷嗷待哺的孤儿添一个奶瓶，为清理废墟多一双手套，多一把铁锹。

温玉娟：献出你的爱心吧，我的战友，为失去校园的孩子添一张课桌，为受伤的生命送去急需的药品吧。

陈宝国：献出你的爱心吧，我的海内外同胞们，一方有难八方支援，支持灾区就是支持我们自己。因为我们是离灾区最近最亲的亲人。

唐国强：来吧，灾区需要我们，我们是灾区人民身后的祖国，今天的中国是强大的中国，强就强在民心凝聚、士气高昂，这是亿万爱心筑起的长城啊，永远震不垮、推不倒、砸不烂！

侯勇：来吧，有钱出钱，有力出力，让爱的暖流抚平大地的创伤。

陈好：来吧，有钱出钱，有力出力，让爱的真情抹去生命的泪光。

濮存昕：爱，在这一刻献出来，这不需要理由也没有理由，因为我们同在一个春天，再大的风雨也带不走所有的阳光。

全体：灾难终将过去，迎接我们的一定是抗震救灾的全面胜利。

诵读如同品美酒。读之越深，越觉其味之甜美；诵之越浓，越觉其香之醇厚。一个个性格鲜明的人物，一抹抹或清新淡雅或绚丽浓重的风景，一篇篇饱含深情的故事，让人们深刻感受诵读的魅力。《说文解字·段注》借孟子"诵其诗、读其书",将"读"和"诵"分为两个概念。本章主要讲述朗读和朗诵的区别,帮助读者掌握朗读和朗诵的基本方法,提高朗读和朗诵的技巧。

第一节 朗读方法及技巧

三国时期的董遇强调:"书读百遍,其义自见"。豪放旷达的北宋文学家苏轼亦云:"故书不厌百回读,熟读深思子自知"。朗读是理解、积累语言的有效方法,是培养语感的重要途径,是口才训练的基础。

一、朗读的含义

朗读就是大声读书,即运用普通话把书面语言清晰、响亮、富有感情地读出来,变文字的视觉形象为听觉形象。朗读是口语交际的一种重要形式。朗读能提高阅读能力、增强艺术鉴赏能力,可以陶冶性情、开阔胸怀、文明言行。因此,要提高口语表达能力,就不能忽视朗读训练的作用。

二、朗读的基本要求

1. 正确朗读作品的字、词、句

朗读和说话不同,它除了要求朗读者忠于作品原貌,不添字、不漏字、不改字、不回读之外,还要求在声母、韵母、声调、轻声、儿化、音变及语句的表达方式等方面符合普通话语音的规范。

(1)注意普通话和方言在语音上的差异

在朗读中,不仅要注意普通话和方言在声、韵、调等方面的差异,还要注意轻声词和儿化韵的不同,要多查字典和词典,加强记忆、反复练习。

(2)注意多音字读音的不同

一字多音是容易产生误读的重要原因之一。区别多音字读者可以从两个方面把握:第一是意义不同的多音字,要着重区别不同含义的读音;第二是意义相同的多音字,要着重区分不同场合的读音。

(3)注意由字形相近或由偏旁类推引起的误读

由于字形相近,将甲字张冠李戴地读成乙字,这种误读十分常见。由偏旁本身的读音或者由偏旁组成的较常用的字的读音,去类推一个生字的读音,也很常见,如"芮"和"丙"。

(4)注意异读词的读音

普通话词汇中有一部分词,音义相同或基本相同,但在习惯上有两个或几个不同的读法,这被称为"异读词"。例如:薄,书面语读"bó",口语读"báo",意思相同。1985年,国家公布了《普通话异读词审音表》,要求全国文教、出版、广播及其他部门、行业所涉及的普通话异读词的读音、标音，均以新的《普通话异读词审音表》为准。

2. 正确理解作品的思想，把握情感基调

准确把握文学作品的情感基调是恰当运用朗读技巧的关键，是朗读成功的前提。朗读者要把作品的思想感情准确地表达出来，需要透过字里行间，理解作品的内在含义。如徐志摩的名诗《再别康桥》，写的是离愁别绪，其情感基调定在一个"愁"字上，而且，这愁，不是哀愁，不是浓愁，而是轻淡的忧愁，愁中又带有一丝对康桥美景的沉醉，带有一丝对母校眷恋的深情。

（1）分析作品创作的时代背景、主题，把握作品的情感基调

作品的基调，即作品的总的态度感情、总的色彩和分量。人们的思想情感是丰富而复杂的，有欢乐的、愉快的、悲伤的、沉痛的、压抑的、深重的、激动的、不安的、绝望的、怀疑的、感慨的，等等。在朗读过程中，情感的变化直接制约着形式的变换，各种情感在朗读时，都应采用恰当的朗读基调表达出来。

【精彩案例一】

海 燕
高尔基

在苍茫的大海上，狂风卷集着乌云。在乌云和大海之间，海燕像黑色的闪电，在高傲地飞翔。

一会儿翅膀碰着海浪，一会儿箭一般地直冲向乌云，它叫喊着，——在这鸟儿勇敢的叫喊声里，乌云听出了欢乐。

在这叫喊声里——充满着对暴风雨的渴望！在这叫喊声里，乌云听出了愤怒的力量、热情的火焰和胜利的信心。

海鸥在暴风雨来临之前呻吟着，——呻吟着，它们在大海上飞窜，想把自己对暴风雨的恐惧，掩藏到大海深处。

海鸭也在呻吟着，——它们这些海鸭呀，享受不了生活的战斗的欢乐：轰隆隆的雷声就把它们吓坏了。

蠢笨的企鹅，胆怯地把肥胖的身体躲藏到悬崖底下……只有那高傲的海燕，勇敢地，自由自在地，在泛起白沫的大海上飞翔！

乌云越来越暗，越来越低，向海面直压下来；而波浪一边歌唱，一边冲向高空，去迎接那雷声。

雷声轰响。波浪在愤怒的飞沫中呼叫，跟狂风争鸣。看吧，狂风紧紧抱起一层层巨浪，恶狠狠地把它们甩到悬崖上，把这些大块的翡翠摔成尘雾和碎末。

海燕叫喊着，飞翔着，像黑色的闪电，箭一般地穿过乌云，翅膀掠起波浪的飞沫。

看吧，它飞舞着，像个精灵，——高傲的、黑色的暴风雨的精灵，——它在大笑，它又

在号叫……它笑那些乌云,它因为欢乐而号叫!

这个敏感的精灵,——它从雷声的震怒里,早就听出了困乏,它深信,乌云遮不住太阳,——是的,遮不住的!

狂风吼叫……雷声轰响……

一堆堆乌云,像青色的火焰,在无底的大海上燃烧。大海抓住闪电的箭光,把它们熄灭在自己的深渊里。这些闪电的影子,活像一条条火蛇,在大海里蜿蜒游动,一晃就消失了。

——暴风雨!暴风雨就要来啦!

这是勇敢的海燕,在怒吼的大海上,在闪电中间,高傲地飞翔。这是胜利的预言家在叫喊:

——让暴风雨来得更猛烈些吧!

高尔基的《海燕》是一篇著名的散文诗,它既是一首色彩鲜明的抒情诗,又是一幅富有流动感的油画,有很强的艺术感染力。想要朗读好这篇充满激情的诗歌,首先要了解这首诗的写作背景。这首诗写于1901年,当时俄国社会动荡不安,人民群众的革命运动风起云涌,沙皇政府加强了对人民群众的镇压。高尔基不仅感受到了人民群众生活的疾苦,目睹了沙皇政府的暴行,更感受到了无产阶级革命的气势磅礴和不可抵挡。他为了鼓舞人民的革命士气,用自己的艺术灵感创造了"海燕"这一艺术形象,热情地歌颂了无产阶级革命先驱。作者运用象征的艺术手法描绘了三幅波澜壮阔的画面。第一幅,暴风雨即将来临,海燕高翔,渴望暴风雨的到来;第二幅,暴风雨逼近,海燕搏击风浪,迎接暴风雨的到来;第三幅,暴风雨来临,海燕以胜利的预言家的姿态呼唤暴风雨更猛烈一些。整个作品语言凝练、感情炽热、形象动人、节奏明快、韵律和谐。朗读时感情要热烈奔放,基调要高亢有力。

(2)仔细体味,进入情境

有些朗读听起来也有着抑扬顿挫的语调,但却打动不了听众。主要原因是朗读者对作品的领悟还不深,没有真正走进作品,而是在"挤"情、"造"情。朗读者要唤起听众的感情,使听众与自己同喜、同悲、同呼吸,必须仔细体味作品,进入角色,进入情境。

【精彩案例二】

金铜仙人辞汉歌
李 贺

茂陵刘郎秋风客,夜闻马嘶晓无迹。
画栏桂树悬秋香,三十六宫土花碧。
魏官牵车指千里,东关酸风射眸子。
空将汉月出宫门,忆君清泪如铅水。
衰兰送客咸阳道,天若有情天亦老。
携盘独出月荒凉,渭城已远波声小。

朗读《金铜仙人辞汉歌》时，必须完全沉浸在诗人艰难凄苦的处境中，蓄积已久的悲恸之情如火山般迸发而出，悲怆激昂地喷涌出"天若有情天亦老"，然后又以低沉、凝重的声调念出最后两句诗："携盘独出月荒凉，渭城已远波声小。"最后将"波—声—小"重复吟咏，且声音、气息渐次减弱，细致入微地传达诗中忧伤怅惘的思绪。

总之，只有掌握不同作品的特点，熟悉作品的具体内容和感情基调，准确掌握作品的节奏，才能进入角色，进入情境，以情动人。

3. 展开丰富的联想和想象

在理解感受作品的同时，要伴随着丰富的联想和想象，让作品的内容在自己的心中、眼前活动起来，体验亲眼看到、亲身经历的感受。

【精彩案例三】

我的"自白"书

陈　然

任脚下响着沉重的铁镣，
任你把皮鞭举得高高，
我不需要什么自白，
哪怕胸口对着带血的刺刀！

人，不能低下高贵的头，
只有怕死鬼才乞求"自由"；
毒刑拷打算得了什么？
死亡也无法叫我开口！

对着死亡我放声大笑，
魔鬼的宫殿在笑声中动摇；
这就是我——一个共产党员的自白，
高唱凯歌埋葬蒋家王朝。

1948年，中共地下党员陈然在狱中受尽各种酷刑，国民党威胁利诱让他写自白书。他决心牺牲自己，保护组织和同志们，写下了这首惊天动地的诗篇。这首诗构思完整、语句精练、韵脚整齐、节奏铿锵有力。朗读时透过历史时光仿佛看见眼前站立着满身血迹的革命者的高大形象，在敌人带血的刺刀前他没有退缩，而是大义凛然、慷慨陈词，那铿锵有力的誓言把蒋家王朝震碎。

三、朗读符号

朗读者在分析和体味文字作品的准备工作中，为了清楚、准确地表达作品的中心思想，可以在文字中做些标记，以提醒自己注意，这些标记称作朗读符号。目前，朗读符号并没有像标点符号那样，有着统一的标准。本章本着切实可行、有益于朗读和便于操作的原则，介绍几种常用的朗读符号，见表3-1。

表3-1　常用的朗读符号

轻读	重读	慢速	快速	平调	升调
△	·	～～	—	→	↗
降调	短停	长停顿	连续	拉长音	换气
↘	/	⌒	⌢	·—	∨
渐强	渐弱	顿音			
<	>	▽			

①"△"表示读得轻一点，该符号画在轻读的词语下面。

母亲啊！你是荷叶，我是红莲，心中的雨点来了，除了你，谁是我在无遮拦天空下的荫蔽？

②"·"表示重读，该符号画在相关重读的字词下面。

我们的战士，对敌人这样狠，而对朝鲜人民却是那样的爱，充满了国际主义的深厚感情。

③"～～"表示慢速，即相关语句要读得语速慢些。该符号画在语句的下面。

大堰河，在她的梦没有做醒的时候已死了。

她死时，乳儿不在她的旁侧，

她死时，平时打骂她的丈夫也为她流泪，

五个儿子，个个哭得很悲，

她死时，轻轻地呼着她的乳儿的名字，

大堰河，已死了，

她死时，乳儿不在她的旁侧。

④"—"表示快速，即相关语句要读得语速快些。该符号画在语句的下面。

雷声轰响，波浪在愤怒的飞沫中呼啸着，跟狂风争鸣。看吧，狂风紧紧抱起一堆巨浪，恶狠狠地扔到悬崖上，把这大块的翡翠摔成尘雾和碎末。

⑤"→"表示平调，即句尾的音平而稳。一般用于陈述句，画在句尾。

这几天心里颇不宁静。今晚在院子里坐着乘凉，忽然想起日日走过的荷塘，在这满月的光里，总该另有一番样子吧。月亮渐渐地升高了，墙外马路上孩子们的欢笑，已经听不见了；妻在屋里拍着闰儿，迷迷糊糊地哼着眠歌。我悄悄地披了大衫，带上门出去。→

⑥"↗"表示升调，即句尾的音先低后高。一般用于疑问句，或表示感情激动、亢奋、惊异和呼唤等句子。画在句尾，也可在句中出现。

难道真是有钱就有幸福吗？↗

⑦"↘"表示降调，即句尾的音先高后低。一般用于肯定的语气、感情强烈的感叹句，或表示愿望的祈使句等。

十二年过去了，那小姑娘的爸爸一定早回来了。↘

⑧"／"表示短暂停顿，把词或短语分开，停顿时间很短，不换气，通常用在句子中没有标点的地方。

儿童教育真正的专家／是那些父母。他们卓有成效的实践经验／和见仁见智的看法／对那些在与孩子交流中感到力不从心／总抱怨孩子不听话的父母／将大有启发。

⑨"⌢"表示长停顿，停顿时间相当于句号。

燕子去了，有再来的时候；杨柳枯了，有再青的时候；桃花谢了，有再开的时候。

⑩"⌒"表示连续，只用于有标点符号的地方，表示缩短停顿时间，连起来读。

……人群里，年长的是大娘，⌒大爷，同年的是大哥，⌒大嫂，兄弟，⌒姐妹，都是亲人。又仿佛队伍同时是群众，⌒群众又同时是队伍，根本分不清……

⑪"·—"表示拉长音。

我们在天安门前深情地呼唤：周·—总·—理……

⑫"∨"表示换气，不论有无标点符号处，都可使用。

∨五百里林海里，最使人难忘的是毛竹。

四、朗读技巧

（一）呼吸技巧

学会自如地控制自己的呼吸非常重要，因为这样发出来的音坚实有力，音质优美，而且传送得较远。有的人在朗读时呼吸显得急促，甚至上气不接下气，这是因为使用了胸式呼吸。朗读一般采用胸腹联合呼吸法。它的特点是胸腔、腹腔都配合着呼吸进行收缩或扩张，尤其要注意横膈膜的运动。

1. 取坐姿呼吸的方式

身体重心在臀下椅子的前部，需满臀坐。腰直、胸含、肩松，完全自然地像叹气一样，将体内余气全部吐出来，然后从容自然地吸气。注意体会吸气时，小腹自然的外凸、两肋后部及腰两侧自然张开、撑起的感觉。吸到正常的程度自然地呼气，注意体会两肋下塌、腹壁渐松复原。

2. 以慢吸、慢呼的方式

取坐姿体会稍有控制的吸气和呼气。在将体内余气全部吐出之后，吸气时有意识地将气吸到腹底、两肋打开，以腹壁打开的感觉进行慢吸、慢呼。在吸气的过程中，着重体会两肋后部渐张、腹肌渐渐向"丹田"集中。腹壁从松弛状渐渐绷紧到"站定"的感觉。当吸气至比日常自然吸气稍多的五、六成满时，调整吸气肌、呼气肌的控制感觉；屏气一瞬间立即慢慢地呼气。

（二）发音技巧

发音的关键是嗓子的运用。朗读者的嗓音应该柔和、动听、富于表现力。

1. 注意保护嗓子

不要长期高声喊叫，也不要因饮食高温或过于辛辣而刺激嗓子。

2. 注意提高对嗓音的控制能力

声音的高低是由声带的松紧决定的，音量的大小则由发音时振动用力的大小来决定。朗读时不要自始至终高声大叫。

3. 注意调节共鸣

共鸣是使音色柔和、响亮、动听的重要技巧。人们发声的时候，气流通过声门，振动声带发出音波，经过口腔或鼻腔的共鸣，形成不同的音色。改变口腔或鼻腔的条件，音色就会大不相同。例如，舌位靠前，共鸣腔浅，可使声音清脆；舌位靠后，共鸣腔深，可使声音洪亮刚强。

（三）吐字技巧

吐字技巧不仅关系到音节的清晰度，而且关系到声音的圆润、饱满。朗读跟平时说话不同，要使每个音节都让听众听清楚，发音就要有一定力度和时长，每个音素都要到位。为加强吐字基本功训练，平时可多练习绕口令。

1. 准确把握常用词语标准音

朗读时，要按照每个音节声母、韵母、声调的标准音来发音。

2. 克服发音含糊、吐字不清的毛病

一是在声母形成阻碍的阶段注意发音器官的准确部位，二是在韵母发音阶段注意口形和舌位，三是发音吐字速度放慢，调值读音要准确到位。

（四）停顿技巧

停顿是指朗读过程中语句或词语之间声音上的间歇。在朗读时，既不能一字一停，断断续续地进行，也不能字字相连，一口气念到底。无论是对朗读者还是听众，无论是出于生理要求，还是心理需求，朗读中的停顿都是必不可少的。它既是显示语法结构的需要，更是明确表情达意的需要。同时，也可给听者领略和思考、理解和接受的空间，帮助听者理解文章含义，加深印象。

1. 停顿与标点符号的关系

（1）一致关系

书面语中的标点有着不可忽视的作用，朗读的停顿必须服从标点。多数情况下，书面语中有点号的地方同朗读时需要有停顿的地方是一致的。用"/"表示很短的停顿，但不换气。

一般地说，句号、问号、感叹号的停顿比分号长些；分号的停顿要比逗号长些；逗号的停顿比顿号长些；而冒号的停顿则有较大的不确定性，有时相当于句号，有时相当于分号，有时只相当于逗号。斜竖线的多少表示停顿时间的长短，例如：

诚然，/它不像荷花，/它没有什么艳称、//佳号；///荷叶、莲叶，//如此而已。////当人们指点、/欣赏着荷花甚至忘记它的存在时，//它从不计较什么；///不争名，//不求利，//不出风头，//不论地位，//它总是默默地工作，/默默地战斗。////是的，//古人的诗赋中从没专门歌颂过它，//但离开它，/便使一切咏荷之作的产生成为不可能。////它的风格不但深深感染着我，//而且给我许多启示。////这湖中的美景是谁创造的呢？////远处的青山是谁染绿了的呢？////……他们像荷叶一样，//也只有两个最简单的名称：////人民、/群众……（郑伯琛《荷叶咏》）

这段短文中有标点的地方，朗读时都必须停顿，而且要根据不同的标点符号，实行长短不同的停顿。

（2）不一致关系

标点符号虽是停顿的重要标志，但也不是完全一致的，有时要根据语意的表达和语气的需要灵活处理。一般说来，可以分为两种情况。

① 没有标点却要停顿。例如：

"在苍茫的大海上，狂风/卷集着乌云。在乌云和大海之间，海燕/像黑色的闪电，在高傲地/飞翔。"

始终微笑的和蔼的刘和珍君/确是/死掉了。

② 句中有标点，却不停顿。例如：

"风，你咆哮吧！咆哮吧！尽力地咆哮吧！"

句中前两个感叹号可以不停顿，一气读出，流露出屈原对风的急切的渴盼。风即是改变黑暗的变革力量，对风及后面的雷、电的呼唤实际也就是对变革现实的伟大力量的呼唤。朗读时应把握急切、渴望之情。

2. 停顿的种类

（1）区分性停顿

朗读时，对作品中每个独立的词、词组都要予以区分。区分性停顿是对不按词语分隔、只有线性连写的汉字按语义进行创造性的划分和组合的停顿类型。它使语义更清晰、更准确，不出现歧义和误解。比如"女人一边一个孩子手捧鲜花"这句话，如果在"一边"的后面安排一个停顿，说明是一个孩子；如果在"孩子"后面停，就有两个孩子。

冬天/快到了，它们/买了一坛子猪油/准备过冬吃。老鼠说："猪油/放在家里，我嘴馋，不如/藏到远一点儿的地方去，到冬天/再取来吃。"猫说："行啊。"它们/趁天黑，把这坛子猪油/送到离家十里远的大庙里/藏起来。（《"猫"和"老鼠"》）

（2）呼应性停顿

为了显现前后句之间的呼应关系而安排的停顿，叫呼应性停顿，是为加强语句内在联系（如主谓关系、动宾关系等，尤其是长句子中"呼"和"应"距离较远时）的停顿类型。

他/十六岁上大学，二十岁读研究生，二十三岁参加工作。

下面请汪校长介绍/前进小学校/开展城乡少年"手拉手"活动的/具体做法。

（3）并列性停顿

在作品中属于同等位置、同等关系、同等样式的词语之间的停顿及各成分内部的连接。

一切都像刚睡醒的样子，欣欣然张开了眼。山/朗润起来了，水/涨起来了，太阳的脸/红起来了。

这地方的火烧云变化极多，一会儿/红彤彤的，一会儿/金灿灿的，一会儿/半紫半黄，一会儿/半灰、半百合色。

（4）转换性停顿

为表现内容的转折和反差所安排的停顿，停顿时间一般较长。转换性停顿常常可以根据书面语言中表示转折关系的关联词语，如"可是""但是"等来确定，但有时句子中并不出现转折关系的词，只要前后句构成转折关系，即可做转换性停顿。

自然，在热带的地方，日光是永远那么毒，响亮的天气，反有点叫人害怕。/可是，在北中国的冬天，而能有温晴的天气，济南真得算个宝地。

（5）强调性停顿

为强调某一词语而在其前后安排的停顿和其他词语之间产生的连接。这其实是重音表达手段的一种。

这是入冬以来，胶州半岛上/第一场雪。

（6）生理性停顿

表现因生理变化而引起的停连。如哽咽、语噎、垂危时的叮咛、气喘吁吁的报告、人物的口吃等。可不拘标点，灵活处理，并注意神似，点到为止。

这时候，他用力把我往上一顶，一下子把我甩在一边，大声说："快离开我，咱们两个不能都牺牲！……要……要记住/革命……"

【停顿练习】

请在应该停顿的地方画上停顿符号。

1. 我赞成他也赞成你怎么样？
2. 我不相信他是好人！
3. 亲爱的爸爸妈妈欢迎您！

（五）重音技巧

1. 重音的含义

朗读中，为了准确地表达语意和思想感情，有时要强调起重要作用的词或短语，被强调的词或短语叫重音或重读。朗读过程中，有些音节要轻读，有些音节要重读，这样才能传达出生动活泼的语气，突出文章的重点。如果将所有音节都读得一样重，就很难把文章的内容传达清楚。

同样一句话，如果重音位置不同，整个句子的意思就发生了很大的变化，如：

我请你吃饭。（请你吃饭的不是别人）
我请你吃饭。（怎么样，给面子吧？）
我请你吃饭。（不请别人）
我请你吃饭。（不请你唱歌）

2. 确定重音的依据

（1）依据结构

有些句子，平平常常，没有特殊的感情色彩，也没有特别强调的语意。这种句子的重音可以依据其语法结构来确定。一般地，需要重读的有短句中的谓语、宾语、定语、状语、补语和有些代词。这类重音叫作语法重音或意群重音。这类重音在朗读时不必过分强调，只要比其他音节读得重些就可以了。

（2）依据语意和感情

有些句子或由于构造复杂，或由于表意曲折，或由于感情特殊，它的重音往往不能马上确定，必须联系上下文，把它放到特定的语言环境中，才能确定其重音。通常把这类重音叫作逻辑重音和感情重音。它同语法重音有时是一致的，有时是不一致的。当逻辑重音和语法重音不一致时，后者必须服从前者。

3. 重音的类型

一般根据重音在语句中的位置把重音归结成10种类型。

（1）并列性重音

在段落、语句中有并列关系的词或短语，通常用并列连词或者顿号体现。为了突出事物的特征，这些并列词或短语需要重读。

前天下午6点到晚上10点，北京站、北京西站、北京南站售票中断四个小时。
当然，能够只是送出去，也不算坏事情，一者见得丰富，二者见得大度。

（2）对比性重音

在对照式结构明显的句子中，通过对两种或者两种以上的事物的比较、对照使事物的特征表现得更突出、形象更鲜明，这时需要对比性重音。

我爱热闹，也爱冷静，爱群居，也爱独处。
我们的战士，对敌人这样狠，而对朝鲜人民却是那样的爱，充满了国际主义的深厚感情。

（3）呼应性重音

揭示上下文呼应关系，使文章层次清晰、结构完整。

用什么来表达自己的心意呢？战士们又有什么呢，他们只有一双结着硬茧的手，一颗赤诚的心。

如果说科研工作是探索真理、发现真理，那么教学工作的一个重要内容应该是说明真理、传播真理。

（4）递进性重音

揭示语言链条的承继性，后一个重音比前一个重音揭示更深一层的含义。

竹叶烧了，还有竹枝；竹枝断了，还有竹鞭；竹鞭砍了，还有深埋在地下的竹根。

我们要造成民主风气，要改变文艺界的作风，首先要改变干部作风；改变干部作风首先要改变领导干部的作风；改变领导干部的作风首先从我们几个人改起。

（5）转折性重音

与递进性重音的发展方向是相反的，经常出现在转折复句中。关联词有"虽然，但是"、"可是"、"却"等。

虽然英吉利海峡的水温较低，只有平均16摄氏度，但张健的身体状况和竞技状态保持得不错。

是的，胜利来了，可是人们所盼望的经过流血争取的独立自由、和平民主的生活又是要为蒋介石和美帝国主义所破坏。

（6）肯定性重音

"肯定"是做出明确判断的意思。包括两种情况：一是肯定"是什么"；二是肯定"是"还是"不是"。肯定性重音通常和对比性重音、递进性重音、转折性重音紧密相连。

原来他喜欢的不是真龙。

假话误国，实干兴邦，这道理是谁都懂的，我们河南过去更是吃够了搞浮夸的苦头。可是，弄虚作假之风又总是屡禁不绝，以致成为一种官场顽症。

（7）比喻性重音

重读文章中的比喻性词语，可以使被比喻的事物生动形象，加深对所描写事物或阐明道理的理解。但要注意，有比喻词的比喻句，不要重读比喻词"象""好像""仿佛"等。

如果说瞿塘峡像一道闸门，那么巫峡简直像江上一条迂回曲折的画廊。

蓝天，蓝得有点发黑，白云就像银子做成的一样，就像白色的大花朵似地点缀在天上。

（8）拟声性重音

拟声性重音一般是象声词，但不是所有的象声词都是重音，要看它是否体现语句目的。表达时不必惟妙惟肖，重在传神。

小偷将夹克像变魔术似的偷走，那女士伸头望了一下，不禁"啊"的一声叫了起来。

一连几天，雨总是哗哗地下着，快把人闷死了。

（9）反义性重音

有"正话反说"和"反话正说"两种，表达赞同或反对的态度。强调反义性重音时要借助语气的配合，不能一带而过，也不能在字面上过分着力。

中国军队的屠戮妇婴的伟绩，八国联军惩创学生的武功，不幸全被这几缕血痕抹杀了。

一个人如果弯起来的话，的确十分耀眼。想当明星而四处碰壁者，不妨一学。虽然没人在床头挂自己的尊容,虽然不被抢着握手,请去电视上做如泣如诉的广告,明星效应还是有一点。

（10）强调性重音

为突出某种感情,突出、强调之处要重读。

一曲完了,她激动地说:"弹得多纯熟啊! 感情多深啊!……"

他就是我的老师——大谦。

一般情况下,不同种类的重音是交叉出现的,一个重音多种作用,这样文章的意图才能体现得充分明晰。

4. 重音的表现方法

重音的表现方法有很多种,常见的有以下4种情况。

（1）加强音量

即有意识地把某些词、语读得重一些、响一些,使音量增强。

（2）拖长音节

即有意将音节拖长一些,用延长音节的办法使重音突出。

（3）重音轻读

表现重音,不一定非要增加音量,有时用减轻音量的方法,将重音低沉地轻轻吐出,效果反而会更好。一般在表达极为复杂而细腻的感情时,多用这种方法。

（4）停顿强调

在要强调的词后面做一短暂的停顿。

【重音练习】

请在应该重读的字词下面画上重读符号。

① 我们的战士,对敌人这样狠,而对朝鲜人民却是那样的爱,充满了国际主义的深厚感情。

② 井冈山的翠竹啊! 去吧,去吧,快快地去吧! 多少工地,多少工厂矿山,多少高楼大厦,多少城市和农村,都殷切地等待着你们!

③ 陈毅:"关于详细计划,改日再与齐先生细说吧。"

齐仰之:"不、不,现在就说,现在就说!"

④ 我似乎打了一个寒噤;我就知道,我们之间已经隔了一层可悲的厚障壁了……

⑤ 可是在中国,那时是确无写处的,禁锢得比罐头还严密。

⑥ 我们应当禁绝一切空话。但是主要的和首先的任务,是把那又长又臭的懒婆娘的裹脚,赶快扔到垃圾桶里去。

⑦ 竹叶烧了,还有竹枝;竹枝断了,还有竹鞭;竹鞭砍了,还有深埋在地下的竹根。

⑧ 好个"友邦人士"! 日本帝国主义的兵队强占了辽吉,炮轰机关,他们不惊诧;阻断铁路,追炸客车,捕禁官吏,枪毙人民,他们不惊诧。中国国民党统治下的连年内战,空前水灾,卖儿救穷,砍头示众,秘密杀戮,电刑逼供,他们也不惊诧。在学生的请愿中有纷扰,他们就惊诧了!

（六）语速技巧

语速就是朗读的节奏的快慢。说话的速度是由说话人的感情决定的，朗读的速度则与文章的思想内容相联系。一般说来，热烈、欢快、兴奋、紧张的内容速度快一些，平静、庄重、悲伤、沉重、追忆的内容速度慢一些，而一般的叙述、说明、议论则用中速。世间一切事物的运动状态和一切人在不同情境下的思想感情总是千差万别的。朗读文章时，要正确地表现不同的生活现象和人们不同的思想感情，就必须使用与之相适应的不同的朗读速度。

其间有一个十一二岁的少年，项带银圈，手捏一柄钢叉，向一匹猹尽力地刺去，那猹却将身一扭，反从他的胯下逃走了。

月亮底下，你听，啦啦的响了，猹在咬瓜了。你便提捏了胡叉，轻轻地走去。

以上是两种不同的动态。不同的动态引起的感觉是不一样的。朗读时必须体现出前者"将身一扭，从他的胯下逃走了"之快和后者"你便提捏了胡叉，轻轻地走去"之慢。

决定语速的因素主要有以下 5 个方面。

（1）不同的场面

急剧变化发展的场面宜用快读，平静、严肃的场面宜用慢读。体会下面这段描写是怎样实现速度的转换的。

海在我们的脚下沉吟着，诗人一般。那声音仿佛是朦胧的月光和玫瑰的晨雾一般。又像是情人的密语那样芳醇；低低地、轻轻地，像微风拂过琴弦，像落花飘零在水上。

海睡熟了。

大小的岛拥抱着，偎依着，也静静地恍惚入了梦乡。

星星在头上眨着慵懒的眼睑，也像要睡了。

许久许久，我俩也像入睡了似的，停止了一切的思念和情绪。

不晓得过了多少时间，远寺的钟声突然惊醒了海的酣梦，它恼怒似的激起波浪的兴奋，渐渐向我们脚下的岩石掀过来，发出汩汩的声音，像是谁在海底吐着气，海面的银光跟着晃动起来，银龙样的。接着我们脚下的岩石就像铃子、铙钹、钟鼓在奏鸣着，而且声音愈响愈大起来。

没有风。海自己醒了。喘着气，转侧着，打着呵欠，伸着懒腰，抹着眼睛。因为岛屿挡住了它的转动，它狠狠地用脚踢着，用手推着，用牙咬着。它一刻比一刻兴奋，一刻比一刻用劲。岩石也仿佛渐渐战栗，发出抵抗的嗥叫，击碎了海的鳞甲，片片飞散。

海终于愤怒了。它咆哮着，猛烈地冲向岸边袭击过来，冲进了岩石的罅隙里，又拨剌着岩石的壁垒。

音响就越大了。战鼓声、金锣声、呐喊声、叫号声、啼哭声、马蹄声、车轮声、机翼声，掺杂在一起，像千军万马混战了起来。

银光消失了。海水疯狂地汹涌着，吞没了远近大小的岛屿。它从我们的脚下扑了过来，响雷般地怒吼着，一阵阵地将满含着血腥的浪花溅在我们的身上。（鲁彦《听潮》）

（2）不同的心情

紧张、焦急、慌乱、热烈、欢畅的心情宜用快读，沉重、悲痛、缅怀、悼念、失望的心情宜用慢读。前者如：

发泄出无边无际的怒火，把这黑暗的宇宙，阴惨的宇宙，爆炸了吧！爆炸了吧！电，你这宇宙中的剑，也正是，我心中的剑。你劈吧，劈吧，劈吧！把这比铁还坚固的黑暗，劈开，劈开，劈开！（郭沫若《雷电颂》）

一连串的反复，"爆炸了吧！爆炸了吧！""劈吧，劈吧，劈吧！""劈开，劈开，劈开！"一个比一个强烈、一个比一个坚决，朗读时语气应不断加快、加重，以表达屈原想要冲破黑暗的急切而又果断的决心。

后者如：

在一个深夜里，我站在客栈的院子中，周围是堆着破烂的什物；人们都睡觉了，连我的女人和孩子。我沉重地感到我失去了很好的朋友，中国失掉了很好的青年，我在悲愤中沉静下去了，然而积习却从沉静中抬起头来，凑成了这样的几句：惯于长夜过春时，挈妇将雏鬓有丝。梦里依稀慈母泪，城头变幻大王旗。忍看朋辈成新鬼，怒向刀丛觅小诗。吟罢低眉无写处，月光如水照缁衣。（鲁迅《为了忘却的记念》）

（3）不同的谈话方式

论辩、争吵、急呼，宜用快读；闲谈、絮语，宜用慢读。

周朴园：鲁大海，你现在没有资格跟我说话，矿上已经把你开除了。

鲁大海：开除了？！

周冲：爸爸，这是不公平的。

周朴园：（向周冲）你少多嘴，出去！

鲁大海：好，好。（切齿）你的手段我早就明白，只要你能弄钱，你什么都做得出来。你叫警察杀了矿上许多工人，你还——

周朴园：你胡说！

鲁侍萍：（至大海说）走吧，别说了。

鲁大海：哼，你的来历我都知道，你从前在哈尔滨包修江桥，故意叫江堤出险——

周朴园：（厉声）下去！

仆人们：（拉大海）走！走！

鲁大海：你故意淹死了两千二百个小工，每一个小工的性命你扣三百块钱！姓周的，你发的是绝子绝孙的昧心财！你现在还——

周萍：（冲向大海，打了他两个嘴巴，）你这种混账东西！

（大海还手，被仆人们拉住。）

周萍：打他！

鲁大海：（向周萍）你！

（仆人们一齐打大海。大海流了血。）

周朴园：（厉声）不要打人！

（仆人们住手，仍拉住大海。）

鲁大海：（挣扎）放开我，你们这一群强盗！
周　萍：（向仆人们）把他拉下！
鲁侍萍：（大哭）这真是一群强盗！（曹禺《雷雨》）

（4）不同的叙述方式

抨击、斥责、控诉、雄辩，宜用快读；一般的记叙、说明、追忆，宜用慢读。前者如：

反动派暗杀李先生的消息传出以后，大家听了都悲愤痛恨。我心里想，这些无耻的东西，不知他们是什么想法，他们的心理是什么状态，他们的心怎样长的！（捶击桌子）其实很简单，他们这样疯狂地来制造恐怖，正是他们自己在慌啊！在害怕啊！所以他们制造恐怖，其实是他们自己在恐怖啊！特务们，你们想想，你们还有几天？你们完了，快完了！你们以为打伤几个，杀死几个，就可以了事，就可以把人民吓倒了吗？其实广大的人民是打不尽的，杀不完的！要是这样可以的话，世界上早没人了。（闻一多《最后一次讲演》）

后者如：

我怀念从故乡的后山流下来、流过榕树旁的清澈的小溪，溪水中彩色的鹅卵石，到溪畔洗衣和汲水的少女，在水面嘎嘎嘎地追逐欢笑的鸭子；我怀念榕树下洁白的石桥，桥头兀立的刻字的石碑，桥栏杆上被人抚摸光滑了的小石狮子。那汩汩的溪水流走了童年的岁月，那古老的石桥镌刻着我深深的记忆，记忆里的故事有榕树叶子一样多。（黄河浪《故乡的榕树》）

（5）不同的人物性格

年轻、机警、泼辣的人物的言语、动作宜用快读；年老、稳重、迟钝的人物的言语、动作宜用慢读。前者如：

这有什么依不依。闹是谁也总要闹一闹的；只要用绳子一捆，塞在花轿里，抬到男家，捺上花冠，拜堂，关上房门，就完事了。可是祥林嫂真出格，听说那时实在闹得厉害，大家还都说大约因为在念书人家做过事，所以与众不同呢。太太，我们见得人多了：回头人出嫁，哭喊的也有，说要寻死觅活的也有，抬到男家闹得拜不成天地的也有，连花烛都砸了的也有。祥林嫂可是异乎寻常，他们说她一路只是嚎，骂，抬到贺家墺，喉咙已经全哑了。拉出轿来，两个男人和她的小叔子使劲地擒住她也还拜不成天地。他们一不小心，一松手，啊呀，阿弥陀佛，她就一头撞在香案角上，头上碰了一个大窟窿，鲜血直流，用了两把香灰，包上两块红布还止不住血呢。直到七手八脚地将她和男人反关在新房里，还是骂，啊呀呀，这真是……（鲁迅《祝福》）

后者如：

"冬天没有什么东西了。这一点干青豆倒是自家晒在那里的，请老爷……"

我问问他的景况。他只是摇头。

"非常难。第六个孩子也会帮忙了，却总是吃不够……又不太平……什么地方都要钱，没有定规……收成又坏。种出东西来，挑去卖，总要捐几回钱，折了本；不去卖，又只能烂掉……"

他只是摇头；脸上虽然刻着许多皱纹，却全然不动，仿佛石像一般。他大约只是觉得苦，却又形容不出，沉默了片时，便拿起烟管来默默地吸烟了。（鲁迅《故乡》）

【语速练习】

下面是鲁侍萍回忆往事，揭露周朴园罪恶的两段话。一段是相认前，一段是相认后，相认前后，鲁侍萍的怨愤之情由克制到逐渐显露，说话的语气和态度也起了变化，试用不同的语速加以表达。

——她是个下等人，不很守本分的。听说她跟那时周公馆的少爷有点不清白，生了两个儿子。生了第二个，才过三天，忽然周少爷不要她了。大孩子就放在周公馆，刚生的孩子她抱在怀里，在年三十夜里投河死的。（相认以前）

——哼，我的眼泪早哭干了，我没有委屈，我有的是恨，是悔，是三十年一天一天我自己受的苦。你大概已经忘了你做的事了！三十年前，过年三十的晚上我生下你的第二个儿子才三天，你为了要赶紧娶那位有钱有门第的小姐，你们逼着我冒着大雪出去，要我离开你们周家的门。（相认以后）（曹禺《雷雨》）

（七）语调技巧

为适应表达思想感情的需要，说话或朗读时，句子总是要有高低升降的变化，这种变化就形成了语调。语调是有声语言所特有的，它是句子的语音标志，是口语中表达各种语气的声音色彩。任何句子都带有一定的语调，借助语调，有声语言才有极强的表现力。

同样一句"这是一百万元"，采用不同的语调可以表达出不同的情绪。

这是一百万元。（一手交钱，一手交货，司空见惯）

这是一百万元！（强调金额很大）

这是一百万元！（后悔，不该错过赚大钱的机会）

这是一百万元？（惊讶，怎么这么多）

这是一百万元？（怀疑，不相信有这么多）

这是一百万元？（喜悦，为一下子有这么多钱而高兴）

语调是千变万化的，它的基本类型主要有以下四种。

（1）平直调

朗读时始终平直舒缓，没有显著的高低变化。一般多用在叙述、说明，或表示迟疑、深思、冷淡、悼念、追忆的句子里，如：

住所近边的土坡上，有两棵苍老翁郁的榕树，以广阔的绿荫遮蔽着地面。

我在十八九岁的时候，遇见一位国文先生，他给我的印象最深，使我受益也最多，我至今不能忘记他。

烈士们的英名和业绩将永垂不朽！

（2）高升调

语调前低后高，语气上扬。多用在疑问句、反诘句、短促的命令句，或者是在表示愤

怒、发出呼唤、号召的句子里使用,如:

我大胆地设想:如果去掉这些荷叶将会怎么样?如果只剩下一枝枝光杆荷花,茕茕孑立,景色还能这样迷人吗?

……这是胜利的预言家在叫喊:——让暴风雨来得更猛烈些吧!

(3) 降抑调

语调逐渐由高降低,末了的字读得低而短。一般用在感叹句、祈使句或表示肯定、坚决、自信、赞扬、祝愿等感情的句子里,如:

秋天,无论在什么地方的秋天,总是好的。

他们像荷叶一样,也只有两个最简单的名称:人民、群众。可是,荷叶的风格就深深蕴含在他们之中。荷叶的风格不就是人民的伟大的精神的象征!

(4) 曲折调

语调曲折变化,对句子中某些音节,特别地加重、加高或延长,形成一种升降曲折的调子。这种语调常用来表示特殊的感情,如讽刺、讥笑、夸张、强调、反语等,如:

哎呀呀,你这么大的力气,山都会被你推倒呢!

"友邦人士",从此可以不必"惊诧莫名",只请放心来瓜分就是了。

但段政府就有令,说她们是暴徒。

【语调练习】

① 今天天气很好?(不太相信,语调升得快而高)
② 今天天气很好。(极端肯定,语调降得快而低)
③ 今天天气很好!(天气之好出乎意料)
④ 今天天气→很好。(沉吟)
⑤ 今天天气很→好。(感叹)

五、不同体裁作品的朗读技巧

1. 记叙文朗读

记叙文常常是通过对人物、事件的具体叙述,或赞扬某种品质,或肯定某种行为,或表达某种认识,等等。记叙文往往以一个事件的经过贯穿全文。朗读时,要根据故事情节的变化变换朗读基调。一般这类文章的字里行间都流露出作者对事物的爱憎情感,朗读时,可以把作者的情感作为依据,确定朗读的节奏。"记叙"就是讲故事,讲故事最重要的是"引人入胜",要渲染气氛,交代脉络,塑造人物。如《卖火柴的小女孩》是一篇以事记人的文章,开头的几大段都是叙述,都可采用一般情节的平实和缓的朗读基调朗读。

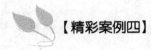【精彩案例四】

卖火柴的小女孩
安徒生

　　天冷极了，下着雪，又快黑了。这是一年的最后一天——大年夜。在这又冷又黑的晚上，一个乖巧的小女孩赤着脚在街上走着。她从家里出来的时候还穿着一双拖鞋，但是有什么用呢？那是一双很大的拖鞋——那么大，一向是她妈妈穿的。她穿过马路的时候，两辆马车飞快地冲过来，吓得她把鞋都跑掉了。一只怎么也找不着，另一只叫一个男孩捡起来拿着跑了。他说，将来他有了孩子可以拿它当摇篮。

　　小女孩只好赤着脚走，一双小脚冻得红一块青一块的。她的旧围裙里兜着许多火柴，手里还拿着一把。这一整天，谁也没买过她一根火柴，谁也没给过她一个硬币。

　　可怜的小女孩！她又冷又饿，哆哆嗦嗦地向前走。雪花落在她的金黄的长头发上，那头发打成卷儿披在肩上，看上去很美丽，不过她没注意这些。每个窗子里都透出灯光来，街上飘着一股烤鹅的香味，因为这是大年夜——她可忘不了这个。

2. 散文朗读

　　散文，是以抒发作者个人感受为主的文章，一般作者从主观视点出发观察世界，感悟世界，体现看、想、感悟的过程，所以散文朗诵的基调是平缓的，没有太大的起伏，即使是在作品的高潮，也不会像演讲那样异峰突起、慷慨激昂。在朗诵时要用中等的速度、柔和的音色，一般用拉长而不加重的方法来处理强调重音。散文虽然不像诗歌那样有规整的节奏和严格的韵律，但是也讲究节奏和韵律美。散文的局部和某些句子也有对称结构。例如："风，轻悄悄的；草，软绵绵的。"在朗诵时，我们可以用相同的语调来读这对语句，使文中的韵律美表现出来。同时要注意散文"形散而神不散"的特点，把握住全篇起统帅作用的主要感情线索基调。

【精彩案例五】

春
朱自清

　　盼望着，盼望着，东风来了，春天的脚步近了。

　　一切都像刚睡醒的样子，欣欣然张开了眼。山朗润起来了，水涨起来了，太阳的脸红起来了。

　　小草偷偷地从土里钻出来，嫩嫩的，绿绿的。园子里，田野里，瞧去，一大片一大片满是的。坐着，躺着，打两个滚，踢几脚球，赛几趟跑，捉几回迷藏。风轻悄悄的，草软绵绵的。

桃树、杏树、梨树，你不让我，我不让你，都开满了花赶趟儿。红的像火，粉的像霞，白的像雪。花里带着甜味儿，闭了眼，树上仿佛已经满是桃儿、杏儿、梨儿！花下成千成百的蜜蜂嗡嗡地闹着，大小的蝴蝶飞来飞去。野花遍地是：杂样儿，有名字的，没名字的，散在草丛里像眼睛，像星星，还眨呀眨的。

"吹面不寒杨柳风"，不错的，像母亲的手抚摸着你，风里带来些新翻的泥土的气息，混着青草味儿，还有各种花的香，都在微微润湿的空气里酝酿。鸟儿将窠巢安在繁花嫩叶当中，高兴起来了，呼朋引伴地卖弄清脆的喉咙，唱出宛转的曲子，与轻风流水应和着。牛背上牧童的短笛，这时候也成天嘹亮地响着。

雨是最寻常的，一下就是三两天。可别恼。看，像牛毛，像花针，像细丝，密密地斜织着，人家屋顶上全笼着一层薄烟。树叶儿却绿得发亮，小草儿也青得逼你的眼。傍晚时候，上灯了，一点点黄晕的光，烘托出一片安静而和平的夜。在乡下，小路上，石桥边，有撑起伞慢慢走着的人，地里还有工作的农民，披着蓑戴着笠。他们的房屋，稀稀疏疏的，在雨里静默着。

天上风筝渐渐多了，地上孩子也多了。城里乡下，家家户户，老老小小，也赶趟儿似的，一个个都出来了。舒活舒活筋骨，抖擞抖擞精神，各做各的一份儿事去。"一年之计在于春"，刚起头儿，有的是工夫，有的是希望。

春天像刚落地的娃娃，从头到脚都是新的，它生长着。

春天像小姑娘，花枝招展的，笑着，走着。

春天像健壮的青年，有铁一般的胳膊和腰脚，领着我们上前去。

【朗读指导】

《春》是一篇优美的散文，作者抓住了春天景物的主要特征，绘出了一幅幅动人的春景图。文章处处充满着轻松、明快的气息，应带着欣喜的语气去读，语调上扬，整体节奏为轻快型，不时有舒缓型节奏交错，形成文章回环往复的特点。

"盼望着，盼望着，东风来了，春天的脚步近了。"这一段是对盼春的描写，是舒缓型节奏，为下文轻快型节奏做铺垫。此时春天尚未来临，人们热切地盼望她的到来。"盼望着，盼望着"这一反复手法的运用，将渴望的心情描写得淋漓尽致。朗读的时候要注意把握这两个小短句的层次性，中间不停顿。就情感而言，应一次比一次强烈，语调上扬。"东风来了"表明春天已近，"春天的脚步近了"表明春天确实到了。应重读"来""近"，读出作者对春天到来的欣喜之情。

"一切都像刚睡醒的样子，欣欣然张开了眼。山朗润起来了，水涨起来了，太阳的脸红起来了。"这是对春草图的着力描绘，也是绘春的开始。应用轻快的节奏，程度稍轻。首先粗笔勾勒"一切都像刚睡醒的样子，欣欣然张开了眼"。"刚睡醒""张开"为强调性重音。

应读出春回大地、万物复苏的景象。"朗润""涨""红"为强调性重音，写了春天的色彩和动感，应读出这几句中包含的欣喜之情。

"小草偷偷地从土里钻出来，嫩嫩的、绿绿的。园子里，田野里，瞧去，一大片一大片，满是的。坐着、躺着、打两个滚，踢几脚球、赛几趟跑、捉几回迷藏。风轻悄悄的，草软绵绵的。"绘春图首先从草写起，节奏轻快。"偷偷地""钻"为强调性重音，写出了春天小草顽强的生命力，又带着可爱的神态。"嫩嫩的""绿绿的"为比喻性重音，写出小草生长的清新、颜色的可爱。"一大片一大片满是的"应重读"满"，读出草迅速蔓延的情景。随后写人物的活动，读的时候要注意节奏，节奏愈快，就越能体现出在春景中尽情欢乐。"风轻悄悄的，草软绵绵的"应放慢速度，读出在春景中陶醉的情形。

"桃树，杏树，梨树，你不让我，我不让你，都开满了花赶趟儿。红的像火，粉的像霞，白的像雪。花里带着甜味儿。闭了眼，树上仿佛已经满是桃儿、杏儿、梨儿！花下成千成百的蜜蜂嗡嗡地闹着，大小的蝴蝶飞来飞去。野花遍地是：杂样儿，有名字的，没名字的，散在草丛里像眼睛，像星星，还眨呀眨的。这是一副绝妙的春花图。视觉所及，先写树花，再写野花，节奏为轻快型。朗读时抓住拟人的写法，"桃树、杏树、梨树，你不让我，我不让你，都开满了花赶趟儿。""红的像火，粉的像霞，白的像雪"中间的逗号应连读。读出花儿闹春的气氛来。"满是""闹""飞来飞去"，是联想到的图景，应重音轻读，把握住声音的虚实结合。

"'吹面不寒杨柳风'，不错的，像母亲的手抚摸着你。风里带来些新翻的泥土的气息，混着青草味儿，还有各种花的香，都在微微润湿的空气里酝酿。鸟儿将巢安在繁花嫩叶当中，高兴起来了，呼朋引伴地卖弄清脆的喉咙，唱出宛转的曲子，跟轻风流水应和着。牛背上牧童的短笛，这时候也成天嘹亮地响着。"绘春的第三个步骤是春风图。节奏为舒缓型与轻快型互相交错。风本无形，作者却用自己的笔抓住了春风中事物的特点，以此来描绘无形的春风。"抚摸"为重音轻读，读出春风的温柔。"风里带来些新翻的泥土的气息，混着青草味儿，还有各种花的香，都在微微润湿的空气里酝酿"应用舒缓的语气读，读出轻松，读出美好。接下来的几句节奏陡然加快，"高兴""清脆""宛转""应和""响"为强调性重音，要找到鸟儿、短笛在风中穿透的感觉，把声音拉出去。

"雨是最寻常的，一下就是三两天。可别恼。看，像牛毛，像花针，像细丝，密密地斜织着，人家屋顶上全笼着一层薄烟。树叶儿却绿得发亮，小草儿也青得逼你的眼。傍晚时候，上灯了，一点点黄晕的光，烘托出一片安静而和平的夜。在乡下，小路上、石桥边，有撑起伞慢慢走着的人，地里还有工作的农民，披着蓑戴着笠。他们的房屋，稀稀疏疏的，在雨里静默着。"绘春的第四个步骤是春雨图。节奏为轻快型与舒缓型交错，为下一段作铺垫。"最寻常"强调春雨的连绵不断。"别恼"是转折性重音，然后向你介绍了春雨的特色，是轻快型节奏。朗读的时候，用气声托出，要读出烟雨迷蒙那种情景。"绿""逼"为情感性重音，写出了雨中的清新。接着又展现了一幅雨夜图，节奏变得极其舒缓。"慢慢""静默"应重音轻读，要突出人们雨中的惬意。

"天上风筝渐渐多了，地上孩子也多了。城里乡下，家家户户，老老小小，也赶趟儿似的，一个个都出来了。舒活舒活筋骨，抖擞抖擞精神，各做各的一份儿事去。'一年之计在于春'，刚起头儿，有的是工夫，有的是希望。"最后描绘的是迎春图，节奏为轻快型。两个"多"字，一个比一个读得重，传达出孩子们无限喜悦。接下来写所有人的活动，节奏更加轻快了，春天给所有人带来了青春活力。两个"有的"的重读，强调春天带给人们的无限美好希望。

"春天像刚落地的娃娃，从头到脚都是新的，它生长着。春天像小姑娘，花枝招展的，笑着、走着。春天像健壮的青年，有铁一般的胳膊和腰脚，领着我们上前去。"这是文章的第三个部分，颂春。节奏为轻快型，程度依次为轻、中、重。三个排比句由小到大，读的时候注意语气色彩应是逐渐加重的。"上前去"应一字一顿，语气再落到实处，表达了自己要珍惜大好春光，努力"上前去"的心情。

3. 说明文朗读

说明文具有条理清楚、结构严谨的特点。说明文的朗读基调应较平实，在语速、停顿等方面可以用叙述的语气把文章读得正确，强调课文中所介绍事物的特点。

4. 议论文朗读

议论文具有严密的逻辑性和较强的说理性，朗读时，一般采用严肃、认真、坚定有力的朗读基调。杂文，也常采用轻蔑、嘲讽的语言基调朗读。议论文，无论是立论，还是驳论，常强烈地表达作者爱憎分明的思想观点和情感，朗读者也可据此来确定朗读语气的轻重、缓急。

【精彩案例六】

《海燕》朗读指导

第一节，读第一句，要舒缓、低沉，把声音拉长。"狂风"是主语，应该强调，需重读，应拖音。这样读，一是为了表现大海的广阔无边，二是为了渲染沙皇反动势力在聚集力量、准备镇压革命的白色恐怖气氛。表现海燕形象时，"海燕"要读得响亮，并加重读"高傲"，以突现海燕敏捷的动作、矫健的姿态。整个小节的基调是先缓慢后加快，先低抑后昂扬。

第二节，为了表现海燕低飞高翔的雄姿及其斗志昂扬的战斗精神，要重读"碰""箭""直冲"，读时的基调是高昂的。但读"乌云听出了欢乐"，调子需低抑，以显示沙皇反动政府对无产阶级革命战士的革命乐观主义精神的畏惧。

第三节，为揭示出海燕欢乐的原因，读时就要充满激情地用高昂的调子突出"渴望"一词。当读到第二句时，一定要注意，声音需压低，否则就把意思弄反了。这一句的内容是乌云感到了革命者有力量，这就预示着它的末日就要来临，用低抑的调子读，就突出了乌云的恐惧。这个句子中的三个修饰词是双音节词，读时要顿挫开，以示强调，显示出是革命者的力量。

第四节到第六节，用群鸟和海燕作对比，以突出海燕的高大形象，因而读到群鸟丑态的几个小节，要以极端蔑视的语气读。像读四小节的两个"呻吟"时，为了表现海鸥的恐惧心理，读第二个"呻吟"要声音拉长，紧接着读下一句，并突出"飞窜"，以显示海鸥飞窜时是哼哼着，可见是恐惧万分。读第五节"它们这些海鸭啊"，应以嘲弄的口吻，以强调对这一群海鸭的讽刺。读"轰隆隆的雷声"时，应瓮声瓮气地读，以示雷声的沉闷。读"吓坏"一词时，要用弱音读，以示对海鸭的轻蔑。第六节，为了强调企鹅的"胆怯"，要重读"躲藏"，要轻微读"悬崖底下"，并要把"底下"顿挫开，以示"躲藏"的处所。这里的省略号是表示丑类之多，不一一列举，要求停顿时间稍微长一点，为读出下面的内容做准备。前面的内容刻画群鸟的卑鄙怯懦，丑态百出，正是为了衬托出海燕的无所畏惧的英雄气概。感情在此来一个转折，换上高昂的语调来抒发对海燕英雄气概的赞美之情。要重读"高傲""飞翔"，以突出海燕的高大形象。

第七、八节，这里，一方面要营造环境的恶劣，另一方面，突出海燕的勇敢。因此，读乌云的句子速度放慢，气提声凝，突出压抑的气氛；而读波浪的句子速度加快，重读"冲向""恶狠狠""摔成"，突出欢快的气氛。

第九节的朗读与第二节的前半部分要求相似。

第十节，这段内容的重复，是对海燕形象的又一次深化，两个破折号中间的内容应重读。而最后面的一句，"欢乐而号叫"要更加读得大气，突出革命者的英雄气概。

第十一节，写海燕理想信念的坚定，重读"深信"，破折号后语气进一步坚定，"是的"语气肯定，"遮不住的"要读高、读强，语气高亢。

第十二节，"狂风""雷声"后区分性停顿，交代环境的变化。

第十三节，描写环境，放慢速度，语气要压抑。"青色的火焰""闪电的箭光""一条条火蛇"重读，营造当时的环境。

第十四节，连用两个感叹号，气势一个比一个紧张。尤其是后面的一句，要读出"山雨欲来风满楼"的气势，"来"字是重读的字。

第十五节，"怒吼的"为对比性重音，突出海燕的形象。

第十六节，最后一句是全文的主题，破折号起总结全文的作用。这句是作者的伟大号召，一定要读得高亢有力。但是，这句的起句一定要低，防止太高后面反而升不上去。全句的最高点应落在"烈些"两个字上，"吧"落下来，语调稍扬。

六、朗读训练方法

朗读训练可以使我们逐渐掌握汉语语法规律，培养敏感的语感，还可以使声带、发音、语气、语调、语势等得到全面锻炼。朗读训练应采用循序渐进、由低到高的"五步法"有条不紊地进行。

1. 基础训练

选用百字左右的文章或新闻稿件朗读。要求是：发音准确，声音洪亮，吐字清楚，不添字、丢字，不读错字，按标点符号要求进行恰当的停顿。

2. 过渡训练

选用二、三百字的文章或新闻稿朗读。在第一步训练的基础上，过渡到通顺流畅，且能读出陈述、疑问、感叹、祈使等几种句子的不同语气、语调。

3. 巩固训练

选用五百字左右的文章朗读，重点练习朗读技巧，并结合听范读巩固前两步的训练成果。要求在前两步的基础上能进一步读出长句中的停顿和句中的轻重缓急，且依据文章的思想内容，恰当而自然地带着感情去朗读。

4. 综合练习

选用八百字左右的文章朗读。将分项训练中的各种技巧综合运用到朗读中去。要求语言流畅，语气连贯，具有较强的感染力。

5. 发挥训练

选用千字以上文章朗读。着重在感情运用上下功夫，感情表达准确丰富，声情并茂，使作品的深刻思想内容与朗读者的感情融为一体。

思考与训练

1. 请用朗读符号标记下面的句子。
（1）小草偷偷地从土里钻出来，嫩嫩的，绿绿的。
（2）瞧，它多美丽，娇巧的小嘴，啄理着绿色的羽毛，鸭子样的扁脚，呈现出春草的鹅黄。
（3）她笑眯眯地看着我，短头发，脸圆圆的。
（4）他长着两条细弱的小腿，此刻这两条小腿却怎么也不听使唤，老是哆哆嗦嗦地。
2. 试体味以下各句在朗读时的细微差别。
（1）读小学的时候，我的外祖母过世了。
（2）在我依稀记事的时候，家中很穷，一个月难得吃上一次鱼肉。
（3）小学的时候，有一次我们去海边远足，妈妈没有做便饭，给了我十块钱买午餐。
（4）从山沟沟里跨进大学那年，我才16岁，浑身上下飞扬着土气。

第二节　朗诵方法及技巧

朗诵是阅读、思维、想象、口头表达等各种能力的综合运用，要使朗诵水平达到一定的高度，需要掌握一些朗诵知识和技巧，并经过一定的训练。

一、朗诵的含义

朗诵是一门艺术，是文学作品的延伸。朗，即声音的清晰、响亮；诵，即诵读。朗诵，就是用清晰、响亮的声音，结合各种语言手段来完善地表达作品思想感情的一种语言艺术。朗诵是把诉诸人们视觉的书面文字转化为诉诸听觉的有声语言的再创作活动，它把源于生活高于生活的文学作品，经过抑扬顿挫、声情并茂地加工，使之形于声，创造出有声语言的艺术品，具有很强的表现力和感染力。当朗诵者以优美的声音、清晰而富有激情的语言，同时通过内心辅之以手势、眼神等表情动作，绘声绘色地将文学作品生动形象地表达出来，给听众以强烈的艺术上的享受时，朗诵就成了融语言与表演为一体的艺术。

二、朗诵与朗读的异同

朗诵和朗读有着密不可分的联系，也有明显的差异。朗读是清晰、响亮地把文章流畅地念读出来。朗诵是用清晰、响亮的声音，经过对声音抑扬顿挫、声情并茂的加工，结合各种语言手段来完善地表达作品思想感情的一种语言艺术。

（一）相同点

① 两者都是以有声语言作为主要的表达手段，声音是朗读和朗诵的载体。

② 两者都要用创作好的文学作品作为依据，而且都会选用辞美、意美、脍炙人口的文学精品。

③ 两者都要求严格按照作品的文字词语序列进行，不可增字、减字、改字、颠倒字，声韵调正确，音变符合规律，句子停顿分明正确，字字清晰，声声入耳。

（二）不同点

朗读和朗诵相比，朗读是一种念读，更注重通过语言的规范、语句的完整和语意的精确。朗读的目的是让听众准确、全面地理解作品的主要内容和思想感情。朗诵是文学作品的延伸，是语言与表演融为一体的艺术。朗诵是通过结合各种语言手段来完善地表达作品思想感情的一种语言艺术。

1. 目的功能不同

朗读主要是社会生活、教育领域的需要，主要目的是传递信息、知识和观念。

朗诵是艺术审美活动的需要，朗诵的目的不仅是传递信息，还要带给听众审美感受。

2. 使用范围不同

朗读的使用范围要比朗诵更加广泛，日常生活中各种文学作品、书信、报纸、文件都可以用朗读的方式；而朗诵一般用于舞台表演和文娱生活，而且主要用于诗歌和散文。

3. 表现方式不同

朗读要求声音自然、平实，更接近生活化，主要强调声音洪亮、吐字清晰、节奏合理、停顿正确，对朗读者的形态、表情、衣着打扮等没有过多的要求。

朗诵则要求朗诵者不仅声音洪亮、普通话标准，还要求对声音的处理符合作品的主题和特色。朗诵者既要有自己的风格，又要符合作品中角色的个性，还要能够突出作品的戏剧冲突。这就要求朗诵者要将自己对作品的感悟，通过声音的大小、音区的高低、节奏的快慢等多方面的艺术形式的变化，形成一种独特的艺术感染力，打动听众。朗诵者在朗诵过程中要通过有声语言、肢体语言及衣着打扮等的和谐统一，协调配合来强化朗诵的艺术感染力。

三、朗诵的作用

坚持朗诵，有很多好处。它有助于理解文章的词句篇章的内容，增强艺术欣赏趣味，提高口头表达能力和普通话水平。

1. 有助理解和记忆

朗诵化无声文字为有声语言，口读耳听，口耳并用，增加了向大脑传输信息的渠道。这不仅使阅读真正活起来，而且印象深刻、便于理解。

2. 有利于品味作品

一边缓缓朗诵，一边慢慢思考，将"读"与"思"有机结合起来，可以更好地加深对作品的理解。通过对优秀篇章、名言佳句反复诵读，可以达到"读了又思，思了又读，自然有味"的效果。

3. 提高口语表达能力，增加作品感染力

朗诵时读音响亮，抑扬顿挫，节奏分明，声情并茂，并将读者自身的感情融和到读物中去，这就大大增强了读物的形象感、韵律感和情趣感。

四、朗诵前的准备

朗诵是朗诵者的一种再创作活动。这种再创作，不是脱离朗诵的材料去另行一套，也不是照字读音的简单活动，而是要求朗诵者通过原作的字句，用有声语言传达出原作的主要精神和艺术美感。不仅要让听众领会朗诵的内容，而且要使其在感情上受到感染。为了达到这个目的，朗诵者在朗诵前必须做好一系列的准备工作。

1. 选择适合的朗诵材料

朗诵是一种传情的艺术。朗诵者要很好地传情，引起听众共鸣，首先要注意材料的选择。选择材料要注意以下三个问题。

① 选择材料时，要注意选择那些语言形象性强而且适于上口的文章。作品内容便于理解，不能深奥难懂。看着都费解的，朗诵出来效果也不会好。因为形象感受是朗诵中一个很重要的环节。干瘪枯燥的书面语言对于具有很强感受能力的朗诵者也构不成丰富的形象感受。

② 要根据朗诵的场合和听众的需要，以及朗诵者自己的爱好和实际水平，选择适合的作品。篇幅适中，不宜太短或太长，要有完整性，一般不要选择节选片段的作品。

③ 作品必须是朗诵者自己喜欢的、感兴趣的，别人推荐的作品，如果自己不喜欢，不

感兴趣，即使再好，也不能作为自己朗诵的作品。

2. 把握作品的内容和思想

选好了作品，还要在深入理解上下功夫。准确地把握作品内容，透彻地理解其内在含义，是作品朗诵重要的前提和基础。深入理解包括既要吃透作品的原意，还要了解作品产生的年代和写作背景，还要了解作者的生平、创作和其他相关的作品，而不能简单地理解了大概的意思就上场朗诵。特别是诗歌的朗诵，诗的语言非常凝练，往往表面浅显易懂的句子的背后蕴含着深刻的意义，这是表面理解所体会不到的。

3. 规范普通话发音

要使自己的朗诵优美动听，必须使用标准的普通话进行朗诵。普通话是汉民族共同语，用普通话朗诵有利于不同方言区听众的理解、接受。因而，在朗诵之前，首先要咬准字音，掌握语流音变等普通话知识。

4. 设计恰当的态势语言

朗读者上台时，要侧脸45度，用眼神和大家打招呼，展现一个良好的精神面貌。领诵要向前迈一大步，朗诵时要记住句末的最后两个字，从容地抬头看听众。做动作时，手眼要一致，不能脱节。手势是为了帮助人们更好地表达。动作要做开、放开，眼神要和朗诵内容一致，动作、语言、心灵要完美结合。

五、朗诵语言的特殊技巧

朗诵者不仅要对朗读的基本语言技巧，如停连、重音、节奏、语势、语调、语气等，能够正确、娴熟地运用，还要掌握朗诵语言的特殊技巧。这样才会使朗诵更有立体感、形象感，也就更富于个性化，从而获得绘声绘色、声形毕肖的表达效果。

（一）笑言与泣语

天赋好的演员随着剧情的发展说哭就哭、说笑就笑，这很是让人佩服。如果在朗诵中我们也能有所借鉴，适当地采用笑言和泣语，相信朗诵效果会增色不少。

1. 笑言

笑言是带着发笑的声音来朗诵片段的一种技巧。它是一种假声处理，应做必要的音色改变。但笑言不是开口笑出声来，只是带着发笑的色彩，让人感到你在"笑而言曰"地说话。笑言表示喜爱、风趣、欢快、嘲讽等。例如：

（1）"已经借来了，再送回去，倒叫她多心。"我看他那副认真、为难的样子，又好笑，又觉得可爱。（茹志鹃《百合花》）

（2）我笑着说："你看你这人，我在上水洗，你说下水脏，这么一条大河，哪里就能把我脸上的泥土冲到你的菜上去？现在叫你到上水来，我到下水去，你还说不行，那怎么办哩？"（孙犁《山地回忆》）

2. 泣语

泣语是带着哭泣的声音来朗诵片段的一种技巧。它也是一种假声处理，应做必要的音色改变，但不能像演戏那样真的哭出声来，而是处于一种"饮泣"的状态。泣语表示悲痛、忧伤、喜极而泣等情绪。例如：

（1）"我妹妹……她、她、她死在'鬼沼'里了！……"我双手捂住脸，克制不住巨大的悲痛，失声号啕了。（梁晓声《这是一片神奇的土地》）

（2）"简·爱！——简·爱！"这是他所说的一切。

"我亲爱的主人，"我回答，"我是简·爱；我已经找到了你——我回到你这儿来啦。"

"真的？——活着？我的活着的简？"（夏洛蒂·勃朗特《简·爱》）

（二）沙哑与尖声

沙哑和尖声都是用来塑造特型人物的，并且一般是塑造反面人物，有所不同的是，沙哑多表现男人，尖声则多表现女人。

1. 沙哑

沙哑是低沉而不圆润的声音，表现凶残、粗野或神秘、怪异的人物语言。例如：

（1）混江龙好像一只凯旋的枭鸟咯咯地笑起来："离开这么几天，你就不认识我了？"（梁山丁《绿色的谷》）

（2）曼诺维利哈？我是叫过曼诺维利哈，现在你叫我什么都行啦……（［苏联］亚·库普林《阿列霞》）

2. 尖声

尖声是一种细、高而锐利的声音。用来表现尖酸、刻薄或轻浮、泼悍。例如：

（1）"啊呀啊呀，真是愈有钱，便愈是一毫不肯放松，愈是一毫不肯放松，便愈有钱……"圆规一面愤愤地回转身，一面絮絮地说……（鲁迅《故乡》）

（2）胖菊子又说了话："咳！快点吧！反正是这么回事，何必多饶一面呐，离婚是为了有个交代，大家脸上都好，你要不愿意呢，我还是跟他去，你不是更……"（老舍《四世同堂》）

（三）虚声与深叹

虚声与深叹是气息的运用。由于虚声气多声小，为了能让受众听清，在运用的时候，要注意气息的均匀和集中。深叹带有强烈的感情色彩，它既是朗诵者宣泄感情的方式，也往往是产生艺术感染力的地方，但前提是运用得自然、恰当。

1. 虚声

虚声是控制声高，以气为主，发出一种声小气多、类似耳语的声音，表示紧张、内心活动、自言自语等。例如：

（1）他远远望着徐文霞那个亮着灯的窗户，每次要到窗户跟前又退回来，"怎么说呢，向她说些什么呢？"（陆文夫《小巷深处》）

（2）她讲完了，我们都陷入沉思。只有妹妹叹息了一声，自言自语地说："我真想获得许多许多那种'忘忧果'……"（梁晓声《这是一片神奇的土地》）

2. 深叹

深叹是将深深吸入的气息自然地缓缓地吐出，来渲染慨叹、赞叹、惊叹、兴叹、哀叹等。例如：

（1）对酒当歌，人生几何？譬如朝露，去日苦多。（曹操《短歌行》）
（2）蜀道之难，难于上青天！（李白《蜀道难》）

（四）拖腔与颤音

1. 拖腔

拖腔就是把句中的字词的读音有意拖长些，用来表示追忆、领悟、傲慢、安闲等。例如：

① 那是一个冬天，该是一九四一年的冬天，我打游击打到这个小村庄，情况缓和了，部队决定休息两天。（孙犁《山地回忆》）
② 这又怪又丑的石头，原来是天上的呢！（贾平凹《丑石》）

2. 颤音

颤音是控制声门，使声门开放和阻塞急促交替，发出一种仿佛打战的声音，表示极度惆怅、痛惜或激动等。例如：

① 寒蝉凄切，对长亭晚，骤雨初歇。（柳永《雨霖铃》）
② 而当你终于无视地走过／在你身后落了一地的／朋友啊 那不是花瓣／是我凋零的心。（席慕蓉《一棵开花的树》）

尽管拖腔可以使朗诵的内涵意味深长，颤音可以使朗诵的情感动人心弦，但不能勉为其难地拉长声音，或装腔作势打着颤音，那样很可能令人发笑。如果缺乏真实的情感或一定的技巧，拖腔和颤音很难达到预期效果。因此，在运用时，感情和技巧缺一不可。

（五）倒吸与喷吐

1. 倒吸

倒吸就是倒抽一口气，表现极度恐惧、骤然紧张、惊异、激动等情绪所采用的一种技巧。（用"∨"表示）例如：

①"∨那里，还有一个！"我的妹妹又发现了同样的不祥之物，她第一个朝拖拉机退去。（梁晓声《这是一片神奇的土地》）
② ∨突然是深灰色石岩从高空直垂而下浸入江心，令人想到一个巨大的惊叹号……（刘白羽《长江三日》）

2. 喷吐

喷吐就是把音节的声母读得富有弹力，韵母读得短促、有力，以表示愤慨或激动等难以控制的强烈感情（用"○"表示）。例如：

今天○，这里有没有特○务？你站○出来！是好汉的站○出来！你出来讲！凭○什么要杀死李先生？（闻一多《最后一次讲演》）

倒吸与喷吐都是气息的运用，它们尤其需要依据具体的情境使用，切不可故弄玄虚，要做到卷舒自如,翕张任意。

思考与训练

1. 体会朗读和朗诵的异同。
2. 欣赏中央电视台新年新诗会,谈谈自己的体会。
2. 分角色朗诵艾青《我爱这土地》。
3. 配乐朗诵徐志摩《雪花的快乐》。

第三节　读诵综合训练

朗读和朗诵水平提高的过程,是一个循序渐进的过程,应当由易到难,由浅入深,不可急于求成。忽视基本功的训练,幻想一步到位,是办不到的。应先从分项训练开始,即从语音、语调、语气等训练做起,一项一项地练,才能有所作为。

一、基础训练

(一) 训练目标

朗读者要在对文字材料进行深入理解、分析,找到具体的感受,明确朗读的目的,准确把握好基调的基础上进行。同时,还必须认准每个字、词的读音,用比较标准的普通话朗读。

(二) 训练内容

单项训练,分别进行停连、重音、语调和语速的训练。

1. 灵敏度训练

训练视觉扫描准确度、发声快速度。任选一篇文章作为朗读材料,检查学生一口气阅读的字数总量及误读率。以一口气阅读的字数越多而误读率越低为佳。

2. 停顿训练

试用不同的停顿区别下列句子的不同语意。

① A. 学习文件　　　　　　B. 学习/讨论
② A. 读了/一篇课文　　　　B. 读了一篇/课文
③ A. 反对/目无纪律的行为　　B. 反对目无纪律的/行为

3. 重音训练

试判断下列语句的重音位置。

① 我知道你爱看小说。(别以为我不知道)
　 我知道你爱看小说。(爱不爱看诗歌我不知道)
② 要想从我这里发财,你们想错了。(方志敏《清贫》)

③下午，他拣好了几件东西：两条长桌，四个椅子，一副香炉和烛台，一杆台秤。（鲁迅《故乡》）

④不单是懂得希腊就行了，还要懂得中国；不但要懂得外国革命史，还要懂得中国革命史；不但要懂得中国的今天，还要懂得中国的昨天和前天。（毛泽东《改造我们的学习》）

4. 语速训练

试体会下面两段话的语速有何不同。

①她猛然喊了一声。脖子上的钻石项链没有了。

她丈夫已经脱了一半衣服，就问："什么事情？"

她吓昏了，转身向着他说：

"我……我……我丢了佛来思节夫人的项链了。"

他惊慌失措地直起身子，说：

"什么！……怎么啦？……哪儿会有这样的事！"

他们在长衣裙褶里，大衣褶里寻找，在所有口袋里寻找，竟没有找到。

他问："你确实相信离开舞会的时候它还在吗？"

"是的，在教育部走廊上我还摸过它呢。"

"但是，如果是在街上丢的，我们总得听见声响。一定是丢在车里了。"

"是的，很可能。你记得车的号码吗？"

"不记得。你呢，你没注意吗？"

"没有。"

他们惊惶地面面相觑……（莫泊桑《项链》）

②在一个深夜里，我站在客栈的院子中，周围是堆着破烂的什物；人们都睡觉了，连我的女人和孩子。我沉重地感到我失去了很好的朋友，中国失掉了很好的青年，我在悲愤中沉静下去了，然而积习却从沉静中抬起头来，凑成了这样的几句：

惯于长夜过春时，挈妇将雏鬓有丝。梦里依稀慈母泪，城头变幻大王旗。忍看朋辈成新鬼，怒向刀丛觅小诗。吟罢低眉无写处，月光如水照缁衣。（鲁迅《为了忘却的纪念》）

5. 语调训练

朗读下列句子，体会应采用什么语调。

①"还小呢，刚刚能走路，就能跨台阶？"路旁一位头发花白的老奶奶喷了喷嘴说，"做大人的要帮他一把。"

②人生会有多少个第一次啊！

③在我依稀记事的时候，家中很穷，一个月难得吃上一次鱼肉。

④哎！我可怜的玛蒂尔德！可是我那一挂是假的，至多值五百法郎！……

二、过渡训练

1. 训练要求

选择一篇作品,对作品的内容、思想感情进行分析;感受必须具体、真切;朗读的目的和基调要十分明确;停顿的位置和时间要把握好;重音要找准;语气、语调和语速的确定要恰如其分;作品的体裁特点要抓住;字、词、句的读音要标准,然后才可以练习朗读。

2. 训练内容

第一场雪

这是入冬以来,胶东半岛上第一场雪。

雪纷纷扬扬,下得很大。开始还伴着一阵儿小雨,不久就只见大片大片的雪花,从彤云密布的天空中飘落下来。地面上一会儿就白了。冬天的山村,到了夜里就万籁俱寂,只听得雪花簌簌地不断往下落,树木的枯枝被雪压断了,偶尔咯吱一声响。

大雪整整下了一夜。今天早晨,天放晴了,太阳出来了。推开门一看,嗬!好大的雪啊!山川、河流、树木、房屋,全都罩上了一层厚厚的雪,万里江山,变成了粉妆玉砌的世界。落光了叶子的柳树上挂满了毛茸茸亮晶晶的银条儿;而那些冬夏常青的松树和柏树上,则挂满了蓬松松沉甸甸的雪球儿。一阵风吹来,树枝轻轻地摇晃,美丽的银条儿和雪球儿簌簌地落下来,玉屑似的雪末儿随风飘扬,映着清晨的阳光,显出一道道五光十色的彩虹。

大街上的积雪足有一尺多深,人踩上去,脚底下发出咯吱咯吱的响声。一群群孩子在雪地里堆雪人,掷雪球,那欢乐的叫喊声,把树枝上的雪都震落下来了。

俗话说,"瑞雪兆丰年"。这个话有充分的科学根据,并不是一句迷信的成语。寒冬大雪,可以冻死一部分越冬的害虫;融化了的水渗进土层深处,又能供应庄稼生长的需要。我相信这一场十分及时的大雪,一定会促进明年春季作物,尤其是小麦的丰收。有经验的老农把雪比做是"麦子的棉被"。冬天"棉被"盖得越厚,明春麦子就长得越好,所以又有这样一句谚语:"冬天麦盖三层被,来年枕着馒头睡。"

我想,这就是人们为什么把及时的大雪称为"瑞雪"的道理吧。

3. 训练指导

这是一篇写景的散文,通过描写胶东半岛上第一场雪以及由此带来的欢乐,引出对雪的议论。读的时候,应该树立生动的视觉形象,把握文章喜悦、轻盈的基调。

这是入冬以来,胶东半岛上第一场雪。

开篇点题,用叙述的语气,重读"第一场雪"。

雪纷纷扬扬,下得很大。开始还伴着一阵儿小雨,不久就只见大片大片的雪花,从彤云密布的天空中飘落下来。地面上一会儿就白了。冬天的山村,到了夜里就万籁俱寂,只听得雪花簌簌地不断往下落,树木的枯枝被雪压断了,偶尔咯吱一声响。

这段写下雪的情景,读时注意节奏的跳跃性。"雪纷纷扬扬",仿佛看到了雪花随风漫天飞舞的情景，"雪"后停顿，后面四字先降后升，要读出抑扬顿挫的音乐美来。"一阵儿""大片大片"的重读，突出雪越下越大，这里节奏的跳跃性很大。接下来，描述了雪夜的"万籁俱寂"，重音轻读，"簌簌""咯吱"等拟声词，更加反衬出雪夜的寂静。读的时候，语速放缓，语气中充满一种俏皮的味道。

大雪整整下了一夜。今天早晨，天放晴了，太阳出来了。推开门一看，嗬！好大的雪啊！山川、河流、树木、房屋，全都罩上了一层厚厚的雪，万里江山，变成了粉妆玉砌的世界。落光了叶子的柳树上挂满了毛茸茸亮晶晶的银条儿；而那些冬夏常青的松树和柏树上，则挂满了蓬松松沉甸甸的雪球儿。一阵风吹来，树枝轻轻地摇晃，美丽的银条儿和雪球儿簌簌地落下来，玉屑似的雪末儿随风飘扬，映着清晨的阳光，显出一道道五光十色的彩虹。

这段写雪后的美景，用欣喜的语气来读。"整整"的重读，强调雪下得时间之长。"出来"读出喜悦的语气。"嗬！好大的雪啊！"连续两个感叹句，尤其能表达作者的喜悦的心情。"嗬"叹词，读得高而平，"好"起调较低，"大的"语潮由顶点降到最低点，"啊"稍延长，语调上扬。"粉妆玉砌"比喻性重音，"毛茸茸亮晶晶""蓬松松沉甸甸"重叠词的运用，读出节奏的跳跃感来。加上儿化音，带有几许可爱的色彩。而接下来一句，更使雪景的美充满灵动气息。"轻轻地摇晃""随风飘扬"节奏舒缓，语气轻盈。"五光十色的彩虹"为比喻性重音，写出了雪的色彩美。

大街上的积雪足有一尺多深，人踩上去，脚底下发出咯吱咯吱的响声。一群群孩子在雪地里堆雪人，掷雪球，那欢乐的叫喊声，把树枝上的雪都震落下来了。

这段写雪后人们的活动，节奏轻快。前面一句，速度稍慢，"咯吱咯吱"不只是脚踩在雪地上的声音，更是人们舒畅心情的外露。后面的一句，节奏加快，最后一个逗号不停顿，更能突出孩子们玩得高兴。

俗话说，"瑞雪兆丰年"。这个话有充分的科学根据，并不是一句迷信的成语。寒冬大雪，可以冻死一部分越冬的害虫；融化了的水渗进土层深处，又能供应庄稼生长的需要。我相信这一场十分及时的大雪，一定会促进明年春季作物，尤其是小麦的丰收。有经验的老农把雪比做是"麦子的棉被"。冬天"棉被"盖得越厚，明春麦子就长得越好，所以又有这样一句谚语："冬天麦盖三层被，来年枕着馒头睡。"

这段是对瑞雪所发的议论，读时语速放慢，语气平实。"并不是"为肯定性重音，"冻死""促进"为呼应性重音，具体说明瑞雪的价值。"一定""尤其"再次肯定第一场雪的价值。接下来的几句，应读得俏皮活泼些，可在"被""馒头"处停顿，加以强调。

我想，这就是人们为什么把及时的大雪称为"瑞雪"的道理吧。

最后一段，自然地道出了自己的真实的感受。朗读时应气徐声柔，语调稍扬。

——孟广智《普通话水平测试指南》

三、朗读训练

1. 训练目标

练习时注意要做到用普通话朗读、口齿清楚、声音响亮、停顿适当、语气连贯、语调自然、表情达意、速度适中、完美和谐，领会主旨。

2. 训练内容

济南的冬天

老 舍

对于一个在北平住惯的人，像我，冬天要是不刮风，便觉得是奇迹；济南的冬天是没有风声的。对于一个刚由伦敦回来的人，像我，冬天要能看得见日光，便觉得是怪事；济南的冬天是响晴的。自然，在热带的地方，日光是永远那么毒，响亮的天气，反有点叫人害怕。可是，在北中国的冬天，而能有温晴的天气，济南真得算个宝地。

假若单单是有阳光，那也算不了出奇。请闭上眼睛想：一个老城，有山有水，全在天底下晒着阳光，暖和安适地睡着，只等春风来把它们唤醒，这是不是个理想的境界？小山整把济南围了个圈儿，只有北边缺着点口儿。这一圈小山在冬天特别可爱，好像是把济南放在一个小摇篮里，它们安静不动地低声地说：“你们放心吧，这儿准保暖和。”真的，济南的人们在冬天是面上含笑的。他们一看那些小山，心中便觉得有了着落，有了依靠。他们由天上看到山上，便不知不觉地想起：“明天也许就是春天了吧？这样的温暖，今天夜里山草也许就绿起来了吧？”就是这点幻想不能一时实现，他们也并不着急，因为有这样慈善的冬天，干啥还希望别的呢！

最妙的是下点小雪呀。看吧，山上的矮松越发的青黑，树尖上顶着一髻白花，好像日本看护妇。山尖全白了，给蓝天镶上一道银边。山坡上，有的地方雪厚点，有的地方草色还露着；这样，一道儿白，一道儿暗黄，给山们穿上一件带水纹的花衣；看着看着，这件花衣好像被风儿吹动，叫你希望看见一点更美的山的肌肤。等到快日落的时候，微黄的阳光斜射在山腰上，那点薄雪好像忽然害了羞，微微露出点粉色。就是下小雪吧，济南是受不住大雪的，那些小山太秀气！

古老的济南，城里那么狭窄，城外又那么宽敞，山坡上卧着些小村庄，小村庄的房顶上卧着点雪，对，这是张小水墨画，也许是唐代的名手画的吧。

那水呢，不但不结冰，倒反在绿萍上冒着点热气，水藻真绿，把终年储蓄的绿色全拿出来了。天儿越晴，水藻越绿，就凭这些绿的精神，水也不忍得冻上，况且那些长枝的垂柳还要在水里照个影儿呢！看吧，由澄清的河水慢慢往上看吧，空中，半空中，天上，自上而下全是那么清亮，那么蓝汪汪的，整个的是块空灵的蓝水晶。这块水晶里，包着红屋顶，黄草山，像地毯上的小团花的小灰色树影；这就是冬天的济南。

3. 训练指导

这篇文章节奏舒缓。作者以对济南十分深厚的爱，写出了这篇清新、淡雅的文字。在这篇文章中，语言的运用十分纯熟，比如长、短句在文中的配合使用，"对于一个在北平住惯的人，像我，冬天要是不刮风，便觉得是奇迹；济南的冬天是没有风声的。对于一个刚由伦敦回来的人，像我，冬天要能看得见日光，便觉得是怪事；济南的冬天是响晴的。自然，在热带的地方，日光是永远那么毒，响亮的天气，反有点叫人害怕"，使得文章节奏的变化十分自然和谐，长句读起来像小桥流水，而短句如"像我、像我"的重复，"自然"等词的有规律的出现，十分自然地形成了节奏的回环往复之势，听起来毫不造作，浑然天成。朗读中注意体会作者的这些匠心所在。

四、朗诵训练

1. 训练要求

朗诵时要读音响亮，抑扬顿挫，节奏分明，声情并茂，并将读者自身的感情融和到作品中。

2. 训练内容

我爱这土地
艾 青

假如我是一只鸟，
我也应该用嘶哑的喉咙歌唱：
这被暴风雨所打击着的土地，
这永远汹涌着我们的悲愤的河流，
这无止息地吹刮着的激怒的风，
和那来自林间的无比温柔的黎明……
——然后我死了，
连羽毛也腐烂在土地里面。
为什么我的眼里常含泪水？
因为我对这土地爱得深沉……

大海里的追寻
喻子涵

初识大海

与水有缘，便让我从想象走向真实。

真实的大海,水的行为蔚为壮观,而你矗立在这永恒的壮观里。

首先让我欣赏你的裸体赤身,让本质和智慧化为海的骄子。漂流归来,立足沙滩,哪怕一声口哨,你的诗波光粼粼,荡漾海的气魄。

然后是凝思,因一片云,一叶远帆,一丝海风。忧郁是美的主题。生命在这忧郁里获得充实,获得灵感,就像大海的忧郁获得博大和浩渺、恒久和丰富。

忧郁让世界走进你心中;而世界让你精神不灭。

日升月降,潮起潮落,你的影子拉长又缩短。而海滩,你那深深浅浅的脚印里,盛满洁白的生命和真理的结晶。

多少忧郁目光的期待,多少焦急心灵的思索,都沉淀在这一行行生命的脚印里。

谁来收获这些果实呢?

第一次日落,你紧紧怀抱我,久久矗立……

囚 歌
叶 挺

为人进出的门紧锁着,
为狗爬出的洞敞开着,
一个声音高叫着——
爬出来吧,给你自由!
我渴望自由,
但我深深地知道——
人的身躯怎能从狗洞子里爬出!
我希望有一天,
地下的烈火,
将我连这活棺材一齐烧掉,
我应该在烈火与热血中得到永生!

沁园春·雪
毛泽东

北国风光,千里冰封,万里雪飘。望长城内外,惟余莽莽;大河上下,顿失滔滔。山舞银蛇,原驰蜡象,欲与天公试比高。须晴日,看红装素裹,分外妖娆。江山如此多娇,引无数英雄竞折腰。惜秦皇汉武,略输文采;唐宗宋祖,稍逊风骚。一代天骄,成吉思汗,只识弯弓射大雕。俱往矣,数风流人物,还看今朝。

面朝大海春暖花开
海 子

从明天起做个幸福的人
喂马劈柴周游世界
从明天起关心粮食和蔬菜
我有一所房子
面朝大海春暖花开
从明天起和每一个亲人通信
告诉他们我的幸福
那幸福的闪电告诉我的
我将告诉每一个人
给每一条河每一座山取个温暖的名字
陌生人我也为你祝福
愿你有一个灿烂前程
给每一条河每一座山取个温暖的名字
愿你有情人终成眷属
愿你在尘世获得幸福
我只愿面朝大海春暖花开

再别康桥
徐志摩

轻轻的我走了，
正如我轻轻的来；
我轻轻地招手，
作别西天的云彩。

那河畔的金柳，
是夕阳中的新娘，
波光里的艳影，
在我的心头荡漾。
软泥上的青荇，
油油的在水底招摇；
在康河的柔波里，

我甘心做一条水草！
那榆荫下的一潭，
不是清泉，是天上虹；
揉碎在浮藻间，
沉淀着彩虹似的梦。

寻梦？撑一支长篙，
向青草更青处漫溯，
满载一船星辉，
在星辉斑斓里放歌。
但我不能放歌，
悄悄是别离的笙箫；
夏虫也为我沉默，
沉默是今晚的康桥！

悄悄的我走了，
正如我悄悄的来；
我挥一挥衣袖，
不带走一片云彩。

 **经典推荐**

1.《朗诵训练指导》，作者伍振国，中国广播电视出版社出版。
2.《文学作品朗诵——新编播音员主持人实战手册》，作者吕铭，湖南人民出版社出版。
2. 中国朗诵门户网：http://www.xikls.com/
3. 中华语言艺术：http://www.elocnte.com/
4. 中华诵官方网站：http://www.pthxx.com
5. 派派网：http://www.piekee.com/channel/elo.html

第四章

演讲训练

内容提要

1. 演讲基础知识
2. 演讲技巧
3. 演讲综合训练

情景导入

在古希腊，谁能登台演讲，谁就是城邦的领袖！著名演讲家德摩斯梯尼第一次登台演讲的时候，他希望的是掌声和笑声。最后，没有笑声，只有掌声——倒掌！观众把他哄下台去。他讲着讲着，肩膀就往上耸。再讲讲，他的气不够用，说一会儿就要长出一口气。观众把他轰下去了。但是，他并不气馁，他回去以后，自己剃个阴阳头，以示再也不出去。他把所有的书籍都找来，拼命地读书。为了克服自己耸肩的毛病，他在棚上吊了两把宝剑，剑尖正好对着自己的肩膀，如果耸肩就扎着他了。经过这样长期的练习，耸肩的毛病克服掉了。说话不清楚，怎么练？他找一个小鹅卵石含在自己的嘴里。他本来说话就不清，再含着鹅卵石更不清了。经过艰苦的努力和训练，最后含着鹅卵石说话都非常清楚。吐出鹅卵石以后，简直达到炉火纯青的地步。气不够用，怎么办？他边朗诵诗歌，边往山上跑。最后，终于三个毛病都克服掉了。他的内功有了，有了丰富的学识和思想见地；他的外功有了，演讲能力练成了。当他再次登台演讲的时候，人们的掌声如暴风雨一般地响起来。最后，他的七篇演说，永垂青史。

当前，演讲能力越来越成为用人单位考察个人能力的一个重要方面，会演讲的人成功的机会比别人多两倍。演讲是传授知识的重要手段，是社会交际的重要技能，是求职成功的桥梁，是树立自我形象的渠道。本章主要阐述演讲基础知识和技巧，帮助读者了解演讲内涵、克服演讲恐惧、提高演讲技巧，使每个人都能成为演讲高手。

第一节　演讲基础知识

演讲是一门工具、一门科学、一门武器、一门艺术、一门综合性很强的社会实践活动。鼓励员工需要演讲，凝聚人心需要演讲，宣传动员需要演讲，沟通思想需要演讲，疏通人脉需要演讲，激发士气需要演讲。演讲已经成为现代人适应社会发展的一项重要能力。

一、演讲的内涵

演讲又叫演说，是针对特定对象，运用艺术的表现手法和技巧，以有声语言为主要手段，以体态语言为辅助手段，传达自己的主张，表达自己的情感或阐述某种事理的社会活动形式。"演讲"从字面上分析，"演"字，左边为"水"，水在行进的过程中是流动、流畅，是鲜活的、动态的。所以，好的演讲，如行云流水。"演"字的右边是"寅"，是十二生肖中的"虎"。所谓"一声长啸谷生风，独步山林盖世雄"。演讲者在台上，要有一种舍我其谁、独步丛林的豪迈气概。列宁的演讲正如斯大林所说，有一种逻辑的强大力量。而希特勒的演讲，却有一种迷人的蛊惑力，使人好像"触了电一样浑身颤抖"。演讲的内涵包括三个方面。

1. 演讲以"讲"为主，以"演"为辅

演讲是"讲"与"演"的统一。演讲要通过口语艺术（修辞、节奏、声调等）、动作、表情、风度等的配合，不仅要把事物和道理讲清楚，让人听明白，还要通过现场的有声语言和无声语言的表达把事物和道理讲得生动、形象、感人，既有情感的激发力，又有声、态并用的审美感染力。

【精彩案例一】

于丹演讲的艺术魅力

北京师范大学于丹教授，以大众传媒为平台，以国学经典为载体，淋漓尽致地展现了她的个人魅力，而这种魅力主要是通过演讲展现的。于丹的演讲魅力主要表现在审美层面。自于丹走入大众视野之后，被称为"美女教授"，最近入选"最美女人"的行列。于丹的确体现了当下女性知识分子的某些审美趣味与美的气质。她抓住当今中国百姓心灵深处对于通俗易懂的人文理论的强烈渴求，以白话诠释经典，以经典诠释智慧，以智慧诠释人生，以人生诠释人性，以人性安顿人心。她清楚明白地向我们传授《论语》知识，而且流畅准确，生动形象，风趣机智，启智导学，具有美的素质和美的魅力。她讲述的语言如行云流水，娓娓道来，一词一句充满情感，一言一语恰如春雨润物，渗透听众的心。她成功的演讲来自于她高超的语言魅力。听于丹讲课，无论是"论语"还是"庄子"，都如同在听她朗读一篇篇优美的散文，一则则动听的小故事。干净利落，不蔓不枝，抑扬顿挫，没有重复。无须整理加工就是一篇文章，让观众感到清新悦耳，如沐春风。这是真正的"脱口秀"，让许多"名嘴"羡慕和汗颜。因为她除了具有专业学者的学识与修养外，还具有"描述与思辨"的双绝口才。这在教坛并不多见，即便在多如牛毛的各类节目主持人中也属"凤毛麟角"。

2. 演讲是社会现实的需要，是演讲者内心的声音

演讲者就某个现实问题直接发表意见，目的在于提出现实问题，解决现实问题，并直接作用于现实听众，追求直接的现实效果。演讲是发自内心的，是一种真实的自然的感情流露，口乃心之门户。演讲时是怀着一种想把自己内心的见解和主张，急切地要表达给观众的心情去进行的，这样的演讲就像开闸的洪水，激流奔涌一发而不可收。

3. 演讲要适应听众的需求

听众的目的在于听演讲者所讲的道理、发表的意见、陈述的事实，在于接受人生理性的启迪，在于自己关心的社会现实问题能得到直接的回答。因此，演讲要面对听众，考虑听众的心理，准确地理解听众，并运用各种手段控制听众的心理变化、满足听众的心理需要，使听众理解和接受演讲的内容。演讲时要学会和听众互动，针对特定的听众，演讲者必须做好对听众的分析：他们是谁？是什么背景？对主题了解到什么程度？是否感兴趣？期望从演讲中获得什么？他们持有什么态度？有什么成见？只有意识到听众的存在，尊重他们，分析他们的需求，根据听众的现场反馈信息及时做出必要的调整，演讲者才能做到讲的内容恰好适合特定的听众在特定时间、特定场合的需求。

二、演讲的作用

公元前2080年左右，埃及一位年迈的法老，谆谆告诫准备继承王位的儿子麦雷卡说："当一个雄辩的演讲家吧，你才能成为一个坚强的人……舌头是把利剑……演讲比打仗更有威力。"古希腊演讲大师德摩斯第尼认为："雄辩的口才，比准确的子弹更有力；弹无虚发的子弹，敌不过锐利如刀的辩才"。我国春秋战国时期，演讲风气盛况空前，孔子、孟子、苏秦、张仪，等等，都是能言善辩、才学出众的演说家。演讲之所以能伴随人类的各种社会活动而不断发展，就是因为它能通过听众产生强烈而普遍的社会作用。

1. 启迪心智

演讲重在说理，其首要的作用就是对事理的启迪。没有这种作用的演讲，就不能在听众心里留下理性的沉淀，也就谈不上其他社会作用了。

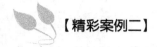【精彩案例二】

俞敏洪同济大学演讲节选

同学们，人生总是要有份期待，哪怕是没有希望的期待。同学们可以想一下，我们历史上有很多人物，比如说姜太公在河边钓鱼，到了80岁那一年，周文王在他边上走过，发现这个老头用直的鱼竿钓鱼，跟他一聊，便发现这个老头很有智慧，所以把他带回去，两人一起打下了周朝的天下。齐白石在50岁的时候还在做木工，根本不是个伟大的画家，他的所有伟大的作品都是在80岁到90岁的时候完成的。所以生命总有这样的现象，有的人在年轻的时候有作为，有的人在中年的时候有作为，有的人在老年的时候有作为。花儿总是在不同的季节开放，如果所有的鲜花都在春天开放完毕了，到了夏天、秋天、冬天没有任何的花儿开放，你还会觉得这个自然界是如此的美丽动人吗？肯定不会。我们之所以期待夏天，很多时候为了欣赏荷花的清香，期待冬天是为了蜡梅在雪中豪放的诗意……生命在不同的季节开放出不同的花朵。所以大家想一想，如果人生所有的精彩都在大学里过完了，后面永远都是平淡，你觉得这人生会完美吗？换句话说，你大学里过得不那么精彩，毕业后却变得越来越精彩是不是更好呢？事实证明，我们很多同学在大学里的成绩总是名列前茅，可是大学毕业后却怎么也做不出什么事情来了。因为在社会上，并不是成绩在起作用。成绩只能证明你智商比别人高，但并不能决定你一辈子就一定有出息。

面对要创业的莘莘学子，俞敏洪这些睿智、深刻、精辟的话语无疑是字字珠玑，发人深省，启人智慧，其蕴含的创业感悟，让青年学子们听后很受触动，很受教益，有"听君一席话，胜读十年书"的感觉。

2. 激发情感

演讲不仅能以理服人，还能以情感人。演讲者带有情感的表达，近距离地感染听众，驱动听众产生符合目的的行动。所谓演讲特有的"煽动"作用，主要体现为情感的激发作用。有的表现为群情激愤，如闻一多的《最后一次演讲》，直到今天当我们读这篇演讲稿时，还能感到情感的激发作用；有的深沉内向，使听众内心久久不平并伴随着思索，如鲁迅在北平辅仁大学的演讲，声调平缓，像年老的长辈为孩子讲沧海桑田的故事。

3. 传播知识和信息

向听众传播大量知识和最新的信息，是演讲作用的重要组成部分。

4. 宣传真理，扬善祛邪

人类社会的文明史，就是真、善、美与假、恶、丑的斗争史。这种斗争不管多么曲折和复杂，最后总是以真、善、美的胜利而告终的，这种斗争的主要武器之一就有演讲。古今中外，一切正义的演讲家，都是拿着演讲这个武器，宣传真理，唤醒民众，推动社会进步。可见，好的演讲可以宣传真理，祛邪扶正，把人类社会推向理想境界。

5. 引导行动

演讲的最高目的在于能引导受众行动。不能引发受众行动的演讲，其作用是浅层的、微弱的，不会有更深远的社会价值和历史意义。

【精彩案例三】

美国因为你们而不同
——奥巴马2012总统大选演讲（摘录）

那正是我们所期望的未来，是我们共有的愿景，是我们需要前进的方向，那是我们的目标。对于如何实现这一目标，我们可能会意见相左，有时分歧甚大，两个多世纪以来，一直如此。你们使我成为一位更好的总统。

"无论我是否赢得了你的选票，我都倾听了你的呼声，从你身上得到了教益。"

我们的经济正在复苏，为期十年的战争已近尾声，一场漫长的竞选现已结束。无论我是否赢得了你的选票，我都倾听了你的呼声，从你身上得到了教益，你使我成长为更好的总统。

带着你们的故事与挣扎，我回到白宫时，对面临的任务与未来，更为坚定，更有激情。今晚，你们投票换来的将会是积极的行动，而不是以往那样的政治游戏。你们选择了我们，是让我们关注你们的就业，而非我们自己的官位。公民在我们的民主体系中所扮演的角色，并不止于投票。

美利坚的意义，并不在于别人能为我们做什么，而是在于我们能一起做什么，而这依靠的就是公民自治。这虽然困难而又往往令人灰心，却是不可或缺的。这是我们的建国理念。

布拉克·奥巴马这样一个黑白混血儿能够再次刷新美国的历史，连续两次登上总统宝座。他的成功除了美国的政治经济等因素外，也依赖于他精彩的演讲。

三、演讲的特征

演讲作为实用性较强的语言表达艺术，有自己独特的个性特征，掌握这些特征，可以更具体、更准确地理解演讲艺术的性质，从而达到更好的演讲效果。

1. 公开性

演讲是在特定的公开场合进行的当众讲话。演讲触及的是具有社会普遍意义的、听众关心的话题，它是一个社会成员对其他社会成员进行宣传鼓动活动的口语表达形式。

2. 艺术性

演讲优于一切现实的口语表现形式，它要求演讲者去除一般讲话中的杂乱、松散、平板的因素，以一种集中、凝练、富有创造性色彩的语言面貌表现出来。演讲者必须把有声语言和无声语言综合起来构成和谐的整体，以达到演讲的最佳效果。

3. 时间性

演讲的动态过程也是一种时间流程，这一特征要求演讲者，不仅对演讲内容要有时间限定，而且在演讲每一个环节的设计安排也要有时间设计。

4. 针对性

演讲主题、材料、结构方式及语言风格的选择，要针对听众的年龄、身体、文化程度等设定，才能最大限度地满足听众的要求，以获得演讲的最佳效果。

四、演讲要素

演讲由演讲主体、演讲客体、演讲载体和演讲受体四个部分组成。四个部分共同构成了演讲的整体，缺一不可。只有了解了各要素的具体内容，才能使其作用发挥得淋漓尽致，而只有各要素的有机统一才能使演讲达到理想效果。

1. 演讲主体

演讲主体即演讲者，是演讲活动的中心，是演讲的内容的生发者和体现者，是演讲成败的决定因素。因此，演讲者自身的能力和素质，是决定演讲成功与否的主要因素。

2. 演讲客体

演讲的客体，即演讲的内容，是演讲要反映的客观事物，以及这些事物在演讲主体心灵中形成的意识成果。首先，演讲的内容必须正确，立场坚定，旗帜鲜明，观点明确；其次，演讲的内容必须真实，只有内容真实才能真正起到教育人、激励人的作用，演讲才有价值；再次，演讲内容必须符合时代精神，与时俱进。

3. 演讲载体

演讲的载体是语言。语言包括有声语言和态势语言。演讲是语言的艺术。语言运用不好，演讲很难成功。演讲需要有声语言和态势语言的良好结合才能达到最佳效果。

4. 演讲受体

演讲的受体是听众。听众是演讲中不可或缺的重要组成部分，没有了听众的演讲便称不上是演讲。听众是演讲中非常活跃的因素，听众对演讲的信息接收程度有完全的主动权，并且听众可以对演讲者的内容进行反馈。

五、演讲种类

（一）从演讲内容上分类

1. 政治演讲

为了一定的政治目的，出于某种政治动机，就某个政治问题及与政治有关的问题而发表的演讲均属政治演讲。它包括外交演讲、军事演讲、政府工作报告、各种会议上的总结报告、政治评论、就职演说、集会演讲、宣传演讲等。

2. 生活演讲

生活演讲指演讲者就社会生活、工作中存在的各种问题、风俗、现象而做的演讲，它表达了演讲者对这些问题的看法、见解和观点。这种演讲内容更加广泛，形式更加多样，主要包括演讲比赛、巡回演讲、贺词、悼词、欢迎词、欢送词、祝酒词、答谢词等。

3. 学术演讲

学术演讲指演讲者就某些系统、专门的知识和学问而发表的演讲。一般指学校和其他场合的专题讲座、学术报告、学术评论、科学报告、信息报告和学位论文答辩等。

4. 法庭演讲

法庭演讲指公诉人、辩护代理人在法庭上所做的演讲和律师的辩护等。

5. 宗教演讲

宗教演讲是指宗教神职人员在教堂宣传宗教教义、教规，讲授宗教故事或一切与宗教仪式、宗教宣传有关的激发宗教热情的演讲。

（二）从演讲的表达形式上分类

1. 命题演讲

命题演讲由主办方拟定题目或演讲范围，并通过一定时间的准备后所做的演讲。如某职业学院在校园文化艺术节开幕式暨新生演讲比赛上，要求以"大学生·挑战·责任"为主题的演讲。

2. 即兴演讲

即兴演讲指演讲者在事先无准备的情况下，就眼前场面、情境、事物、人物等，临时起兴发表的演讲，如婚礼祝词、欢迎致辞、丧事悼念、聚会演讲、会议演讲等，它要求演讲者要紧扣主题，抓住由头，迅速构思，言简意赅。

3. 论辩演讲

论辩演讲指由两方或两方以上的人们，因对某个问题产生不同意见而展开的面对面的语言交锋，其目的是坚持真理、批驳谬误、明辨是非。我们生活中常见的有法庭论辩、外交论辩、赛场论辩及生活论辩等。

 思考与训练

1. 影响演讲水平的因素有哪些？
2. 请结合具体的例子谈谈演讲的社会作用？
3. 是否具备演讲能力，可通过下列简单的测试，大致判断自己的演讲水平。

① 对于演讲主题和观点你能够做到的是：

A. 观点模糊　　　　　　　　　　　B. 有观点，但平淡

C. 观点啰唆，缺少概括性　　　　　D. 观点高度概括

② 对于演讲结构设计你能做到的是：

A. 不知如何设计 B. 结构层次不清晰
C. 结构有层次，逻辑不严谨 D. 层次分明结构严谨
③ 对于演讲的具体内容你能做到的是：
A. 内容空洞不具体 B. 言之有物但不够通俗
C. 道理多故事少 D. 内容生动引发共鸣
④ 从心态来讲，你在演讲时能够做到：
A. 紧张得要命，大脑空白 B. 每次都会紧张，但能调整
C. 重要场合才紧张 D. 从来不紧张
⑤ 对于自己的演讲声音，你的评价是：
A. 声音小，没底气 B. 音量可以，但缺少力度
C. 声音大但不够饱满 D. 声音饱满圆润
⑥ 对演讲有声语言的总体感觉是：
A. 声音平淡，缺少节奏 B. 声音过快或过慢
C. 节奏无法与内容匹配 D. 节奏适当，表达流畅
⑦ 在演讲过程中，对于态势语言，通常能够做到的是：
A. 从没想过这些 B. 偶尔做一些动作
C. 经常做但机械呆板 D. 经常用，感觉不错
⑧ 对于演讲的控场互动你能做到的是：
A. 没有概念，不会控场 B. 演讲现场有些散漫
C. 气氛可以，但不会互动 D. 能控场，会互动
⑨ 从场景来说，你的演讲能做到：
A. 很少考虑场景 B. 想到场景，不清楚要注意哪些
C. 了解具体场景，不知如何结合 D. 能够结合场景讲话
⑩ 从演讲总体效果来讲，你的演讲是：
A. 演讲不能入情景 B. 感情平淡，缺少说服力
C. 有感情少激情 D. 有感情，有激情，感染力强

评分标准：本测试共10道题，每题满分10，测试总分值为100分。每题四个选项对应的分值分别为：A—2分、B—5分、C—8分、D—10分，所选选项累计即为总分。

第二节 演 讲 技 巧

一、即兴演讲技巧

在现实生活中，人们在交际时经常会遇到各种应酬场面，有时在毫无准备的情况下被邀当众"讲几句话"，"表表态"或"做做指示"。如参加同学的生日宴时，主人请你讲几句

话；出席班级联欢会时，主持人请你讲几句话；当坐在毕业典礼会场上时，校长点名让你发言等，凡此种种，都涉及在特定的场合当众即兴讲话。

即兴演讲由于时间短，听众没有过多的时间思考、回味演讲的全部内容，这就需要演讲者立意新、构思巧，使演讲更有现场感，更有活力，更有情趣。由于即兴演讲是在事先毫无准备的情况下发表的，没有过多的时间深思熟虑、斟词酌句，所以难度较大。因此，讲话者要把握以下五点，方能使演讲取得好的效果。

1. 做好精神准备

如果你被邀请参加某个会议，当接到邀请时，就应该准备发言。即使是参加一个没有安排你讲话的会议，你也要考虑：如果我讲时，该怎么说。当请你讲几句话时，应该大胆面对需要演讲的场合，迅速决定演讲什么，哪方面的话题最适合此时的场景，对正在讨论的问题，应怎样表示你的态度，并迅速调整好自己的心理状态。

2. 选好即兴演讲的主题

主题是即兴演讲最主要的内容，是整个表达的根本依据。讲话时每一层次、每一段落、每一个句子、每一个词都反映着一个意思，这些意思都要统帅于主题之下。因此，即兴讲话要寻找触点，临场发挥，及时提炼新颖而典型的主题。

（1）临场发挥

着眼于临场某一客观事物的特性和本质，运用主观联想，快速提炼思想，然后把它用语言表达出来。

（2）借题发挥

从别人讲话中得到启发，萌发一个新的观点，或成为孕育主题的素材。

（3）疑问凝练

疑问是形成主题的摇篮。可以向自身提出一串串疑问，怎么办？说什么？怎么说？有价值的主题往往就形成于有价值的疑问之中。

（4）角度更新

对同一个疑问从不一样的角度进行表达，使之更加新颖、出众。如：以小草为题，有人说"小草默默无闻，造福人类"，有人却说"小草逆来顺受，软弱无能，不思反抗"。

3. "此时此地"的运用

"此时此地"是指说话者即将进行讲话时所面对的时间、地点和听众。当在毫无准备的情况之下被邀请演讲时，要保持镇静，显得非常轻松，正确地运用"此时此地"的演讲技巧，使用一种幽默的表达形式开始讲话。例如，谈谈听众，说说他们是谁，他们在做什么，运用一个独特的例子，尤其要谈到他们对社会、对人类有哪些独特贡献。又如，说说这个会议召开的客观条件，是纪念性的、表彰性的，还是年度性的，是政治集会还是其他集会等。如果对前一个人的演讲内容有深刻印象的话，还可以表示很欣赏他的某一个见解，并对其加以引申。这样，既可消除紧张，又可吸引听众的注意力。最为成功的即兴演讲都是没有经过真正的准备的。

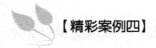
【精彩案例四】

一位数学老师的即兴演讲

同学们：

在天高云淡的秋季，我们相识于**学院的高等数学课堂，开始了我们为期一年的合作。

我与大家的相识是一种缘分。我曾期待我们的合作能够愉快。现在我可以说：过去的日子的确令我有喜悦之感。

在第一节课里我就和大家说过：现代科学技术离不开现代数学，而现代数学是以高等数学为起点的……

正好像走路，当我们学会驾驶技术，就能愉悦轻快地驶向我们要去的地方，而不必一步步走过去。同样，当我们用数学武装自己，生活就会越发舒畅。数学就是这样一个法宝，它能帮助我们的手足和大脑，从而使我们人类发展得更加美好。

在高等数学的课堂上，你也许会常常感到岁月是那么的漫长，但是当我们今天再度回首的时候，你同样会感到它又是那么的短暂。我们每个人都生活在过去和未来这两个无穷的联结点中，它虽然短暂，却能够永恒。高等数学作为人类的两千多年文明的结晶之一，几乎处处闪耀着人类智慧的光芒。爱美之心人皆有之，但懂得如何去欣赏美才是更重要的。

尽管我们不能把要做的事情都做得尽善尽美，但只要我们努力了，我们就问心无愧。在我们共同迎接国家教委高等数学统一测试的日子里，我们彼此的心似乎贴得更近了，为了集体，同学们相互帮助，共同前进，三九严冬的冰封，仿佛也在我们心灵的碰撞交织中消融了。

每个人都有自己的想法和愿望，努力的程度也不尽相同，我个人认为，这恰恰是我们这个时代的思维特征。尽管今天的发展还有很多不尽如人意的地方，但是我们已经清醒地认识到，没有文化的民族是悲哀的，文化素质低下的民族是没有希望的。正因为如此，大家的责任更重，道路更长，更需发奋，更要求索。天下者，我们的天下；国家者，我们的国家。我们不说谁说，我们不做谁做。如果你是大树，就让它参天；如果你是小草，就让它绿地；如果你是天际中的一颗流星，就让它给黑夜里的人们带去一缕光明。

人生总有挑战，奋起必须拼搏。在这没有硝烟的洗礼中，我们受到的是锤炼，得到的是成长，而尚在我们心中的必将是一段段温馨与自豪。

4. 快速组合演讲材料

几乎所有的问题都可以根据时间、空间和特点进行排列。从时间上，可以把事情分为过去、现在和将来，或者确定一个时间，然后由此前溯，或由此后推。从空间排列上，你可以根据某一中心论点向前后左右辐射。

5. 简明扼要，以简寓繁

即兴演讲中，演讲者要力求以最简洁的语言，来表达最广泛、最深刻的意思，给听众以出奇制胜的感觉。

【精彩案例五】

一位毕业生在参加毕业会餐时的即兴演讲

敬爱的领导、老师，亲爱的同学、朋友们：

今天我们就要毕业了。首先，向处处关心、辛勤培养我们的领导、老师及朝夕相处的同学们敬礼！

我们在学校度过了3个年头。回忆这一千多个日日夜夜的学习生活，我心潮澎湃，思绪万千。

难忘啊，辛勤培育我们的老师。你们日夜操劳，不知疲倦，备课、批作业，日复一日，年复一年，额上增添了皱纹，鬓角增添了白发，你们是在用心血哺育着我们！

难忘啊，朝夕相处的同学——师弟师妹们！分别的时候，希望你们要珍惜在校的每寸光阴，好好学习。"长江后浪推前浪"，你们一定会比我们学得更好，为母校争得更大的光荣！

离开母校，我们中间，有的同学要到更高一级的学校深造，有的将直接参与国家的建设，无论在哪个岗位上，我们一定不辜负老师的期望，努力学习，勤奋工作，用优异的成绩为母校争光！向老师报喜！

尽管山路高远，但我们有一双铁脚，我们能踢开一切拦路虎，永远进取！攀登！

二、演讲体态语言的运用技巧

有声语言是演讲主要的表达方式，体现的是"讲"。此外相应的辅助性体态语言是演讲"演"的重点所在，是演讲中必不可少的一种非语言表达形式。演讲中怎样站，怎样看，怎样挥洒自如，怎样表情丰富都是重要的。懂得恰当地运用体态语，是使演讲者能在台上轻松自然地演讲的必要前提。

（一）演讲中体态语言运用原则

演讲中体态语言并不是使用越多越好，如果无目的乱用一气，会有喧宾夺主之嫌，不仅不能为演讲增色，反而会因此招致非议，这就需要注意以下4个问题。

1. 整体协调

一般说来，使用体态语言要做到，与声音语言协调，与感情、语境相协调，与其他非语言手段相协调，切不可生搬硬造，弄巧成拙。

2. 因人、因时、因地制宜

采用体态语言一般有两种情况：一种是自然流露；另一种是根据演讲的具体情况而预先

设计。只要恰到好处，就能为演讲增色。

3. 雅观自然

按照我们民族的审美观，演讲时的表情、手势和体态美等应自然含蓄，温文尔雅，有分寸不拘谨，也不造作，即使是表现强烈的激情，也不做过火的态势。

4. 运用适度、简练有力

正像说话多不一定就表明语言能力强一样，体态语言运用过多，或是运用得不恰当，都会适得其反，影响演讲者形象。

（二）演讲中体态语技巧

演讲中使用的体态语有很多，难以一一介绍，本书只就一些使用频率较高的体态语言进行阐述。

1. 走姿

从台下到台上的这段路，就是展示演讲者精神风貌的演讲"T"型台。平时怎么走就怎么走，不要刻意地去追求什么，无论怎样的走姿，做到自然、轻松、自信、稳健，就会给听众一个好的第一印象。

当演讲者结束演讲，向听众致礼之后，可转身走向原座位。这时的举止、神态和表情，应如上台一样，要尽可能做到亲切自然、稳重大方。因为此时演讲虽然已经结束了，但演讲者仍处在听众注意的视野范围内，在这个时候如果出现了失态现象，同样会有损于演讲者在听众心目中的形象，甚至会功亏一篑。演讲者要注意以下三点。

① 走回座位时不可过于激动，过于匆忙。时常见到一些演讲者，一旦结束演讲，就如释重负，匆匆忙忙跑下讲台，这样，就会使听众感到你不稳重、不沉着、缺乏临场经验。

② 走回座位后不要表现出一副洋洋得意、毫不在乎的面孔，也不要流露出一种羞怯、失败的神态。因为这两种神情和姿态，都会在听众心目中留下不好的印象。

③ 当演讲者回到原座位落座后，大会主持人和听众以掌声向演讲者表示感谢时，演讲者应立即站起，面向大会主持人和听众致礼，表示诚恳地回谢之情。切不可流露出敷衍了事或得意忘形的神态。

2. 站姿

站姿是以自然得体为度，不必刻意追求举手投足都完美无缺。只要有自己的特点，时间长了会慢慢形成自己的演讲风格。演讲者应该挺胸收腹，精神饱满，气沉丹田，两肩放松，胸略向前上方挺起，重心支撑脚掌脚腕上，挺直、舒展、自然，不要左右摇摆。演讲中一般提倡丁字步，即一只脚在前，一只脚在后，两腿之间呈90度垂直的"丁"字形，两腿前后交叉距离，以不超过一只脚长度为宜。演讲者全身的重力应集中在前脚上，后脚跟略微提起。

演讲中可适当变换一下姿势，否则，呆板不说还会很累。在要向听众表达一种传递信息的欲望时，应适度前倾；在表达一种神圣感或渲染某种深远的情绪、希望将听众共同带往一种情绪境地时，可采用微仰头、仰望苍穹等姿态。切忌的是不要把身体倚在讲台上，或不停扭动身体，歪斜身子，给人以不严肃感觉；有些演讲者习惯性地抖动脚，这也是演讲中的大忌。

3. 手势

手势是演讲中使用频率最高的体态语，也是最富于表现力的。有学者说："为了强调某个重要的观点，手势能缩短你和听众之间的距离。"

手势的运用没有什么固定模式，以自然为佳，最好就是日常的习惯性手势，在此基础上，可进行适当的修饰和设计，改掉一些不良的手势习惯。手势宁少勿多，不要让人感到生硬，指向听众或自己时不要用手指，而要用手掌。演讲的手势，完全是由演讲者的性格和演讲的内容以及演讲者当时的情绪支配的，因人而异，随讲而变，但是手势挥动的高度却有个约定俗成的范围。按演讲者的身材可分上、中、下三个部位。上位，是从肩部以上，常在演讲者感情激越，或大声疾呼、发出号召、进行声讨，或强调内容、展示前景、指示未来的时候运用；中位，即从腹部至肩部，常是心绪平稳、叙述事实、说明情况、阐述理由的时候运用；下位，即在腹部以下，这个部位的手势多用于表达厌恶、鄙视、不快和不屑一顾的情感。

对于一些习惯性的不雅观动作，如挖鼻子、掏耳朵、捂嘴巴、玩钥匙、摆衣襟、抚弄纽扣等，都应有意识地克服。

4. 表情

人的面部表情由脸色的变化和眉、目、鼻、嘴肌肉的动作来体现。运用面部表情时，需要遵循的一般原则有4个方面。

① 面部表情一定要与特定的演讲内容和特定的演讲气氛相适应。比如在愉快的场合发表演讲，演讲者就应该春风满面，以适应欢乐气氛的需要；而在悲哀的场合发表演讲，则必须要呈现出沉静、肃穆、伤感的面部表情。

② 面部表情要自然真诚，发自内心，而不能装腔作势，故作姿态。许多演讲者的演讲实践证明，那种情不由衷、矫揉造作的面部表情，只能令人生厌，而不可能收到征服人心的良好效果。

③ 要有灵敏感和鲜明感。灵敏感是指要比较迅速、敏捷地反映出演讲者的思想情感来。一般地说，这种面部表情应该和有声语言所表达的情感同时产生，并同时结束。鲜明感是指演讲者所表达的情感，喜就是喜，怒就是怒，不仅要准确，而且要鲜明，一定要让听众能够看得出，觉察得到。

④ 演讲者的目光要平视前方，兼顾两边听众，眼神要富有感情。通过环视、点视、虚视等方法的结合，随时观看听众，掌握反馈信息。切忌目光呆滞、集中精力背稿；切忌目光集中在某一点，丢掉大多数听众或分散听众注意力。

三、临场控制技巧

演讲时，常常会出现一些意想不到的事情，比如紧张、忘词、讲错话、听众被其他的突发事件干扰而不再听演讲，或对演讲不满意、不感兴趣，等等。面对这样的状况应该怎么办？这就需要演讲者具有灵活机智的应变技巧，能处乱不惊、转危为安，从窘迫的困境中解脱出来，使演讲继续进行下去。下面介绍 5 种简单的应变技巧。

（一）紧张情绪调控技巧

根据调查，演讲者演讲之前都很紧张，甚至恐惧。这种心理上的变化，又会引起生理上的变化，如手脚发颤、身上出汗、口干舌燥、呼吸急促，甚至出现休克现象。有时紧张过后还会出现过分的激动，变得无拘无束、忘乎所以、信口胡说，忘记了演讲的宗旨和目的。演讲者要养成自我控制的能力，控制自己可能出现的"紧张""怯场"和过分激动等心理状态。

1. 了解紧张、怯场的本质

紧张和怯场是每个人都有的心理与生理的正常现象，只是表现的程度有所不同而已。公众演讲紧张一般分为两种：一种是适度紧张，一种是过度紧张。适度紧张，对于演讲来说是一件好事，能够让我们发挥得更好；如果过度紧张，对演讲可能就不是很好了。因此，每当紧张、怯场的时候，演讲者如果心里想：这是普遍现象，大家彼此都一样，就可如释重负，变得轻松一些。进而还可以利用心理暗示：给自己不断输送"我不紧张"的信息，那么表现也会是"不紧张"的。

2. 采取心理对策

当感到紧张、怯场的时候，可进行以下心理活动减弱紧张和怯场的程度。

① 自己对这次演讲做了长期充分的准备，对这个问题，自己比听众知道得多，看得深；

② 听众都是友好的，他们正盼着自己为他们演讲，自己讲好讲坏他们不在乎，只要讲，他们就高兴；

③ 自己准备的演讲，里面有不少精彩的段落，他们一定会鼓掌的。

总之，要尽力想一些积极的、有利于自己的方面，鼓励自己，增强信心。

3. 采取切实行动

（1）多次演练

妙语连珠、神来之口是要有基础的，这个基础要靠平时锻炼才能打牢。演讲的实践经验越多，紧张和怯场的程度就越轻。所以演讲者，尤其是初次演讲者，要精心准备讲稿，在稿件没有任何问题后背熟，再请有经验的人指导，对着镜子反复演练。重点观察自己是否自然地微笑吗，能否站得笔直，走动的神态如何，能做多少种手势，双眉是否平正，眼睛能否保持不斜视。通过反复练习，直到认为很自然、很满意为止。

（2）物理方法

①"一四二"深呼吸法。深深地呼吸，眼睛微闭，全身放松，心里默默地数数，这样可以使血液循环减慢，心神就会安定下来，全身即可放松。"一四二"讲的是时间，吸气用一个单位的时间，屏气用四个单位的时间，吐气再用两个单位的时间，一般一个单位时间为一秒钟。

② 临场活动法。由于紧张会使体内产生大量的热能，如果在讲话前稍加活动，双手握

紧，然后放松，就会促使热量散发；或进行口腔运动，放松面部肌肉，如进行搓脸、合口左右撅唇、转唇、双唇打响、弹唇、舌头向左右分别顶腮、转舌、张嘴打嘟、做鬼脸等等一系列口腔运动，来转移自己的注意力，从而来消除自己的情绪。

③ 闭目养神法。闭目用舌尖顶住上腭，用鼻吸气，可以达到安定情绪、独自幽静、怡然自得的目的；或凝视某一物体，专注凝视，分析它的形状，观察其颜色与远近。

④ 摄入饮品法。讲话前喝一杯温开水，这样可以增加唾液，保证喉部湿润，也可以稳定情绪。但切不可喝碳酸饮料和酸奶等饮品。

（二）演讲忘词的补救技巧

演讲中出现忘词是很令人尴尬的。有的演讲者一遇到忘词的情况就不讲了，走下台去，这不是好办法。演讲者不可放弃演讲，也不可对听众说"不好意思，让我从头再讲"，更不可拿出稿子翻找下文。其实，演讲时出现忘词是很正常的，特别对初学者来说更常见。避免忘词的最好办法，当然是熟悉演讲内容，克服怯场心理。但是遇到这种意外之变，演讲者除了稳定住自己的情绪外，最重要的，是采用一些巧妙方法使演讲继续下去。

1. 创造思索、回忆的机会

一是把刚才说过的话用加重语气、放慢语速的方式再重复一遍，用这种方法唤起演讲者的记忆。二是把刚才说过的话用疑问句的形式再说一遍，巧借疑问后的停顿间隙回想起要讲的内容。

2. 随方就圆，跳跃衔接

演讲者从哪里记起就从哪里接着讲，这种方法也叫跳跃衔接法。通常情况下，演讲者忘词并不是把后面的内容全部都忘记了，而是忘记了其中的某一句、某几句或某一段话。如果是这种情况，演讲者可以随方就圆巧妙地跳过遗忘的内容，哪里没忘就从哪里接着讲。倘若跳过的内容到后来又想起来了，演讲者应根据这些内容的性质采取不同的措施。这部分内容若不重要，就没必要再补充进去；若很重要，可以在适当的时候把这部分内容重新补充进去，如"在此我再次强调一点"或者"最后尤其应该注意……"，这样演讲就完整了。

著名政治家、演讲家丘吉尔，年轻时也常常背诵演讲稿后发表演讲。在一次国会会议的演讲中，丘吉尔突然忘记了下面的一句话，他不断重复最后一句话仍然无济于事，最后只得面红耳赤地回到座位上。从此，丘吉尔放弃了背诵演讲稿的准备方式。如果一味地背稿，虽然背得一流二顺，断不会有感人的力量；如果你还偶尔因为忘了词翻翻白眼，那就更是大煞风景。真正好的演讲，就是用心在与听众交流，选手应该把"背稿"变回到"讲稿"。只有演讲者用心去讲，听众才会用心去听。一份连自己都不能打动的讲稿，又怎么能打动他人呢？从这个意义上说，把握文稿的感情脉络，可能比背诵演讲稿更重要。

对于大多数的演讲者来说，提倡采用提纲要点记忆法。提纲要点记忆的一般程序是：首先，就有关演讲的主题、论点、事例和数据等做好演讲笔记，最后整理成翻阅方便的卡片；然后，对笔记或卡片上的材料深思、比较并补充，整理出一份粗略的演讲提纲，提纲注明各段的小标题；最后，在各段小标题下面按序补充那些重要的概念、定义、数据、人名、地名和关键性词句。至此，一份演讲提纲基本完成。在整理演讲材料和编排纲目的过程中，演讲者应反复思考和熟悉了解自己的演讲内容,在演讲时仅仅将演讲提纲作为提示记忆的依据。

(三)演讲中说错话的弥补技巧

谁都会说错话、办错事,演讲中由于一时疏忽或紧张,出现失误也是正常的。说错的话如泼出去的水,想收回是不可能的,想不理不睬,只当听众没听见也是不负责任的。最好的办法就是说错话后,立刻纠正,毫不迟疑。这种纠正并不需要演讲者向听众检讨一番,说刚才如何讲错了,也不必向听众申明哪句话说错了,这样会打乱演讲的整体氛围。只要演讲者再用正确的话重复一遍刚才的内容即可,听众就会听明白演讲者的正确意思了。如果这次错误不是原则性的,则可以置之不理,面不改色心不跳地讲下去。

【精彩案例六】

上海东方电视台主持人袁鸣在海南主持一台戏曲晚会时,把艺术家"南新燕"说成了"南新燕女士",当南新燕先生走上舞台时,台下一片笑声,袁鸣急中生智,说道:"哎呀,真是非常抱歉,我望文生义了。不过,您的名字实在太美了,这使我想起一首古诗,'旧时王谢堂前燕,飞入寻常百姓家。'国粹京剧也如同堂前燕,从北方飞过琼州海峡,到海南安家落户了……"主持人发挥机智,口误一带而过,把笑声变成了掌声。

(四)演讲中吸引观众的技巧

演讲中,由于时间、环境、内容、方法等原因,演讲可能没有引起听众的兴趣,甚至会场躁动起来。特别是参加演讲比赛时,如果演讲者的演讲顺序排在后面,大部分演讲者都已讲完,时间已经很长,听众的兴趣已经下降,注意力开始分散,精神也感到疲劳,台下会出现了交头接耳、随意走动甚至退场的现象。面对这种不利情况,千万不要着急,不要有埋怨心理,也不要上台后立刻开始演讲。有经验的演讲者事先在准备演讲稿时,应准备一两个与主题、内容有关的新闻信息、幽默故事或笑话,以引起大家的注意。其他的方法也可用,比如压缩听众不感兴趣的内容,突然短暂地停讲,临时增加设问等。

【精彩案例七】

1924年,一次孙中山先生在广东大学(现中山大学)演讲,主题是"三民主义"。当时礼堂小,听众多,通风不够,空气不好,听众精神较差,对演讲极为不利。面对这种情况,孙中山先生为了调动听众的热情,改善会场气氛,巧妙地穿插了一个故事:"我小时候在香港读书,见过一个搬运工人买了一张马票,因为没有地方可藏,便藏在寸步不离的挑东西用的短竹竿里,牢记马票的号码。后来马票开奖了,中头奖的正是他,他便欣喜若狂地把竹竿抛到大海里去,他认为从今以后就不再靠这支竹竿生活了。直到问及领奖手续,知道要凭票到指定银行取款,这才想起马票放在竹竿里,便拼命跑到海边去,可是连影子也没有了……"故事讲完,会场顿时活跃了,笑声、叹息声接连不断,气氛被充分地调动了起来。

孙中山先生抓住时机，话题一转："民族主义就是这根竿子"，自然巧妙地回到演讲主题。

   【精彩案例八】

一位演讲者在演讲时时间较晚了，天又在下着雨，有些听众坐不住了，演讲者看到有些人在看表。这时演讲者是这样处理的："谢谢大家再留一会儿，我保证只花不到五分钟的时间。有人愿意为我计时吗？"这时台下有些人开始对表并开口笑了起来，这些迹象表明听众从心理上理解了演讲者的用意，如果再有什么不礼貌的动作，就会显得素质较差，影响到自己的形象了。接下来，演讲者顺利地开始了演讲。

（五）意外情况处理技巧

演讲过程中还会出现麦克没有声音、停电、演讲者摔跤等各种主客观造成的意外情况，这需要演讲者还要有很强的随机应变能力。

   【精彩案例九】

著名诗人莫非，应邀到首都师范大学中文系作家班举办学术讲座。诗人讲到自己的诗作时，准备朗诵一段，但诗稿还放在一个学员的课桌上，诗人便走下讲台去拿。由于是阶梯式教室，诗人上台时，一不留神倒在第二级台阶上，学员们顿时哄堂大笑。诗人稳住身子，转向学员，指着台阶说："你们看，上升一个台阶多么不容易，生活是这样，作诗亦如此。"这一哲理性的话语，顿时赢得了热烈的掌声。诗人笑了笑，接着说，"一次不成功不要紧，再努力！"说着，做努力状走上讲台，继续他的讲座。

   【精彩案例十】

主持人杨澜，一次主持一场大型的晚会。一个节目过后，杨澜到台上报幕。一不小心，她被话筒线绊倒了。台下的观众立时响起一片唏嘘声，有为她担心的，也有起哄的。绊倒在地上的杨澜，从容地站起来，毫不紧张，面带微笑地对观众说："朋友们，今晚大家真是太热情了，你们的热情，禁不住都让我倾倒了，谢谢大家。"

几句精彩的话，立刻博得了全场更加热烈的掌声，在观众的大脑中，她摔倒在地上的印象已毫无痕迹。她不仅化解了一时的尴尬，而且也给听众留下了机智幽默的印象。从此，人们对她的主持才能更加叹服了。

四、演讲礼仪

礼仪是标准化的行为规范，是有技巧的沟通方式。演讲礼仪，能够内强素质、外塑形象，最终促进演讲成功。

1. 仪表

仪表主要是指容貌和服饰，良好的仪表是社会交际的必要条件，也是演讲活动的客观需要。仪表要做到整齐、清洁、自然、利落、自信。从而使演讲者获得广大听众的敬重，增强和提高演讲效果。

（1）对女士的要求

服装：要符合身份、年龄和演讲环境。不宜穿戴过于奇异精细、光彩炫目的服装。

化妆：要根据年龄、季节和场合的不同而调整。以淡妆为佳，自然且不露痕迹。

头发：要整齐、利落，不可遮住脸部，不要随意散开。

袜子：以肉色为佳，不可有花纹。

鞋子：最好穿有跟的皮鞋，以黑色、白色为佳。

配件：所佩戴的小饰物不宜过多，否则会喧宾夺主。

（2）对男士的要求

服装：以深蓝、深灰色西装为宜，素色衬衫，领带颜色应配合西装色系。

头发：要整齐、利落，前发不附额，侧发不掩耳，后发不及领。

袜子：深色为宜，一般不要穿白袜子。

鞋子：深色皮鞋为宜，保持干净。

2. 仪态

演讲时要仪态大方，彬彬有礼，不卑不亢，不失身份。听众对演讲者傲慢的态度、轻佻的作风、随便的举止是极为反感的。

（1）颔首微笑致意

演讲者由站起到走向讲坛面对听众站立的十几秒钟里，给广大听众留下的印象非常重要。主持人介绍后，向主持人颔首微笑致意，然后稳健地走到讲坛前，自然地面对听众站好，向听众行举手礼、注目礼或微微鞠一躬，然后以亲切的目光环视听众，以示招呼，并借以镇场。

（2）举止自然大方

演讲时要头部端庄，举止自然大方，仪态符合站、坐、行的礼仪。手及头部动作不要太多、太碎。走路不宜过多，不可一步三晃、扭捏作态。忌弯腰、驼背或双手撑着讲台或者插入衣兜内，这样显得松垮、懒散。

（3）目光自然不做作

眼睛不能总看讲稿、照本宣科地念讲稿，要与听众保持自然的眼光交流。

思考与训练

请选择下列题目之一做演讲练习。

（1）青春与奉献

（2）放飞梦想　迎接挑战

（3）牢记荣辱　争做时代先锋
（4）面对生活　直面逆境
（5）我的梦　中国梦

第三节　演讲综合训练

　　研究古今中外著名演讲家的成功之路，发现那些闻名于世的杰出演讲高手并不都是天才，而是经过长期不懈的艰苦锻炼造就的。正如美国久负盛名的演讲家戴尔·卡耐基所说："演讲绝不是上帝给予少数人的特别的才能。"要想提高自己的演讲水平和口才，就必须做到多看、多听、多问、多写、多记、多想、多学、多练。

一、即兴演讲训练

（一）训练目标
熟练运用即兴表达的构思技巧，从容应对各种场合的即兴表达需要。
（二）训练方法
① 以小组为单位，同学之间互相命题，进行即兴演讲。
② 设计各类题目，由全班同学抽签，进行即兴演讲。
③ 事先准备好多种有象征意义的实物，在全班同学中进行观物即兴演讲。
④ 学生轮流主持，大家互相讲评。
（三）训练材料
1. 即兴演讲思维训练
①"天空"的随想。
② 由"中秋节"想到的。
③ 蓝天、大海、帆船、我。
④ 电话、老师、汽车、平凡的事。
　　针对以上题目，列出即兴演讲提纲，①和②要求随想的层次不得少于4个。③和④要求迅速建立四个事物之间联系的方式和角度，即即兴演讲的中心话题。
2. 具体情境下的即兴演讲训练
① 同学生日会上的祝词。
② 毕业生座谈会上的即兴演讲。
③ 新生联欢会上的即兴演讲。
④ 对当前年轻人缺少社会公德现象的看法。
⑤ 参观学校实训基地后的即兴发言。
⑥ 以"我的一次难忘的经历"为题，做即兴演讲。
⑦ 请选择中国的某个节日，设置具体听众，做一次即兴演讲。

⑧ 假如参加你的某位好朋友的婚礼，请为他即兴祝福。

（四）自我测试

自拟情境或参考下列情境进行测试。

① "关于学习方法交流"主题班会上的即兴发言。
② 对部分同学过分讲究吃、讲究穿、讲究享受现象的看法。
③ 参观学校图书馆后的即兴发言。
④ 请谈谈读完这首诗后的感想。

3 岁时说，"妈妈，我爱你。"
10 岁时说，"妈，听你的。"
16 岁时，"我妈真的很烦。"
18 岁时，"想要离开这个家。"
25 岁，"妈，你当时是对的。"
30 岁，"我想要去我妈家。"
50 岁，"我不想失去我妈。"
每个人只有一个妈妈，
请时刻不要忘记她。
生病时，妈妈说：别吓妈妈。
吃饭时，妈妈说：别管妈妈。
结婚时，妈妈说：别念妈妈。
妈妈病时，妈妈说：妈妈没事。
我有一个好妈妈，时光你别伤害她。

有一个男人，喜欢我素颜不化妆，
我瘦了他心疼，我胖了他高兴，
总是给我打电话不让我花电话费，
总是担心我缺什么而不考虑能不能放得下，
明明刚给过我钱就问我够不够花，
那是我爸，只有我爸，
他是第一个抱我的男人，
他是第一个听见我哭、看见我笑的男人，
他是一个我相信他说的承诺都会做到的男人，
他是敢和我说一直会陪我到最后的男人，
他是不管我错、对、美、丑，都觉得我是最好、最优秀的男人。
他的名字叫作：爸爸！

如果有一天，当爸爸妈妈站也站不稳，走也走不动的时候，
请你紧紧握住他们的手，陪他们慢慢走。
就像当年他们牵着你一样，你能做到吗？
当我们喝可乐饮料的时候，请你想想爸爸喝的是什么？
当你穿着昂贵衣服的时候，请想想妈妈穿的是什么？
我们现在所拥有的，都是爸爸妈妈双手挣钱给的。
咱，老妈，是全世界最美的女人。
咱，老爸，是全世界最帅的男人。

二、演讲态势训练

（一）训练目标

能较娴熟、恰如其分地运用态势传递演讲信息。

（二）训练方法

观摩、测试、演练等。

（三）训练材料

练习一　观摩

观看优秀演讲录像，学习演讲者的态势语言。

练习二　设计下列演讲段落的态势语言，并进行模拟演讲

材料1

为了我们的父亲（节选）

沈　萍

面对这样一位父亲，怜悯、同情、崇敬、热爱，万般思绪，一下子在我心头翻滚起来。特别是父亲那双欣慰、期望的眼睛，深深地印在我的心头。他为什么在历尽人间忧患之后，却感到无限地欣慰呢？在为时不多的晚年，他还热烈期待着什么呢？

…………

看着满车的钢筋，看着老人弯曲的脊梁、满脸的汗水和欣慰的笑容，听着老人这亲切的嘱咐，我的眼泪一下子涌了出来。

此刻，他的孩子也许正在舒适的宿舍里午休，也许正在清爽的大学教室里读书，也许和我一样正走在林荫路上。但是，我不知道他是否想到这位在酷日下推车的父亲。年老的父亲顶着酷日推车，却让自己的子女坐在清爽的大学教室里学习，这是为什么呢？我想答案就在父亲那欣慰的笑容和期待的目光里。他的期望就是让我们接受高等教育，就是让我们用现代科学知识武装起来，走出一条与他们完全不同的崭新的生活道路。这是老一辈的希望，不也是祖国和人民的希望吗？

材料 2

我有一个梦想（节选）

马丁·路德金

这是我们的愿望，我们将带着这个愿望回到南方。有了这一愿望我们就能从绝望的群山中凿出一块希望之石；有了这一愿望，我们就能把喋喋不休的争吵灌制一曲和谐美妙的交响乐；有了这一愿望，我们就能一起工作，一起娱乐，一起斗争，一起入狱，一起捍卫自由。坚信吧，总有一天我们会自由！

练习三　口头表达流畅性练习

选择一篇四百字左右的演讲稿练习演讲。

北京聚智堂教育集团总裁一横老师的爱国演讲

1931年9月18号，日本帝国主义用他们的铁蹄，踏开了我们中国东北的大门呐！不到几个月的时间，东北三省就被他们侵略、占领！仅仅就9月18号那一天的时间，据统计，我们就损失了18亿元呐！按今天的价值去比，一天的时间，我们损失了最少1000亿人民币呀！成了中国的国耻！你们知道从西安向东1100公里，是什么城市吗？南京啊！南京的历史是我们中国人，每一个人都不能忘记的历史！那是我们的耻辱啊！在六个星期之内，我们中国同胞被他们枪杀活埋了30多万人，平均每十三秒就有一个中国人被杀害！我们在场的学生，还能笑得出来吗？如果你的亲人被人家这样残害的时候，你还能笑得出来啊？你是中国人呐！那些被杀害的中国人，流的是我们中国人的血呀！难怪，鲁迅在他的文章当中写道，当日本鬼子杀害我们中国人的时候，我们还有一些麻木愚蠢的中国人，站在旁边看热闹，所以我们才会被人家侵略啊！如果我们再这样麻木下去，我们的子孙后代会遭殃的！

练习四　演讲礼仪练习

学生自选话题，有两分钟的表达时间，老师抽学号为序，学生依次上台，其他学生观察该学生的态势是否恰如其分、镇静从容。

三、演讲评价训练

（一）训练目标

培养恰如其分评价演讲的能力。

（二）训练方法

该训练采取分组训练的方式，将学生分成若干小组，听一次演讲，然后分组讨论，最后每组选一名成员，对演讲者的演讲内容和演讲特点、演讲态势语言等进行点评。

(三) 训练材料

欣赏并评价中央电视台主持人柴静在首都女记协"为祖国骄傲，为女性喝彩"演讲大赛中获得特等奖的演讲。

视频地址：http://video.baomihua.com/12792064/19684131

认识的人，了解的事

柴 静

十年前在从拉萨飞回北京的飞机上，我的身边坐了一个五十多岁的女人，她是三十年前去援藏的，这是她第一次因为治病而离开拉萨。下了飞机天下着很大的雨，我把她送到北京一个旅店里。过了一个星期我去看她，她说她的病已经确诊了，是胃癌的晚期，然后她指了一下床边的一个箱子，她说如果我回不去的话你帮我保存这个。那是她三十年中，走遍西藏各地，跟各种人——官员、汉人、喇嘛、三陪女交谈的记录。她没有任何职业身份，也知道这些东西不能发表，她只是说，一百年之后，如果有人看到的话，会知道今天的西藏发生了什么。这个人姓熊，拉萨一中的女教师。

五年前，我采访了一个人，这个人在火车上买了一瓶一块五毛钱的水，然后他问列车员要发票，列车员乐了，说："我们火车上自古就没有发票。"然后这个人把铁道部告上了法庭，他说："人们在强大的力量面前，总是选择服从，今天如果我们放弃了一块五毛钱的发票，明天我们就可能放弃我们的土地权、财产权甚至生命的安全。权利如果不是用来争取的话，权利就只是一张纸。"他后来赢了这场官司，我以为他会和铁道部结下梁子，结果有一次他上了火车之后，在火车上要了一份快餐，列车长亲自把这份饭菜端到她的面前说，您是现在要发票还是吃完之后我再给您送过来。我问他你靠什么赢得尊重，他说，我靠我为我的权利所做的斗争。这个人叫郝劲松，三十四岁的律师。

去年我认识一个人，我们在一起吃饭，这个六十多岁的男人，说起来丰台区一所民工小学被拆迁的事儿，他说所有的孩子靠在墙边上哭。说到这儿的时候他也动感情了，然后他从裤兜里面掏出来一块皱皱巴巴的蓝布手绢，擦擦眼睛。这个人十八岁的时候当大队的出纳，后来当教授，当官员。他说他做所有这些事的目的，只是想给农民做一点事。他在我的采访中说到征地问题，他说征地给农民的不是价格，只是补偿，这个分配机制极不合理，这个问题不仅出在土地管理法，还出在1982年的宪法修正案。在审这期节目的时候我的领导说了一句话，说这个人说得再尖锐，我们也能播。我说为什么，他说因为他特别真诚。这个人叫陈锡文，中央财经领导办公室主任。

七年前，我问过一个老人，我说你的一生也经历了很多的挫折，你靠什么来保持你年轻时候的情怀，他跟我讲有一年他去河北视察，没有走当地安排的路线，然后他在路边发现了一个老农民，旁边放了一副棺材，他就下车去看，那个老农民因为太穷了，没钱治病，就把自己的棺材板拿出来卖。这个老人就给了他五百块钱让他回家，他说我给你讲这个故事的目的是想告诉你，中国大地上的事情是无穷无尽的，不要在乎一城一池的得失，要执着。这个人叫温家宝，中华人民共和国总理。

一个国家是由一个个具体的人构成的，她由这些人创造，并且决定。只有一个国家拥有那些能够寻求真理的人，能够独立思考的人，能够记录真实的人，能够不计利害为这片土地付出的人，能够去捍卫宪法权利的人，能够知道世界并不完美，但仍不言乏力、不言放弃的人，只有一个国家拥有了这样的头脑和灵魂，我们才能说我们为祖国骄傲。只有一个国家能够尊重这样的头脑和灵魂，我们才能说我们有信心让明天更好。谢谢各位！

四、演讲综合训练

（一）训练方法
选定某个主题进行演讲比赛，考查学生演讲的综合能力。

（二）训练材料

1. 演讲主题《青春·信念·责任》

2. 活动目的

为纪念"一二·九"学生爱国运动，展示新时代大学生的青春风采，增强大学生的自信心、自豪感和荣誉感，丰富校园文化生活，特举办"青春·信念·责任"主题演讲比赛。

3. 活动要求

参赛选手必须思想端正，旗帜鲜明，政治立场坚定，演讲内容健康向上，并明确青年大学生的责任和义务。

4. 评分标准（见表4-1）

表4-1 评分标准

评价项目	评价要点
演讲内容 （35分）	1. 材料真实、典型、新颖，事迹感人、实例生动，反映客观事实，具有普遍意义，体现时代精神（10分） 2. 思想内容能紧紧围绕主题，观点正确、鲜明，见解独到，内容充实具体，生动感人（15分） 3. 讲稿结构严谨，构思巧妙，引人入胜（5分） 4. 文字简练流畅，具有较强的思想性和哲理性（5分）
语言表达 （35分）	1. 演讲者语言规范，吐字清晰，声音洪亮圆润（10分） 2. 演讲表达准确、流畅、自然（10分） 3. 语言技巧处理得当，语速恰当，语气、语调、音量、节奏符合思想感情的起伏变化，熟练表达所演讲的内容（15分）
形象风度 （15分）	演讲者精神饱满，能较好地运用姿态、动作、手势、表情等表达对演讲稿的理解
综合印象 （5分）	演讲者着装朴素端庄大方，举止自然得体，有风度，富有艺术感染力
会场效果 （10分）	演讲具有较强的感染力、吸引力和号召力，能较好地与听众感情融合在一起，营造良好的演讲效果

 **经典推荐**

2008年《每日电讯报》评选出了20世纪至今最重要的二十五个演讲,它们或多或少地改变了世界。

① 温斯顿·丘吉尔:《少数人》1940年8月20日
② 约翰·肯尼迪:《我是一个柏林人》1963年6月26日
③ 罗纳德·里根:《拆毁柏林墙》1987年6月12日
④ 纳尔逊·曼德拉:《就职演讲》1994年5月10日
⑤ 富兰克林·罗斯福:《我们唯一不得不害怕的就是害怕本身》1933年3月4日
⑥ 马丁·路德·金:《我有一个梦想》1963年8月28日
⑦ 哈罗德·麦克米伦:《改变之风正吹遍非洲大陆》1960年2月3日
⑧ 罗伯特·肯尼迪:《马丁·路德·金之死》1968年4月4日
⑨ 贾瓦哈拉尔·尼赫鲁:《自由觉醒》1947年8月14日
⑩ 撒切尔夫人:《本夫人绝不转变》1980年10月10日
⑪ 瓦茨拉夫·哈维尔:《新年致辞》1990年1月1日
⑫ 杰弗里·豪:《辞职演讲》1990年11月13日
⑬ 戈尔巴乔夫:《联合国演讲》1988年12月7日
⑭ 伊诺克·鲍威尔:《血流成河》1968年4月20日
⑮ 阿道夫·希特勒:《对美宣战》1941年12月11日
⑯ 杰拉尔德·福特:《赦免尼克松》1974年9月8日
⑰ 查尔斯·戴高乐:《法国不是孤军作战》1940年6月18日
⑱ 戈尔达·梅厄:《为了和平》1957年1月17日
⑲ 比尔·克林顿:《俄克拉荷马恐怖袭击纪念演讲》1995年4月23日
⑳ 克瓦米·恩克鲁玛:《每个国家都有自治权》1953年7月10日
㉑ 乔治·布什:《我们的国家由于威胁而惊醒》2001年9月20日
㉒ 康拉德·阿登诺:《欧洲应该团结》1952年7月12日
㉓ 赫鲁晓夫:《秘密演讲》1956年2月25日
㉔ 艾森豪威尔:《登陆日演讲》1944年6月6日
㉕ 巴拉克·奥巴马:《无畏的希望》2004年7月7日

下 编

职业口才训练

下

第五章

面试口才训练

内容提要

1. 面试基础知识
2. 面试口才技巧
3. 面试综合训练

情景导入

大学生活就要结束了,大家都在为求职做准备。王同学争取到了一个难得的面试机会,并准备了精美的自荐材料。可他对即将到来的面试还是感到恐惧,不知道面试包括哪些内容,过程是什么样的,以及面试中如何与考官进行沟通。于是他走进图书馆,翻阅了大量资料,了解求职面试的过程并对自我介绍和常见问题回答等关键环节进行了重点准备。几天后,王同学自信地参加了面试,并求职成功。

"职场如战场",这句话对于千万个奔波于谋职路上的求职者来说,应当是深有体会的。面对日益饱和的人才市场,求职困难是无可辩驳的事实,这对面临毕业的大学生来说,更是一种考验与挑战。如何在硝烟弥漫的职场上占据制高点,最终迈进理想的职业大门?通过求职面试推销自己,打动考官,从而赢得就业机会是大多数求职者成功的必经之路。然而,据对29所高校的调查显示,68%的毕业生口才不好,不懂得在面试中如何展示自己,要么唯唯诺诺，要么夸夸其谈，从而错过很多的就业机会。

即将参加求职面试的同学，怎样学会推销自己，与面试考官进行良好的沟通呢？本章主要阐述面试基础知识、面试口才技巧及面试综合训练的方法，帮助读者掌握面试求职口才技巧，更好地在面试中展示自己。

第一节　面试口才基础知识

一、面试的内涵

面试，是在特定场景下，经过组织者精心设计，通过主试者与面试者面对面地观察、交谈等双向沟通方式，由表及里地考察面试者的知识、经验等能力特征和个性品质的一种人事测评手段。通过面试，用人单位重点了解面试者的语言表达能力、思维能力、处事能力、仪容仪表的展示能力，以及对一些问题的看法和其他不能通过笔试反映出来的综合素质，以弥补笔试的不足，有利于全面、公正地考查面试者。

二、面试的种类

面试是一种灵活的测评方法，面试的方式和内容有很大的变通性。用人单位可以根据职位和应试者的特点，灵活地选用不同的方式。目前广泛使用的面试方法有以下 4 种。

（一）集体面试与单独面试

根据面试者人数，分为集体面试和单独面试。

1. 集体面试

集体面试，即小组面试，是多名应试者同时面对考官的面试。这种方法主要用于考查应试者的人际沟通、洞察及环境把握能力、领导能力等。目前，国际上的大公司如西门子、英特尔等都喜欢在招聘人员时采用集体面试形式。

集体面试最常用的方法是无领导小组讨论。用人单位将许多应试者组织在一起，面试者被划分成小组，每组四到八人不等，然后就某个选题进行自由讨论。考官一般坐于离面试者一定距离的地方，不参加提问或讨论，通过观察、倾听为应聘者打分，从中观察面试者的综合素质，决定是否聘用。讨论题目一般取自于拟任岗位的职务需要，或是现实生活中的热点问题，具有很强的岗位特殊性、情景逼真性、典型性及可操作性。

【精彩案例一】

面包与记者（世界 500 强面试题）

假设你是可口可乐公司的业务员，现在公司派你去偏远地区销毁一卡车的过期面包

（不会致命的，无损于身体健康）。在行进途中，刚好遇到一群饥饿的难民堵住了去路，因为他们坚信你所坐的卡车里有能吃的东西。

这时报道难民动向的记者也刚好赶来。对于难民来说，他们肯定要解决饥饿问题；对于记者来说，他是要报道事实的；对于你业务员来说，你是要销毁面包的。

现在要求你既要解决难民的饥饿问题，让他们吃这些过期的面包（不会致命的，无损于身体健康），以便销毁这些面包，又要不让记者报到过期面包的这一事实？请问你将如何处理？

说明：面包不会致命，不能贿赂记者，不能损害公司形象。

2. 单独面试

单独面试是只有一个面试者面对考官的面试，现实中的面试大都属于此类。单独面试一般分为两种类型，一种类型是只有一位考官负责整个面试过程，这种面试方式大多在较小的单位、录用职位较低的人员时采用；另一种类型是多个考官面试一位面试者，这种形式在大型企业、小型企业的招聘面试中广泛采用。

单独面试中，考官处于积极主动的位置，面试者一般是被动应答的姿态。考官提出问题，面试者根据考官的提问做出回答，展示自己的知识、能力和经验。单独面试的问题会深入到专业领域。面试者的回答一定要表现出自己的专业性，要有技术上的分析，而不要泛泛而谈。

（二）非结构化面试和结构化面试

根据面试的操作方式，分为非结构化面试和结构化面试。

1. 非结构化面试

非结构化面试，又叫随意性面试，是一种对与面试有关的因素不作任何限定的面试。非结构化面试没有既定的模式、框架和程序，主考官可以"随意"向被测者提出问题，而对被测者来说，也无固定答题标准。主考官提问的内容和顺序都取决于其本身的兴趣和现场面试者的回答。这种方法给谈话双方充分的自由，主考官可以针对被测者的特点进行有区别的提问。

非结构化面试经常采用案例分析、脑筋急转弯、情景模拟等方式。如：龟兔赛跑时如果兔子没有睡觉，乌龟怎么赢得比赛？请估计上海有多少加油站等。对于这些问题，主考官并不想得到"正确"的答案，而是想看看应试者是否能找到最好的解题办法，是否能创造性地思考问题，考察的是应试者的逻辑能力和创新能力。

非结构化面试类似于人们日常非正式的交谈。除非面试考官的个人素质极高，否则很难保证非结构化面试的效果。目前，非结构化的面试愈来愈少。

2. 结构化面试

结构化面试，又称标准化面试，是指依据预先确定的程序和题目进行的过程结构严密、层次分明、评价维度确定的面试。在面试中考官根据事先拟好的谈话提纲，逐项对被试者提问，被试者针对问题进行回答。目前，正规的面试一般都为结构化面试，如公务员面试。

【精彩案例二】

公务员结构化面试纪实（节选）

你好，首先祝贺你顺利通过了笔试，欢迎参加今天的面谈。请你来，是希望通过交谈，增进对你的直接了解。我们会问你一些问题，有些和你过去的经历有关，有些要求你发表自己的见解。对我们的问题，希望你能认真和实事求是地回答，尽量反映自己的实际情况、真实想法。在后面的考核阶段，我们会核实你所谈的情况。对你所谈的个人信息，我们会为你保密。面谈的时间为30分钟左右，回答每个问题前，你可以先考虑一下，不必紧张。回答时，请注意语言要简洁明了。好，现在就让我们开始。（稍停顿一下）

第一个问题是：请用3分钟左右的时间谈谈你过去的一些学习和生活的经历及你为什么要报考这个职位？

追问：这次有很多人报考了这一职位，你认为与其他人相比，你有什么优势和不足？

出题思路：背景性问题。导入正题，初步了解考生的基本情况，以便为以后的提问收集资料。考官可根据考生回答的具体情况进行追问，同时要尽可能地让考生多表现自己，考查其求职动机与拟任职位的匹配性。

评分参考标准如下。

好：表达清楚，客观地分析自己的优势和不足，求职动机与拟任岗位匹配。

中：表达比较清楚，动机与拟任岗位匹配，但知识结构及经历与岗位要求有差距。

差：表达不清，动机、条件与拟任岗位不匹配。

第二个问题是：假设有这样一种情况，你的工作能力绰绰有余，工作成绩也很突出，但却无法赢得领导信任，而某些工作能力不如你的同事却因能说会道，博得了领导的欢心，对此你有何想法？

出题思路：情境性问题。考查考生人际交往的意识与技巧。一般人都认为，善谈者，左右逢源，言克天下；而不善辞令者，处处被动，举步维艰。懂得如何与人交谈，是人与人之间达到默契沟通的一个重要因素，考生对此的认识与其人际交往能力有重要影响。

评分参考标准如下。

好：不否认这种情况在当今社会是存在的，工作能力强、工作成绩突出不一定（不是必然）会得到领导的赏识、同事的认同。能坦诚地剖析原因，对于人与人之间如何交往有比较客观的认识，并愿意为改变自身的弱点而做出努力。

中：心里有些消极想法，但也承认自身确实也存在一定的弱点，并愿努力改变这种局面。

差：认为自己受到了不公正的待遇，对领导和同事抱敬而远之的态度；或认为领导不具

"慧眼"，自认为只要一直像老黄牛一样工作，最终会改善与领导和同事的关系。

第三个问题是：在西部大开发中，有人认为最缺乏的是人才；有人认为最缺乏的是资金；有人认为缺乏的是观念的更新。你认为在西部大开发中，最缺乏的是什么？为什么？

出题思路：智能性问题。考查综合分析能力。西部大开发过程中，人才、资金、观念都是非常重要的因素，也是比较缺乏的因素。无论考生选择何种因素，只要能结合自己或社会上的情况，自圆其说，并有说服力即可。

评分参考标准如下。

好：对于自己的选择，能结合自己或社会的实际作出论证；论点鲜明，论据充分；论证严密，考虑问题有深度，且有独到的见解，言之成理。

中：对于自己的观点、论证、说理基本可行，能自圆其说。

差：对于自己的观点、论证、说理不充分；考虑问题没有深度；泛泛而谈、言之无物。

第四个问题是：假如你在毕业前一年就已经联系好一个你非常想去的工作单位甲，并从知识、能力等多方面进行了充分的准备，但毕业时却由于其他原因未能如愿。在这种紧迫的情况下，你又通过艰辛的努力，去联系了一个相对清贫和内心并不情愿从事的工作单位乙，并为此做出了郑重的承诺。

就在即将签署协议之前，一年前联系的单位甲又同意接收你，假定你决定仍到单位甲工作。在这种情况下，你会怎么办？

出题思路：情境性问题。考官给考生制造突发性意外情景，考查其面对压力的应变能力。

评分参考标准如下。

好：客观、诚实，很快找出应变措施予以弥补，并采取有效办法沟通协调、取得谅解。比如：推荐与自己条件相仿的同学以弥补单位乙的损失。

中：知道承担责任，但不能很快找到解决的途径或办法不够有效。

差：不能找到补救措施或不负责任一走了之。

（三）行为面试和情境面试

根据面试内容侧重点的不同，分为行为面试和情境面试。

1. 行为面试

行为面试（Behavioral interview）是一种能有效排除个人的主观因素，以行为为依据、以目标为导向的有效选才工具。行为面试通过面试者的行为描述，来判断其背后的品行、思想，准确率较一般的面试方法要高。通过行为面试，能了解到应聘者的品行是否与岗位要求吻合，能深入探索应聘者的动机和兴趣点。行为面试中考官使用的方法，是询问应试者对实际工作中遇到问题是如何解决的。宝洁、强生、雀巢的"第一轮面试"通常都采用这种方式。行为面试往往是两个到三个面试官，会占用大约30分钟到90分钟的时间，中文和英文都有可能，而且有可能是中英文夹杂的。一般以自我介绍开始，然后就开始对面试者的各种素质进行考察，一般是需要面试者用例子来论证需要考查的素质。同时，在面试者讲述这个例子的时候或者结束之后，他们会对细节进行追问，为的是更好地评估这个例子能够在多大程度上反映相关素质。行为面试通常考察以下四种能力和素质。

① 领导能力。面试官希望求职者举例来说明自己的领导能力。"请举例说明，你领导一个团队完成了一个项目并获得了成功。"

② 创新能力。"请举例说明，你的一个创意对于一件事情的成功起了决定因素。"

③ 团队合作能力。"请举例说明，你通过在团队中协同合作最后完成一个项目。"

④ 解决问题能力。"请举例说明，你是如何解决一个棘手的问题的。"毕竟进入公司后，每个人都需要解决问题，因此这个能力绝对是重点考查的。

STAR 面试法（Situation，背景；task，任务；action，行动；result，结果），是企业招聘面试过程中可采用的技巧。

【精彩案例三】

这是一位应聘者在面试时，对自己的一个行为事例的描述："上次与客户签约时，我是谈判代表之一。刚开始气氛很紧张，双方都不愿意让步。但最后我们还是成功地谈了下来，对方答应了我们的大部分条件。"这个事例是行为事例，但该行为事例是不完整的。该事例有完整的 S（刚开始气氛很紧张，双方都不愿意让步）和 T（与客户签约）。但是该事例中没有 A，即"我们做了什么获得了成功，特别是应聘者做了些什么"这部分内容。而且，事例中的 R 部分也不具体，即"对方答应了大部分的条件，我方是否也有相应的让步"的描述不清晰。

对于一个不完整的行为事例，就要针对其不完整的部分进行提问。上例中就可以对 A 和具体的 R 进行提问，如"谈一谈你们怎样让对方答应你们的大部分要求的""你做了什么工作吗""你们是否也有相应的让步呢"。

作为面试者，在准备行为面试期间一定要把重点放在事例上，并按照"STAR"原则，使每个事例完整。就是要把故事说得像模像样，先描述事情所处环境，再把要完成的任务摆出，之后抓重点地叙述过程，务必突出自己某些契合职位需要的特质或能力，最后交代结果，以及从中的体会和收获。事例一定要短小精悍，突出重点，契合问题。一个完整有说服力的符合"STAR"标准的事例，会让考官觉得面试者十分"专业"，对面试十分重视，有备而来，考官也会认真积极地去了解面试者。

2. 情景面试

情景面试，又叫情景模拟面试，是通过给面试者创设一种假定的情境，考察面试者在情境中如何考虑问题、做出何种行为反应的面试。情景面试可在动态表演中展示个人的素质和职业特长，是面试形式发展的新趋势。在这种面试形式下，面试的具体方法灵活多样，面试的模拟性、逼真性强,应试者的才华能得到更充分、更全面的展现,考官能对应试者的素质做出更全面、更深入、更准确的评价。情景面试突破了常规面试考官和面试者之间一问一答的模式,引入了各种各样的情景模拟方法,如无领导小组讨论、公文处理、角色扮演、演讲、答辩、案例分析等。

【精彩案例四】

某百货公司情景面试

某百货公司要聘请一位总经理,招聘方给候选者放了一段录像:上午9时30分,一家百货商场进来一位高个儿小伙,他掏出100元买了一支3元钱的牙膏。上午10时整,又进来一位矮个儿小伙子买牙膏,他掏出10元钱递给售货员,找钱时,他却说自己给的是张百元票,双方起了争执。商场总经理走来询问,小伙子提高嗓门说:"我想起来了,我的纸币上有数字2888。"售货员到收银柜中寻找,果真找到了这样一张百元票。

录像结束,问题是:明知对方在欺诈,假如您是总经理,该如何应付?

这场情景面试旨在考察候选者的三层素质:洞察力,即对事件本质的把握;全局观,即对"顾客至上"理念的理解;道义感,即对社会上反诚信现象的态度。

(四)电话、电视和网络面试

根据面试媒介的不同,分为电话面试、电视面试和网络面试。

1. 电话面试

电话面试,是招聘单位通过电话沟通的形式,初步了解求职者的能力和业绩,排除明显不符合岗位要求的人的面试方式。电话面试最好约定通话时间,避免与其他事情冲突。面试时要找一个安静的环境,确保手机信号畅通、声音清晰、电量充足。

2. 电视面试

电视面试,是指求职者通过参加电视类面试节目,用现场自我介绍、能力展示及回答现场嘉宾提问等方式考察面试者综合素质的面试方式。应聘者参加电视求职要经过严格选拔和培训。

2010年年末,电视求职类节目高调亮相我国电视荧屏,含蓄的中国人开始走上电视找工作。电视求职节目也以其新颖的方式吸引了受众的关注,收视率节节攀升。目前,中央电视台教育频道《职来职往》、天津卫视《非你莫属》、东南卫视《步步为赢》、北方频道《超级面试》等均为电视面试类节目。

【相关链接】

大型电视求职节目——步步为赢

《步步为赢》是东南卫视2012年重磅出击、倾力打造的一档全新的大型职场服务类节目。全新的规则、全新的求职理念诠释人才新定义,为受众树立健康积极的求职观,引导正确的价值观,为求职者提供优质的发展平台,让成功的人更成功!每期12名一流企业CEO组成的最佳雇主团都将带着各自企业的高端职位来到节目现场。他们将对应聘者进行最全面、最专业的职场评判和最严格的挑选!每期4位真实应聘者都来自全国各地,他们绝不是初出茅庐的职场新手,而是身经百战,已具有多年工作经验的职场老手。他们敢于挑战,不断进取,追求更高的自我价值,渴望在这里找到属于自己的更广阔的发展平台。同时,节目中的职场观察员,也将用专业知识和第三方视角,来解析应聘者的职业能力,让他们更加了解自身的职业发展潜质。

3. 网络面试

网络面试,是指用人单位与求职者利用互联网,通过视频摄像头和耳麦,使用语音、视频、文字的方式进行即时沟通交流的面试形式。

随着网络招聘竞争白热化和各家人才服务网站同质化加重,视频招聘成为新时代网络招聘的新宠。当前,已有很多网站打出视频面试的亮点。以面试网招聘频道为例,将在线视频面试作为将来盈利的核心,并推出"个人认证+文字简历+视频面试+专业技能测试+视频录像"五位一体的招聘模式,突破了传统视频面试只适用于初试、无法直接发送offer,只可一对一面试、无法看到细节表现等遗憾。网络面试可以检验出面试者所提供的信息是否真实,以降低传统视频面试的"误差值"。网络面试的技巧主要有如下3方面。

① 如果使用的是麦克风和音箱,建议在使用中,别把麦克风对着音箱,否则会产生回音,二者的距离最好稍远一点。不要让强光直接对着摄像头的镜头,应该采用柔和一点的明亮的灯光,这样就能在使用过程中得到一个好的效果。

② 虽然网络面试是通过视频进行的,但着装仍然很重要。大家要尽量做到干净整洁、朴实大方、和谐得体、符合身份,给面试官一个良好的印象。调整好摄像头,把自己最具风采的一面展示给面试官。

③ 由于视频招聘更多的是通过语音聊天来展示自己,因此要特别注意谈吐。视频过程中,有可能出现没有听清的情况或者视频突然断掉,要非常有礼貌地解释清楚,其实这个时候的反应也许就会成为面试官判断的依据。

三、面试的标准程序

对于面试者来说,了解面试的标准程序,能更加深入地了解面试的原理,从而更好地应对面试。在此将对结构化面试的标准程序和无领导小组讨论面试的标准程序进行详细的介绍。

（一）结构化面试标准程序

1. 预备阶段

① 对进入面试的应试者讲解本次面试的整体计划安排、注意事项、考场纪律。

② 以抽签的方式确定应试者面试顺序，并依次登记考号、姓名。

③ 面试开始时，由监考人员依次带领应考者进入考场，并通知下一名应试者做准备。

2. 引入阶段

① 首先由主考官宣读面试指导语，让应试者稳定一下情绪。

② 然后围绕其履历提出问题，目的是给应试者一次真正发言的机会。如："请用3分钟做一个自我介绍""在简历表中提到喜欢看书，可否介绍一本你欣赏的书"。

3. 核心阶段

由主考官或其他考官按事先的分工，依据面试题，请应试者按要求回答有关问题。核心阶段，主要是从广泛的话题了解应试者的心理素质、行为特征和能力素质，问题可以是业务知识、岗位知识、社会问题等。各位考官独立在评分表上，按不同的要素给应试者打分。给每位应试者提出的问题一般以6～7个为宜，每个应试者的面试时间通常控制在30分钟左右。

4. 结束阶段

① 首先，主考官允许应试者问一到两个问题，并做解释。

② 然后，主考官宣布应考者退席。收集每位考官手中的面试评分表交给记分员，记分员在监督员的监督下统计面试成绩，并填入成绩汇总表。

③ 记分员、监督员、主考官依次在面试成绩汇总表上签字，面试结束。

【精彩案例五】

某市公务员招考的结构化面试

面试指导语：你好，首先祝贺你顺利通过了笔试，欢迎参加今天的面试。我们会问你一些问题，有些和你过去的经历有关，有些要求你发表自己的见解。对我们的问题，希望你能认真和实事求是地回答，尽量反映自己的实际情况、真实想法。在后面的考核阶段，我们会核实你所谈的情况。面谈的时间为30分钟左右，回答每个问题前，你可以先考虑一下，不必紧张。好，现在我们开始。

第一个问题：请你简单介绍一下自己的基本情况和主要经历。

第二个问题：假定你是我市人事局的办公室工作人员，由于局长准备在本市召开一次关于考试录用工作的专家研讨会，领导责成你具体负责，请你谈谈具体打算。

追问：如果在会议开始的前两天，预订的会议地点，由于有重要的外事活动而变更，你将如何保证会议的正常召开？

第三个问题：假定你是某国家机关的职工，在工作中，有位领导对你很偏爱，在出国、评优等方面给了你很多的特殊待遇，可同时也引起一些同事对你的不满并疏远你，你会怎么处理这个问题？

第四个问题：伴随着我国经济和社会发展，对人才培养的普遍重视和对人才需求的急剧增长，出现了国内人才向外流，西部人才向东流，北部人才向南流的现象，请你谈谈对这个问题的看法。

最后一个问题：请你对自己今天的面试情况作一个评价。

很高兴你对我们的问题一一做了回答，今天我们就谈到这里，谢谢！

（二）无领导小组讨论面试标准程序

1. 预备阶段

讨论前，事先分好组，一般每个讨论组6～8人为宜。

2. 引入阶段

① 应试者落座后，监考人员为每个应试者发空白纸若干张，供草拟讨论提纲用。

② 主考官向应试者讲解无领导小组讨论的要求，并宣读讨论题。

③ 给应试者5～10分钟准备时间，构思讨论发言提纲。

3. 核心阶段

① 主考官宣布讨论开始，依考号顺序每人阐述观点（5分钟），依次发言，发言结束后开始自由讨论。

② 各面试考官只观察并依据评分标准，为每位应试者打分，不参与讨论或给予任何形式的诱导。

4. 结束阶段

① 无领导小组讨论一般以40～60分钟为宜，主考官依据讨论情况，宣布讨论结束后，收回应试者的讨论发言提纲，同时收集各考官评分成绩单，考生退场。

② 记分员去掉一个最高分、一个最低分，得出平均分，再计算出最后得分，主考官在成绩单上签字。

【精彩案例六】

某公司无领导小组讨论面试

1. 安排应试者在一个安静的房间，自行就座于会议圆桌边。
2. 阅读讨论材料，做5分钟发言准备。

某天上午，你们坐飞机从某城到某城，在经过一个没有人烟的雪野时，因大风雪飞机失事，跌到山林中。失事后机身多处撞伤，并引发大火。飞机驾驶员及一名乘客死亡，其他9人则无重伤。在飞机失事之前，你曾注意到飞机的高度显示：飞机是在3 000米左右。失事地点正好在雪线下不远，地面崎岖不平，树林茂密，乘客们穿着秋装，除每人有一件大衣外，共有15件物品：该地区的航空地图、大型手电筒、四条毛毯、一支手枪及十发子弹、一支雪橇、一小瓶白酒、一面化妆用小镜子、一把小刀、四副太阳镜、三盒火柴、一瓶军用水、急救箱、十二小包花生米、一张塑料防水布、一支大蜡烛。

3. 讨论题目：请将这15件物品按照对生存的重要性，挑选出5件最重要的进行排序，并说明理由。

4. 正式发言：每人按顺序先作简单的自我介绍，接着再做正式发言。

5. 自由讨论：小组成员各抒己见，自由讨论。会议组织者对小组成员的发言次数进行记录，并根据讨论评价表中的评价，对各成员的关键发言进行打分评估。

6. 角色模拟，总结发言。在小组达成一致意见后，会议组织者要求每人对会议做3分钟小结，总结发言顺序与正式发言顺序相反。

7. 小组讨论会结束后，会议组织者汇总评价专家的评估分数，把各位被评价者的无领导小组表现得分记录在案。

四、面试准备工作

面试前的准备，是面试能否成功的一个基本条件。面试前的准备主要包括物质准备、心理准备、信息准备和仪表准备。

（一）面试前的物质准备

1. 个人资料的准备

面试前，要多准备几份能证明自己的推荐信、个人简历、业绩资料。然后，要准备好自己的毕业证书、学位证书、专业资格任职证书、获奖证书、发表的论文、著作、身份证原件及复印件等材料。

2. 公文包的准备

面试时的细小行为，最能说明一个人的真实情况。因此，面试前，应把所有资料有条不紊地放在一个公文包内，这样会使你看上去办事得体有方，值得信赖。另外，面试前总有一段时间在等候，会使人心情烦躁，打乱你早已准备好的步骤。因此，可以准备一本娱乐身心的书或杂志放在公文包里，因为看书可以让人安静镇定。最后，要检查笔和求职记录本是否放在包里，以便记录最新情况。

3. 饮食的准备

面试前应准备一顿高蛋白、高碳水化合物的早餐，特别要添加蔬菜和水果，如香蕉、马铃薯等，可以使你精力充沛。但是要注意面试前的饮食卫生，不要饮用碳酸饮料和乳酸饮料，更不要喝酒。

另外，要准备好现金、车票等一切能使你按时到达面试地点的东西。

（二）面试前的心理准备

面对严峻的就业形势和众多的竞争对手，要想获得择业的成功，没有充分的心理准备和良好的竞技状态是不行的。面试前要经历一个复杂的心理变化过程，紧张、焦虑、莫名的兴奋、自卑等是主要的心理障碍。这时候，不必刻意去消除它们，因为正常的人难免要有正常的适度紧张。适度紧张焦虑，往往是发挥自己水平的必要前提。如果你感觉到紧张、焦虑已令你难以承受了，可以采取下列的调节方法让自己归入平静。

1. 放松身体

放松身体，身心相通。当你的身体放松时，你的紧张心理也就得到了缓解。

2. 开怀大笑

开怀大笑可令你紧绷绷的躯体迅速放松，在开心地笑过之后，由于手臂、脚部的肌肉不再紧张，血压、心跳有所缓和，你就会感觉全身如同卸掉了千斤重压，心里会相当轻松。

3. 散步解忧

正常步伐、摆动双臂昂首阔步，能使人心情更加愉快。

4. 洗澡化忧

洗澡能增加血液循环，使人得到镇静，同时会使你容光焕发，更加自信。理想的水温是 $38 \sim 40\ ℃$。

5. 深呼吸缓解压力

深呼吸是自我放松的最好方法，它包括简单的深呼吸、瑜伽、冥想等活动。深呼吸能促进人体与外界的氧气交换，还能使人心跳减缓，血压降低。它能转移人在压抑环境中的注意力，并提高自我意识。

6. 听音乐

听一些古典音乐、民族音乐或流行音乐，都有助于缓解紧张的情绪。

（三）面试前的信息准备

面试是场"信息战"。面试前，一定要广泛收集各方面的信息，这往往是面试制胜的法宝。

1. 收集招聘单位的信息

一个对招聘单位一无所知的求职者，面试时必然会失败。面试前尽可能了解清楚企业的背景、历史和发展战略，企业文化，企业规模，主要产品或服务项目，最近公司的主要活动等重要信息。

2. 收集与考官有关的信息

只有对考官的情况了如指掌，才能在面试中易守易攻，自始至终立于不败之地。首先，尽可能了解用人部门的领导是一些什么样的人，并且要能正确地说出他们的姓名。其次，要尽可能了解到他们的为人处事方式、兴趣、爱好，在近期生活中有什么重大变故。最后，还可以调查一下他们需要或喜欢录用什么类型的人员等问题。

（四）面试前的仪表准备

给别人留下第一印象最重要的时间是见面后的 20 秒，而这 20 秒的印象，很大程度上是由你的仪表决定的。

1. 衣着得体、干净、平整

总体来说，衣着得体是最重要的。面试者要根据自己的求职定位着职业装，要将自己的风格、习惯与企业文化、企业对员工的要求结合起来。女士要穿套装，最好是套裙，颜色不要太艳丽，避免穿无袖、露背、迷你裙等装束，不要穿平底鞋或细高跟鞋。男士应穿西装、衬衣，打领带，颜色以深色调为好，不要有太明显的花纹。同时衣着必须保持干净整洁，这是最起码的要求。另外，面试前还要注意一下自己的衣服是否平整，最好是熨烫过的衣服或在面试前一夜把衣服挂起来，以保持衣服的平整。

2. 化妆淡雅、自然

面试中，脸部的化妆一定要淡雅而自然，拒绝浓妆。最好略将面颊修饰打扮一下，让自己看上去健康、精神焕发。尤其要注意一些细节，如牙缝里有没有残留食物的残渣，肌肤稍有瑕疵者，则可打一层薄薄的粉底，头发、指甲、配件等是否干净清爽，女士最好不要涂指甲油，长发者需将头发束在脑后或高高梳起。

五、面试注意事项

1. 忌不良用语

很多求职者在日常生活中不注意语言习惯，将"口头语""口头禅"带到面试中，这样很容易引起面试官的反感，所以面试中要注意这些不良用语。

2. 忌不良表现

① 千万不要迟到，要提前到达，尤其是招聘单位单独给你面试的时候，提前 10 分钟到达效果最佳。

② 面试取胜的关键是自信。不要让朋友或父母陪同前往，要独自前往。否则，会给用人单位留下"缺乏独立性"的不良印象。

③ 不要只带一份简历。面试你的人可能不止一个，预先料到这一点并准备好，会显得你做事正规、细致。

④ 不要开手机等通信工具。

⑤ 不要有颤抖、摇晃、舔嘴唇等习惯动作，坐姿要端正，手势要大方。

⑥ 不要有过分之举，遇到熟人时，只要以点头、微笑等方式与之打个招呼即可。

3. 忌不良态度

凡是参加面试的人，不管你的素质如何，一定不要忘记自己是在接受用人单位的面试。下列不良态度应当注意。

（1）目空一切、盛气凌人

有的求职者自认为各方面条件比较优越，于是就目空一切，恃才傲物。面试中态度倨傲，说话也咄咄逼人。具体表现有：一是面试官对自己回答的问题不够满意或进行善意引导时，常强词夺理、拼命狡辩、拒不承认错误；二是总想占据面试的主动地位，经常会反问面试官与面试无关的问题，如用人单位住房条件如何、自己将任何种职务，好像用人单位已决定录用他（她），面试仅仅是在谈条件；三是在被问及原单位工作情况时，不能够保持冷静，贬低原公司领导及工作，否定别人的成绩。面试中过分地贬低原来公司领导的工作，会让人觉得你自以为是，难以管束，喜欢背后议论别人，缺乏合作精神。

（2）孤芳自赏、态度冷漠

有的求职者可能性格孤僻，对人冷淡、心事较重，并且把这种个性带进了面试考场，不能积极与面试官配合，没有必要的热情和亲切感。其实所有用人单位的领导都希望自己的工作人员能够在工作中和睦相处、与人为善、团结互助、能令人感到轻松愉快，这样才能够提高工作效率。即使求职者平时性格孤僻，在面试过程中，也要注意克服，否则气氛一定很沉闷，回答也机械呆板，很可能因此而影响面试的成功。

【精彩案例七】

湖北某高校毕业生到外资企业去应聘，经过层层选拔，最后剩下一男一女两个人。外企老板对他们两个人同时面试，说："假如给你一辆汽车，有练习的跑道，一个星期内你能学会驾驶汽车吗？"男的说可以；女的说不敢保证。老板又问："在学校里，你是运动员吗？"男的说："我是足球运动员。"女的说："不是。"老板说："我的厨房里有各种菜和调料，你能不能做几个拿手的中国菜，给我尝一尝？"男的说能；女的说做不好。男的凭"是""可以""能"被录用；女的由于缺乏自信，被淘汰。

思考与训练

1. 面试前应做好哪些方面的准备工作？
2. 面试过程中应注意哪些问题？
3. 请根据下面的背景材料进行无领导小组面试。

董事长要选择一个办公室主任，你觉得下面谁最合适？

薛宝钗　贾母　王熙凤　林黛玉

答题要求：

（1）主考官提出问题后，第一名考生可用2分钟时间思考，可拟写提纲。

（2）每位考生按抽签顺序，每人限2分钟依次发言阐明自己的基本观点。

（3）依次发言结束后，考生之间可进行自由论辩。在论辩过程中考生可更改自己的原始观点，但对新观点必须明确说明。

（4）论辩结束后，考生将拟写的发言提纲及草稿纸交给考务人员，考生退场。

4. 根据下面应聘单位的招聘岗位进行模拟应聘。

招聘公司：内蒙古伊利实业集团股份有限公司

（1）大专及以上学历，市场营销、工商管理、国际经济与贸易等相关专业。

（2）2012届毕业普通全日制统招生。

（3）素质能力要求：诚实，具有较强的责任心、进取心、团队合作能力、自信心、沟通能力、主动性、学习和创新能力、逻辑推理能力，良好的社会适应性、情绪稳定性。

第二节　面试口才技巧

面试是口才的竞技场。面试过程中主要涉及自我介绍和问答两方面的口才技巧。

一、面试的自我介绍技巧

自我介绍，是面试中非常关键的一步，既是打动面试考官的敲门砖，也是推销自己的极好机会，因此一定要好好把握。考官借此考察面试者的语言表达、应变、心理承受、逻辑思维等能力及岗位的胜任能力。自我介绍是面试者所有工作成绩与为人处世的总结，也是接下来面试的基调，考官将基于面试者的自我介绍进行提问。

（一）自我介绍的原则

1. 实事求是，不可夸张

进行自我介绍要实事求是，不要言过其实，夸夸其谈。面试者特别要注意自我介绍要与个人简历、报名材料上的有关内容相一致，不要有出入，更不要有意夸大或制造事实上并不存在的优点。

2. 简洁明了，思路清晰

"每个人都要向孔雀学习，2分钟让整个世界记住自己的美。"自我介绍也是一样，要像商品广告一样在最短的时间内，将自己最美好的一面毫无保留地表现出来，给对方留下深刻的印象。同时，自我介绍要符合逻辑，思路清晰。介绍时应层次分明、重点突出，把最有价值的信息传达给面试官，使自己的优势很自然地逐步显露，不要急于罗列自己的优点。重要的不是要告诉考官你是多么优秀的人，而是要告诉考官，你是多么适合这个工作岗位。

3. 发音标准，吐字清晰

自我介绍时，普通话应力求标准，不可讲错字或念错音，方言最好不用。同时，声音要沉稳、自然、洪亮，语速要适中，吐字要清晰，声调要开朗响亮，这样才能给考官以愉悦的听觉享受。应使用灵活的口头语言，切忌以背诵朗读的口吻介绍自己。

【精彩案例八】

声音面试就是让前来应聘的人朗读、演讲、打电话，根据他们声音的大小、谈话时的风度气质、语言运用能力等决定是否录用。日本电产公司总经理永守重信认为，说话声音洪亮的人、自如表达自己思想的人、充满自信心的人，一定具有较强的工作能力。

4. 态度自然，注意礼貌

自我介绍时，应落落大方，彬彬有礼。表情要尽量放松，态度要自然、友善、亲切、随和，最好能略带微笑。可以面对镜子找出自己最具"亲和力"的笑容，学会用目光表达友善。

（二）自我介绍的内容

1. 开场白

自我介绍，要从开场的问候语开始，应礼貌地做一个极简短的开场白，它将决定整个面试的基调。当轮到你面试时，应轻轻敲两下门，得到许可后方可进入。进门后，应轻轻地转过身，关上门，然后要主动与主考官打招呼，并向所有的面试人员点头致意，得到回应后，再向对方介绍一下自己的自然情况。例如："各位考官上午好或下午好""各位领导好""各位老师好"等。声音要足够洪亮，底气要足，语速自然。若考官没有主动与你握手，你就不要主动与考官握手。等考官告诉你"请坐"时方可坐下。

2. 核心介绍

（1）基本信息

自我介绍的第一步，是要让面试官知道你是谁。这一步，主要介绍自己的个人履历和专业特长，包括姓名、年龄、籍贯等个人基本信息，教育背景及与应聘职位密切相关的特长等。

【相关链接】

生动、形象、个性化地介绍自己的姓名，不仅能够引起面试官的注意，而且可以使面试的氛围变得轻松。个性化地介绍姓名有多种方式，你可以从名字的音、义、形或从名字的来历进行演绎。

从名字的音：我叫邵飞，谐音少非，希望生活能少一点是是非非。

从名字的义：我叫俞非鱼。古语有言：子非鱼安知鱼之乐。父母希望我过得像鱼儿一般自在逍遥。

从名字的形：我叫陈赟。我的父亲叫陈斌，斌的宝贝就是赟。

从名字的来历：我叫赵丹，赵本山的赵，宋丹丹的丹。父母希望我能够像他们一样幽默地对待生活。

（2）你做过什么

做过什么，代表着你的经验和经历。这个部分，主要介绍与应聘职位密切相关的实践经历，包括校内活动经历、相关的兼职和实习经历、社会实践等。面试者要说清楚确切的时间、地点、担任的职务、工作内容等，这样让面试官觉得真实、可信。特别需要注意的是，你的经历可能很多，你不可能面面俱到，那些与应聘职位无关的内容，即使你引以为荣也要忍痛舍弃。

（3）你做成过什么

做成过什么，代表着你的能力和水平。这部分，主要介绍与应聘职位所需能力相关的个人业绩，包括校内活动成果和校外实践成果。介绍个人业绩，就是摆成绩，把自己在不同阶段做成的有代表性的事情介绍清楚。在介绍个人业绩时，需要注意以下方面。

① 业绩要与应聘职位需要的能力紧密相关。如果你应聘文员，就不需要介绍销售业绩。

② 介绍"你自己"的业绩，而不是团队业绩，因为用人单位要招聘的是"你"，而不是"你们"。

③ 业绩要有量化的数字，要有具体的证据。不要用笼统的"很好""很多"；也不要用"大概""约""基本"等概数，而要用确切的数字，例如：我一周内卖出了34箱方便面。

④ 介绍的内容应当有所侧重，不要说流水账，要着重介绍那些能体现自己能力的重点内容。

⑤ 介绍业绩取得的具体过程时，要巧妙地埋伏笔。例如，在介绍校外实践成果时，你可以这样描述："在工作中遇到了很多的问题，不过我还是成功地克服并达成了业务目标。"引导面试官提问"遇到了哪些问题"，然后你就可以进一步阐述细节内容，体现出自己处理问题的能力。

（4）你想做什么

想做什么，代表着你的职业理想。这个部分，应该介绍自己对应聘职位、行业的看法和理想，包括你的职业生涯规划、对工作的兴趣与热情、未来的工作蓝图、对行业发展趋势的看法等。介绍时，还要针对应聘职位，合理编排每部分的内容顺序及详略。与应聘职位关系越密切的内容，介绍的次序越靠前，介绍得越详细。自我介绍时，忌讳主动介绍个人爱好；忌使用过多的"我"字眼；忌头重脚轻；忌介绍背景而不介绍自己；忌夸口，忌说谎；忌内容过于简单，没有内涵。

3. 结束语

自我介绍后，考官可能就其中某一点向你提出问题，也可能过渡一下，继续下面已经安排好的问题。这时考官会说："我们十分欣赏你的能力……"或"你的自我介绍很精彩"等，这意味着自我介绍的结束，这时，一定要站起来对考官表示感谢，说声"谢谢"。在走出面试房间时先打开门，转过身来向考官鞠一躬，并再次表示感谢，然后轻轻将门合上。

（三）自我介绍注意事项

① 面试之前，一定要写一个自我介绍的草稿，最好找些朋友试着讲述几次，感觉一下，尽量令声调听来流畅自然，充满自信。

② 多用短句子以便于口语表述，在段与段之间可使用过渡性的句子，尽量避免颠三倒

四、同一句话反复说几遍。

③ 避免过分使用语气词、口头语。例如，老是用"那么""就是说""嗯"等引起下文，不仅有碍于内容的连贯，还容易让人生厌。

④ 注意掌握时间，如果面试考官规定了时间，一定要注意时间的掌握，既不能超时太长，也不能过于简短。

⑤ 说话时，眼睛千万不要东张西望，四处游离，显出漫不经心的样子，这会给人做事随便、注意力不集中的感觉。眼睛最好要多注视面试考官，但也不能长久注视，目不转睛。

⑥ 尽量少一些手的辅助动作，因为毕竟不是讲演，保持一种得体的姿态是很重要的。

【精彩案例九】

面试自我介绍

各位领导：

早上好！非常荣幸能参加这次面试。我来自美丽的海滨城市汕头，今年24岁，是大学本科应届毕业生。闽南的山水哺育我长大，我的血液里流淌着闽南人特有的活泼开朗的性格和爱拼才会赢的打拼精神。带着这种精神，在校期间我刻苦学习，不负众望，分别获得2008—2009年度二等奖学金，2009—2010年、2010年—2011年度三等奖学金，用实际努力报答父母和师长的养育之恩。除了学习之外，我还积极参加各种社会实践活动。我曾担任班级的宣传委员，组织了几次班级和学院的公益活动，如青年志愿者助残活动、向孤儿院儿童献爱心活动等。组织这些活动及与活动中成员的相处，让我学到了很多东西，对培养自己的组织能力和人际关系的处理能力有很大的好处，为我更快地走向社会提供了良好的平台。

此外，计算机和篮球是我业余最大的爱好，我计算机过了国家二级，除熟悉日常电脑操作和维护外，还自学了网站设计等，并自己设计了个人主页。我是班级的篮球队主力。我觉得，篮球不仅可以强身健体，还可以培养一个人的团队精神。回顾自己大学三年的工作、学习、生活，感触很深，觉得收获还是颇丰的。掌握了专业知识，培养了自己各方面的能力，这些对今后的工作都将产生重要的影响。

除此之外，应该看到我也有一些缺点，如有时候做事情比较急于求成，在工作中实践经验不足，等等。但"金无足赤，人无完人"，每个人都不可避免地存在缺点，有缺点并不可怕，关键的是如何看待自己的缺点。只有正视它的存在，通过不断的努力学习，才能改正自己的缺点。今后我将更严格要求自己，努力工作，刻苦学习，发扬优点，改正缺点，开拓前进。这次，我选择这个职位，除了专业对口以外，我觉得我也十分喜欢这个职位，相信它能让我充分实现我的社会理想和体现自身价值。我认为我有能力也有信心做好这份工作，希望大家能够认可我，给我这个机会！以上是我最真诚的自我介绍，谢谢各位领导！

二、回答问题技巧

面试像一场演出,"台上一分钟,台下十年功";面试更像一场战争,应聘者将要迎战考官提出的一个又一个问题。面试问答是面试中的重中之重,应聘者的回答将成为考官考虑是否接受应聘者的重要依据。因此,对于应聘者而言,了解回答问题的口才技巧至关重要。

(一)回答问题的原则

1. 观点正确,要点准确

观点是回答问题的灵魂,观点正确是问答的基础。要使自己的观点正确,就必须加强对党的路线、方针、政策及时事政治的学习。同时,回答问题前应理清观点,明确从几个方面来说,要点要准确,直截了当,重点突出。

2. 全面辩证,条理清晰

很多面试题的回答要求辩证地分析,思想要开阔,大多应采用辩证的观点去评析,防止片面性、简单化、绝对化。同时,面试还测试求职者的逻辑思维能力,所以在答题时,首先要注重思维的逻辑性,然后是陈述的逻辑性。逻辑性要求层次清晰,条理分明,过渡自然,前后呼应。

3. 见解独特,认识深刻

考官每天要接待若干名应试者,相同的问题要问若干遍,类似的回答也要听若干遍,考官会有乏味感。因此,只有具有独到个人见解和个人特色的回答,才会引起对方的注意。面试者要注重提出独特的看法、另类的视角,甚至是批评、推翻前人的看法、观点,只要能言之有理,自圆其说即可。千万不要生搬硬套书上、前人既定的观点思想,没有自己思想的应聘者很容易直接出局。

4. 知之为知之,不知为不知

面试遇到自己不知、不懂、不会的问题时,不应不懂装懂或回避闪烁、牵强附会,应诚恳坦率地承认自己的不足之处,这样反倒会赢得考官的信任和好感。

(二)常见面试问题回答技巧

1. 动机类问题的回答技巧

(1)出题原因

这通常是面试官最先问到的问题。求职动机类问题能够考察应聘者的求职动机与拟任职位的匹配性,内容会涉及应考者的价值取向和生活态度等多个方面,意在从你的回答来评估新工作是否适合你。

(2)常见问法

"你为什么选择我们公司?"或"你为何想离开原工作单位,到我们公司来呢?"

(3)答题思路

建议从行业、企业和岗位这三个角度来回答。求职者必须比较充分地了解这个部门、这家企业是干什么的,提供的职位应达到的工作目标是什么,这样才能有针对性地回答求职动机和志愿，即把个人的人生追求与用人单位及职务联系起来。多谈积极性的求职动机，比如"我喜欢有挑战性的工作""可以更好地锻炼自己，实现人生进取的目标""我本人不喜欢轻闲的工作，越是带创意的事业我越爱干"之类。少谈、不谈消极性的求职动机，比如"我来求职是因为在家里待着没意思""失业了，没个事干，让人家瞧不起"。

2. 个人爱好、特长类问题的回答技巧

（1）出题原因

业余爱好和特长在一定程度上能反映应聘者的性格、观念、心态，这是招聘单位问该问题的主要原因。

（2）常见问法

"你有什么业余爱好？"或"你有什么特长吗？"

（3）答题思路

不要说自己没有业余爱好或特长，不要说自己有哪些庸俗的、令人感觉不好的爱好和特长，也不要说自己仅限于读书、听音乐、上网等爱好，否则可能令面试官怀疑应聘者性格孤僻。最好能有一些户外的业余爱好，如爬山、游泳等，来"点缀"应聘者的形象。要尽量突出自己的长处，但也要注意适可而止，不要给对方以浮夸、吹嘘的印象。答问的重心仍要放在应聘者对申报的新职位有利的特点、长处上，否则考官不会感兴趣，最好以事实为证。

3. 实践经验性问题的回答技巧

（1）出题原因

如果招聘单位对应届毕业生提出这个问题，说明招聘单位并不真正在乎"经验"，关键看应聘者怎样回答。

（2）常见问法

"你是应届毕业生，缺乏经验，如何能胜任这项工作？"或"请谈谈你的工作经验。"

（3）答题思路

对这类问题的回答，要体现出应聘者的诚恳、机智、果敢。要注意关于工作经验问题是不能编造的，必须据实汇报，否则会给对方以不诚实的印象。语气既要肯定又要谦虚一些。应尽量渲染以前的经验如何对这份工作有利。如："作为应届毕业生，在工作经验方面的确会有所欠缺，因此在读书期间，我一直利用各种机会在这个行业里做兼职。我也发现，实际工作远比书本知识丰富、复杂。但我有较强的责任心、适应能力和学习能力，而且比较勤奋，所以在兼职中均能圆满完成各项工作，从中获取的经验也令我受益匪浅。请贵公司放心，学校所学及兼职的工作经验使我一定能胜任这个职位。"

4. 知识性问题的回答技巧

（1）出题原因

知识性问题，能考察应聘者对所要从事的工作必须具备的一般性和专业性知识的了解和掌握程度。

(2) 常见问法

知识性问题，包括一些常识性的知识和专业性的知识。常识性的知识，是指从事该工作的人都应具备的常识。例如，一个文秘人员应了解一些必要的秘书实务知识，一个人事工作者应了解必要的劳动人事制度和法规。专业知识，指专业领域的专门知识。例如，对网络维护人员的面试来说，就可能会提出下列专业问题：什么是计算机病毒？如何更好地预防计算机病毒入侵？

(3) 答题思路

对于此类问题的回答并没有什么窍门，只有靠应聘者自己平时的积累和扎实的学识基础。

5. 智力性问题的回答技巧

(1) 出题原因

智力性问题能够考察应聘者的反应能力、逻辑分析能力、判断能力等。

(2) 常见问法

选择一些智力题，考察应试者的综合分析能力。在微软的面试中，有这样一道面试题：假如你在飞机上遇到一位高尔夫球的生产商，向你询问中国每年消耗的高尔夫球的数量，你怎样回答？

(3) 答题思路

这类问题一般不是要应试者发表专业性的观点，也不是对观点本身正确与否做评价，而主要是看应试者是否能言之成理。怎样回答，对于在现实生活中见都没见过高尔夫球的人来说无疑是一头雾水。对于这种不可能找到正确答案的问题，我们只要找到它的解决办法就可以了，因为连面试官自己也不知道问题的答案。我们可以这样回答："首先，统计中国高尔夫球场的数目。然后，统计平均每天有多少位客人。再次，统计每位客人平均每天消耗的高尔夫球的数量。最后，我们把三个数相乘，再乘以一年的营业天数，就可以知道中国每年消耗的高尔夫球的数量。"

6. 情境性问题的回答技巧

(1) 出题原因

此类试题能够考察应聘者的应变、计划、组织、协调能力和情绪稳定性等，是目前面试中广泛使用的一种提问方式。

(2) 常见问法

设计一种假设性的情境，考察应聘者将会怎么做。如："当你的客户很明显在刁难你的时候，你如何应付？"

(3) 答题思路

对于此类试题，应聘者首先要理解自己的角色，把自己放到情境中去，然后提出比较全面的行为对策。如："首先要以公司的利益为重，尽可能让客户明白，公司的宗旨是全心全意地服务于客户。很多时候，我相信客户对于我的刁难也是出于对我公司办事能力的一种考验，我一定会竭尽全力使客户相信我，相信公司。不过，如果客户提出一些很过分甚至违背人性的要求，我不会妥协，我相信，公司也一定不会让员工在外受到人格上的侮辱。"

7. 压力性问题的回答技巧

（1）出题原因

这种问题通常是故意给应聘者施加一定的压力，看其在压力情境下的反应，以此考察应试者的应变能力与忍耐力。

（2）常见问法

有时考官可能提出真真假假的"题外题"。如：某电视台招聘记者，小郑前去应聘。面试中，考官指出："你说你爱好写作，可是我看了你填的报考表，在'自我评价'栏中居然出现了三处语法错误，现在既没有多余的表格，也不准涂改，你怎么办？"

（3）答题思路

对于此类试题，应聘者不要简单地就题答题，要多一个心眼，想得全面一些，让答案更完整圆满，首尾相顾，不致顾此失彼，留下缝隙，授人以柄。比如对于上面提出的问题，小郑听罢吃了一惊，心想填表时自己是字斟句酌的，怎么会有三处错误呢？但时间不允许他多想，他当机立断，回答说："为了弥补失误，我可以在表后附一张更正说明，上面写上：'某某地方出现了三处语法错误，实属填表人的粗心，特此更正，并向各位致歉。'不过……"他停顿了一下说："在发出这份更正说明之前，我想知道是哪些错误，因为不能无的放矢，错误地发出一份更正说明，我不愿意再犯这种错误。"他的机智应对，令考官们笑了。其实他的报考表并没有错误，这不过是考官设的一个圈套，用以考察他的自信心和反应能力。从表达角度看，他的得分主要在于后半部的补充说明。这一段内容的表达十分完美，滴水不漏，印证了他机敏全面、认真仔细、一丝不苟的品格，赢得了好评。

8. 薪酬类问题的回答技巧

（1）出题原因

薪酬问题既是一个敏感问题，也是一个实际问题。考官在初步有意向选择某位应聘者时才会提出薪酬问题。同时，提问的另一个目的，是观察求职者对工资的态度。如果对工资持无所谓的态度，那就试着给你一份低工资，看你能否接受。有的小公司往往在薪酬问题上讨价还价，能少给就不多给，目的是减少行政开支和降低经营成本。

（2）常见问法

"你希望挣多少钱？"或"如果你被聘用，你有哪些要求？例如：工资、待遇。"

（3）答题思路

对于这类问题的回答，至关紧要的是，事先了解这份工作大约应该得到多少薪酬，这个行业的一般薪酬是多少，心里有一个"参照点"。建议求职者可以利用现在网络科技查询薪资定位的相关资料，配合个人的价值观、经验、能力等条件，做出最基本的薪资底线。建议无工作经验者应采取保守的态度，以客观资料作为最主要考虑重点，如果你说得低了，你会失去一个本来可以得到较高薪酬的机会，还会让用人单位以为你没什么真本事；如果你说得过高，人家会认为你这个人是"狮子大开口"，"价码"太高，我们"买不起"，或认为你哪里是来工作呢？只知道挣大钱！进而把你筛选掉。如果你真的不知道要多少薪酬，也不能说："您看着给就是了"，这不是要求对方给赏钱。你可以技巧性地回答："我要回去打听一下，薪酬问题好商量"，或者"我不好一下子说定，贵公司真有意聘我，我再跟各位讲"。在回答工资多少问题时，别忘了询问对方的奖金是多少，有没有住房津贴，有没有医疗保险、交通补贴，一年有多少特别假期，有没有年终分红等，这就是一个人的"整体价""总收入"，有的单位工资不高但福利特别好，所以要看"整体价"。

【精彩案例十】

公开选拔县外经贸委副主任面试过程

主考官：欢迎你来参加今天的外经贸委副主任的竞聘。请你用2～3分钟时间介绍一下自己的工作经历和到任后的打算。

考生A：我叫×××，今年30岁，毕业于哈尔滨工业大学，1994年分配到环保部门工作，1996年调到工业局，任办公室主任，负责文秘工作至今。我之所以参加竞聘，就是为了更好地发挥自己的作用。特别是我国加入世贸组织以后，许多问题都面临着挑战，我喜欢在挑战中展现自己的能力。对今后的打算我还没考虑成熟，在此就不谈了。

考生B：我叫×××，1985年师范学校毕业，1990年调到县外经贸委。对于任职后如何搞好经贸委的工作，我的设想是：一、加大招资引力，采用多种手段，拓宽招资领域；二、开发新型产业，增加贸易项目；三、抓农副产品的出口，并要和县里的"鲜菜园"工程结合起来；四、为了早见成效，要加强对各种制度的具体落实，做到责任到人。这是我的初步设想，谢谢。

考生C：我叫×××，36岁，哈尔滨师范大学本科毕业，正在读在职研究生。现任乡党委副书记。师大毕业后分配到乡中学教语文，当过五年班主任，所带班多次被评为先进班集体，能很好地完成教学任务，并在报刊上发表文章十多篇。1997年调到县委办公室工作，任科长，这期间我主要抓了以下几项工作。第一，切实做好科学技术的推广工作，做好这项工作的主要措施是：一领导带头抓，二上下一齐抓，三下乡亲自抓。第二，抓好典型，以典型引路。第三，创造良好环境，比如，副职跟上靠下，尽职而不越位，摆正关系。

（评析：考生A对第一问"工作简历"回答得较好，简洁明确。第二问的回答却"脱离了轨道"，对所问的"今后打算"以"没考虑成熟"为由避而不答，却谈了他竞聘的动机，给人以所答非所问之嫌。考生B的回答，对"经历"谈得过于"简"了，但对今后的打算谈得很"内行"，简练清晰，没有废话，内容具体，联系实际。最后以一句"这是我的初步设想，谢谢"作结，显得谦虚、礼貌，考官听了不住地点头。考生C的回答条理还算清楚，但他忘记了时间的限制，主次不分，详略不当，眉毛胡子一把抓。）

主考官：请问，假如你是外经贸委副主任，你喜欢什么样的下属？

考生A：我喜欢有一定业务能力、能独当一面的下属。

考生B：我喜欢的下属，一是要有较高的思想素质，不贪不占，作风正派，不搞邪的歪的；二是要有较高的业务素质，既能在权力范围内搞好本职工作，又能在关键时候做出正确决定，既有改革创新精神又不莽撞行事；三是要坚持原则，敢于对不良现象进行批评，甚至对上级的错误决定提出不同意见。因为这样的下属才能使自己少犯错误，才能使工作有新的进展。

考生C：我喜欢对工作有责任心的、能力强、爱岗敬业的下属。当然，为人要实在，要和上级步调一致，不能越权，对事情不经请示不能擅自做主。当然也不是越听话越好。要基本指哪儿打哪儿。这样的下属让人放心。

（评析：对上面问题的回答，考生B回答得较好，全面具体，有理有据，而且思维敏捷，条理分明。最可喜的是有自己的独特见解。相比之下，考生A的回答只强调了业务能力，显得较片面单一、看法一般化；考生C的回答除了思想跟不上形势外，逻辑性也较差，先是强调"与上级一致""不能越权""不能擅自做主"，而后又说"不是越听话越好"，显得前后矛盾。而且两次用"当然"进行"转折"显得思维混乱。）

主考官：假如你有一位下属，很有能力，但有一些小毛病，你将如何处理，用什么办法帮他改正？

考生A：对于下属的一些小毛病，比如工作马虎的问题，我认为可通过谈心解决。（主考官：还有别的补充吗？考生A：没有了。）

考生B：我认为，对很有能力又有些小毛病的下属，要用爱护的态度去帮助他改正毛病。其方法是动之以情，晓之以理。比如，上班经常迟到，我先要调查清楚他迟到的原因，如果是家庭有实际困难，我就设法从解决他的困难入手，用真情感动他；如果是其他原因，就找他谈话指出迟到对工作的影响，并教给他避免迟到的方法，给他改正的机会，然后及时肯定他的进步。

考生C：首先您得承认，人无完人，（主考官：是的，我承认。）因此对于下属的一些小毛病，我们应该学会宽容。当然，对小毛病要具体情况具体分析，有些小毛病看起来小，但也能造成大祸害。您说他有什么毛病吧？（主考官：我是在问你，让你去分析设想。）那好，比如工作不勤快，我就先谈心，后警告，再不改就扣奖金、开除。

（评析：考生A的回答很干脆，但解决问题的方法没有展开谈，给人感觉有骨无肉。考生C回答得虽然较辩证，但有三处处理欠妥：一是开头的话与提问无大关系，二是让自己回答的内容不该反过来问主考官，三是没听清问题，问的是如何使下属改正小毛病，而不是"开除"了事。比较起来，还是考生B回答得较有条理，有血有肉，"爱护的态度""动之以情，晓之以理的方法"和对一个例证的分析解决，都显示了思维的严谨和较强的逻辑性。）

主考官：目前内地商标已进入了被境外抢注的高峰期，驰名商标、知名商标和原产地保护产品名称是境外抢注的热门。例如："大宝"在美国、中国香港等地被抢注；"红星"二锅头在欧盟、英国等地被抢注,"英雄"在日本被抢注,"安踏""雕牌""小护士"等品牌在中国香港被抢注等,请分析一下这是由什么原因造成的。

考生A:之所以出现这种情况,主要由市场竞争引起的,要竞争就要抢注别人有名的商标。

考生B:让他人抢注了商标,我认为主要是对自己的商标权的保护意识不够,让别人钻了空子。商标是无形资产,它的使用权是有期限的,到时你不及时注册,别人就要抢注。因此,必须提高对知识产权的保护意识。

考生C:抢注商标属盗窃行为,是违法的,对此现象应坚决打击严肃处理。我们可以告到法院,用法律追究这事。自己的东西不能让别人抢了去。

(评析:考生A和考生C的回答都很简练,但最大的问题是回答错误。考生A回答的第一句还沾点边,而第二句"要竞争就要抢注别人有名的商标"的话则明显错误。考生C的回答问题更大,因他不懂法律,也不知道商标权,因而闹出了笑话。考生B的回答一语中的,他先指出了商标被抢注的原因是对商标权"保护意识不够"造成的。接着又进一步谈了对商标保护的看法,分析正确,认识深刻。)

三、回答问题的注意事项

1. 管住耳朵

倾听是问答的基础,面试中应试者应耐心、专心、细心地听清考官谈话内容的要点、主题的变化、语音、语气、语调、节奏变化等各种信息,准确进行分析,然后进行回答。倾听时身体要前倾,并用点头或摇头等肢体语言表达应聘者对考官所考内容的理解程度。

2. 把住嘴巴

考官问完问题后,应试者可以考虑五至十秒钟后再作回答。若是应聘者在回答这些问题时根本不用思考,且倒背如流,面试官的第一感觉可能是事先经过了精心准备,继而会对应聘者所说内容的真实程度打个问号。在回答时,要注意语速不可太快,太快容易导致思维与表达脱节。同时,问答过程中尽量不要抢话,更不要打断对方的讲话。如果确实需要插话,应先征得对方的同意,用商量的语气问一下:"请等一下,让我问一句。"或"我能提一个问题吗?"

3. 控制肢体

面试考官试图通过应聘者对一些问题的回答,观察应聘者在压力下的反应,所以应避免消极的身体语言,如经常摸嘴、回答问题前假声咳嗽、咬嘴唇、笑容僵硬、抖动腿脚、交叉胳膊等。

4. 稳住情绪

面对考官提出的意想不到的或刁钻的问题,一定要稳定情绪,沉着理智,千万不能乱了方寸。

技巧是锦上添花的,包装的作用也是有限的,实力才是真正的竞争力。磨炼实力是面试取胜的根本。

思考与训练

1. 结合具体的例子，说明自我介绍的主要内容。
2. 面试中用人单位会问哪几类问题？
3. 请根据给出的招聘要求进行1分钟的自我介绍。

应聘公司：北京九阳实业公司

应聘岗位：驻东北区销售业务主管

岗位要求：大专以上学历或市场营销等相关专业的（有资源、丰富经验的不限制学历）。3年以上销售工作经验，有光热行业、光电行业、暖通、电力、建材等销售经验或大客户销售经验的优先考虑，吃苦耐劳，积极乐观向上，具有团队精神；语言流畅，沟通能力强，具有一定的管理能力，适应能力强，能常驻东北地区。

4. 在班级中分成若干小组，每一个小组中选出几名学生组成一家公司中的主考官、考官、经理等职务，其他学生作为应聘者来公司进行应聘。每个小组轮流上台试演，全班讨论确定最佳表现小组，教师进行总结归纳。

第三节　面试口才综合训练

一、面试的自我介绍训练

1. 训练目标

强化自我介绍的表述能力。

2. 训练方法

以面试自我介绍为话题，由学生轮流进行，限时3分钟，然后由学生和教师点评。

3. 训练材料

请根据以下材料，结合自身情况，以应聘者身份设计一段自我介绍。

绿达源（北京）生产资料有限公司招聘农化专家

招聘公司简介：成立于2007年，拥有绿达源、天地成微、海中大、保丰等品牌大部分农资产品的独家销售权，技术力量雄厚。企业经营的产品在山东、山西、河北等一些地方示范应用后，取得了巨大的效益。为了回报用户的厚爱与信任，2012年开始，企业准备开展以下创新性项目。企业利用自身强大的专家队伍，开发出一种新型产品：氨基酸+黄腐酸+PGPR生物菌剂+微量元素等多元的微生物肥料母液，并为客户提供品牌和生产加工合作。使得没有生物技术背景的肥料厂家也具有自己可以控制市场的生物肥料产品。本产品大大降低了高档生物叶面肥的生产成本，在未来的生物肥料领域将起到极其强大的推动作用。本产品的客户定位为全国范围的肥料厂家、大型灌溉基地，并将在国内某些城市推出为期一年的免费赠送活动。对于赠送的产品，公司只收取少量的物流费用和包装费用等，不收取产品的费用，当地用户可根据公司的用户认定原则，在当地赠送点领取。

招聘岗位：农化专家

招聘岗位职责：

负责公司产品的售后服务，对公司产品进行田间试验、示范、现场技术指导工作；

对常见农作物的各类病症，能根据各地提供作物种植期中出现的病症及时给出解决方案；

对客户进行产品技术指导、技术咨询、技术培训；

按时完成公司领导交办的其他任务。

招聘条件：

具有良好讲解、沟通、协调能力和语言表达能力，具备独立处理和分析问题的能力；

农学、农业技术、农林牧渔等相关专业；

有较强的执行力，做事有计划性和条理性，能够高质量地完成上级交付的任务。

4. 训练说明

可利用视听器材，如录音机或录像机等，将学生自我介绍时的情形录制后重播，找出缺点，然后改进。

5. 自我测试

修改下面自我介绍中的不当之处。

① 本人在校期间，勤奋学习，积极参加学校各项活动，以使自己得到全面发展。自入学以来，就担任多个学生会干部，取得了一定的成绩，具备了一定的工作经验，并在班上的两次评优过程中，均被评为优秀团员。

② 本人写作能力很强，有一定的文字功底，在×××人民广播电台实习过，写了许多新闻报道和通讯，相信自己能胜任文秘和宣传工作。

二、面试回答问题训练

1. 训练目标

训练学生的反应能力，强化学生在面试中回答问题的技巧。

2. 训练方法

采用模拟问答的形式，由教师提问，学生根据自己的情况作答。

3. 训练材料

（1）了解基本情况的问题

① 请问你现在是在职还是已经离职了？

② 你上家公司的规模大概多大？是做什么产品的？业内地位如何？是厂家还是代理商。

③ 你过去岗位的主要职责是什么？

④ 你们公司或者办事处销售人员的平均年业绩是多少？你自己的业绩是多少？
（2）了解岗位适配度的问题
① 你现在换工作的话，是想找一份什么样的工作呢？
② 能说一下你对我们这个岗位的理解吗？或者问你们现在的工作模式是什么？
③ 你对要选择的公司有什么标准吗？
④ 请问你为什么要离开上一家公司？
⑤ 你未来3到5年的职业规划是什么？
（3）了解薪酬要求的问题
① 你现在的薪酬大概是多少？薪酬结构是什么？底薪多少？提成如何？年薪大概多少？
② 你希望我们公司给你的薪酬是多少？
4. 训练说明
（1）模拟训练中的招聘方，问题可以根据学生所学专业进行适当调整。
（2）模拟双方的立场不得发生转变。

三、无领导小组讨论训练

1. 训练目标
掌握无领导小组讨论面试的基本过程，提高无领导小组讨论面试的口才技巧。
2. 训练方法
该训练采用模拟训练的方式，将学生分成若干小组。
3. 训练材料
（1）找出影响利润的原因（世界500强LGD面试题）
你被调到某旅游饭店当总经理，上任后发现，2007年第四季度没有完成上级下达的利润指标，其原因，是该饭店存在着许多影响利润指标完成的问题，它们是：
① 食堂伙食差，职工意见大；餐饮部饮食缺乏特色，服务又不好；对外宾缺乏吸引力，造成外宾到其他饭店就餐；
② 分管组织人事工作的党委副书记调离一月余，人事安排无专人负责，不能调动职工积极性；
③ 客房、餐厅服务人员不懂外语，接待国外旅游者靠翻译；
④ 服务效率低，客房挂出"尽快打扫"门牌后，仍不能及时把房间整理干净，旅游外宾意见很大，纷纷投宿其他饭店；
⑤ 商品进货不当，造成有的商品脱销，有的商品积压；
⑥ 总服务台不能把市场信息、客房销售信息、财务收支信息、客人需求和意见等及时地传给总经理及客房部等有关部门；
⑦ 旅游旺季不敢超额订房，生怕发生纠纷而影响饭店声誉；
⑧ 饭店对上级的报告中有弄虚作假、夸大成绩、掩盖缺点的现象，而实际上确定的利

润指标，根本不符合本饭店实际情况；

⑨ 仓库管理混乱，吃大锅饭，物资堆放不规则，失窃严重；

⑩ 任人唯亲，有些局、公司干部的无能子女被安排到重要的工作岗位上。

请问：上述 10 项因素中，哪三项是造成去年第四季度利润指标不能完成的主要原因（只准列举三项）？请陈述你的理由。

（2）海上救援（世界 500 强 LGD 面试题）

现在发生海难，游艇上有八名游客等待救援，但是现在直升机每次只能够救一个人。游艇已坏，不停漏水。寒冷的冬天，刺骨的海水。游客情况：

① 将军，男，69 岁，身经百战；

② 外科医生，女，41 岁，医术高明，医德高尚；

③ 大学生，男，19 岁，家境贫寒，参加国际奥数获奖；

④ 大学教授，50 岁，正主持一个科学领域的项目研究；

⑤ 运动员，女，23 岁，奥运金牌获得者；

⑥ 经理人，35 岁，擅长管理，曾将一大型企业扭亏为盈；

⑦ 小学校长，53 岁，男，劳动模范，五一劳动奖章获得者；

⑧ 中学教师，女，47 岁，桃李满天下，教学经验丰富。

请将这八名游客按照营救的先后排序。

4. 训练说明

① 学生接到"讨论题"后，用 5 分钟时间拟写讨论提纲。

② 按学号顺序每人限 3 分钟阐述自己的基本观点。

③ 依次发言结束后，用 30 分钟时间进行自由论辩。

④ 评分要素及权重如下。

• 沟通能力（20%）：语言表达准确简洁、流畅清楚，能很好地表达自己的意思，善于运用语音、语调、目光和手势。

• 分析能力（30%）：分析问题全面透彻、观点清晰、角度新颖，概括总结不同意见的能力强。

• 人际合作能力（15%）：能够尊重别人，善于倾听他人的意见，善于把众人的意见引向一致。

• 计划能力（15%）：解决问题的思路清晰周密，逻辑性和时间观念强，能准确把握解决问题的要点。

• 组织协调能力（15%）：善于消除紧张气氛并创造一个大家都想发言的气氛，能有效说服别人，善于调解争议问题。

• 自信心（5%）：能够积极发言，敢于发表不同意见，善于提出新的见解和方案，在强调自己的观点时有说服力。

四、结构化面试训练

1. 训练目标

掌握结构化面试的基本过程及口才技巧。

2. 训练方法

安排模拟面试,邀请有经验的主试者组成面试团,给学生提供实际的面试机会,并于事后评论其表现,使其有所改进。

3. 训练材料

你好,首先祝贺你顺利通过了笔试,欢迎参加今天的面试。请你来,是希望通过交谈,增进对你的直接了解。我们会问你一些问题,有些和你过去的经历有关,有些要求你发表自己的见解。对我们的问题,希望你能认真和实事求是地回答,尽量反映自己的实际情况、真实想法。在后面的考核阶段,我们会核实你所谈的情况。对你所谈的个人信息,我们会为你保密。面谈的时间为30分钟左右,回答每个问题前,你可以先考虑一下,不必紧张。回答时,请注意语言要简洁明了。好,现在我们开始。

① 从学校跨入社会,是人生的一次重要选择,你在选择生活,生活也在选择你。请你简单介绍一下自己的基本情况和主要经历。

追问:每个人的性格特点中都有优势和不足,你觉得自己性格特点中的优势和不足对应聘本岗位会有什么影响?为什么?

② 假如你是我公司的一名工作人员,某领导要求你来负责此事,那么你将如何组织实施?

③ 从心理学的角度来分析,为了给考官留下好印象,应考者都会竭力表现自己的长处,掩饰自己的不足,你现在是否也有这种心态?

④ 假如你有一个非常好的工作设想,经过实际调查,你认为这个想法既科学、又可行,但你的领导和同事们很固执,你采取什么办法说服他们与你合作?

⑤ 请你对自己今天的面试情况作一个评价。

很高兴你对我们的问题一一做了回答,今天我们就谈到这里,谢谢!

五、情景面试训练

1. 训练目标

掌握情景面试的基本过程及技巧。

2. 训练方法

设置一定的模拟情况,要求被测试者扮演某一角色并进入角色情景中,去处理各种事务及各种问题和矛盾。

3. 训练材料

(1)演讲类

【情境】由于对市场动向把握不准,公司今年的销售业绩并不理想,公司出现了前所未有的亏损局面。假设你是公司的总经理,在年终总结大会上,请进行3分钟以内的鼓舞士气的演讲。

(2) 书面表达类

【情境一】

假设你是公司销售部经理,本月的销售工作进行得并不理想,根据你的分析,主要是销售人员的专业技术知识较差所造成的。你的上级要你向他写一份本月销售工作的总结报告,你同时也希望利用这个机会向上级表明自己的分析和处理意见。请在两小时内完成。

【情境二】

假设你是公司的公共关系经理,公司需要制作一块用在经贸洽谈会上的展板。展板中的字数不能超过100个,请在30分钟之内完成有关公司介绍的文字稿。

(3) 会议主持类

【情境一】

假设你是公司总经理,由于各部门对公司明年经营计划反映不一,需要召开部门经理层会议进行统一协调,请主持该会议,并形成决策。

【情境二】

假设你是人力资源部经理,出于制定公司开发人员岗位职责的需要,你聘请了几位专家进行讨论,但几位专家的意见很难统一,请主持该会议,并形成决策。

4. 训练说明

模拟测试的题目,也可以根据学生的专业能力及具体工作岗位的需要进行调整。

六、行为面试训练

1. 训练目标

掌握行为面试的基本过程及技巧。

2. 训练材料

某外企行为面试题

① 描述一下你在大学期间所完成的你认为最好的一次团队合作的经历,为什么你觉得这次经历是最好的?

② 请告诉我,你最近在工作中与其他人共同解决问题的一个事件。

③ 请举例说明,你如何同时处理多个问题。

④ 请告诉我,你在一次重要目标争取中失败的情况。

宝洁公司行为面试题

① 描述你是如何使他人主动接受你布置的任务,并使其按你的构想达到目标的。

② 描述你是如何运用现有的事实,维护了与他人达成的协议的。

③ 举例说明,你是如何与他人合作并高效率地完成一项任务的。

④ 描述你提出的某个创意是如何为某个活动的成功举办做出巨大贡献的。

3. 训练说明

① 一定要选取一个你所亲身经历的、能反映问题的真实例子。提示：杜撰一个生硬的场景是冒险的、不足取的。

② 应对行为面试的最好方法就是事先做好准备。最佳的准备方法就是，不断地对所处的情况进行分析。从每一次的失误中吸取经验教训。这样，行为面试就会在不知不觉中变得很自然，同时也能够更好地展示自己。

七、电话面试训练

1. 训练目标

掌握电话面试的基本过程及技巧。

2. 训练材料

你好，请问是××先生（或小姐）吗？

你好，我是××有限公司人力资源部，我姓王，您之前投过我们营销代表职位的简历，想花几分钟时间和您做一个简短的沟通，您看您现在方便吗？

能说一下您对我们这个岗位的理解吗？

您对要选择的公司有什么标准吗？

期望的薪资？

您能接受长期外派吗？

如果邀请您来面试，什么时间比较方便？

您有什么问题想要咨询我吗？

3. 训练说明

① 训练时尽可能用电话的方式，使训练更有真实感。

② 交谈中语速要适中，吐字发音要清晰。

八、面试技巧测试

1. 训练目标

通过面试技巧的测试，考查学生对面试技巧的掌握及运用程度，并找出存在的不足，及时补充必要的知识。

2. 训练材料

下面是一些面试中经常出现的问题，请你根据自己的看法在两个答案中选择一个回答。

① 面试时，你会选择什么样的服饰？

A. 朴素典雅 B. 自己喜欢的

② 面试时，你会怎么处理自己的发型？

A. 略加修饰保持整齐。 B. 精心修饰和梳理

③ 面试时，你会带什么东西？
A. 随时带着公文包。 B. 尽量少带东西
④ 如果有机会的话，你会不会向面试人询问面试时间的长短？
A. 不会 B. 会
⑤ 考官讲话的时候，你会怎样做？
A. 自己思考 B. 认真倾听
⑥ 考官面前，你坐在椅子上的姿势是怎样的？
A. 稍微前倾 B. 挺直
⑦ 面试中，你讲话的语调是怎样的？
A. 柔和简洁 B. 大声响亮
⑧ 面试的时候，你的脸上表情如何？
A. 一丝不苟 B. 微微的笑
⑨ 考官讲话的时候，你的目光是怎样的？
A. 游移不定 B. 集中注意
⑩ 回答考官的问题时，是否需要加上礼貌性的词语，如"我认为"？
A. 不需要 B. 需要
⑪ 回答问题后，是否需要再加上一句"您认为呢"？
A. 需要 B. 不需要
⑫ 如果考官心不在焉，你会怎么办？
A. 请他另外安排一次会面 B. 询问他是否有什么事情
⑬ 如果考官不提你的工作条件和兴趣时，你会怎么办？
A. 以后找机会再谈 B. 主动提起这些话题
⑭ 如果你对考官的话语不是很理解，这时你怎么办？
A. 含糊过去，免得节外生枝 B. 问到明白为止
⑮ 在和考官握手时，你会怎样做？
A. 坚定有力的握手 B. 微握一下
⑯ 考官一边讲话一边看着你，你会怎样反映？
A. 点头示意 B. 看着他的目光
⑰ 在谈话中，如果使用手势，你认为怎样才是合适的？
A. 用力而持久 B. 简单而有力度
⑱ 考官讲话时，你已经猜到他下面要说什么，这时你将怎么做？
A. 插入自己的话 B. 听他把话讲完
⑲ 如果考官错误地理解了你的话，你将如何纠正？
A. 我想再解释一下 B. 我不是那个意思
⑳ 在面试的时候你迟到了，怎么办？

A. 说出自己的原因 B. 主动向考官表示歉意并且请他原谅

㉑ 如果考官迟到了，而且只能和你谈几分钟，你该怎么办？

A. 视情况决定是否请求另外一次面试 B. 维护自己的权益并且表示不满

㉒ 当原定的考官不能前来，由其他人代替，你会怎样对待？

A. 不参加面试，等待原来的主试 B. 照样面谈

㉓ 考官向你谈起你的个人隐私的时候，你将如何去做？

A. 把谈话纳入正轨 B. 当善解人意的听众

㉔ 在谈话时，考官向你表达他对你的赞美，你会怎样做？

A. 说声"谢谢" B. 向他展示自己的能力高强

㉕ 如果考官在谈话时滔滔不绝，不容你插话，你怎么办？

A. 插入自己有关的问题和信息 B. 礼貌地告诉他愿意谈谈自己的看法

㉖ 你觉得考官并不明白工作的要求，也不能正确评价你的水平时，你怎么办？

A. 要求其他的人来进行面试 B. 说一些他能理解的东西，以便留下好印象

㉗ 当参加使用录像的面试时，你应当穿什么颜色的衣服？

A. 干净朴素 B. 深色西服或衬衣

㉘ 面试中，当考官问你最大的优点是什么时，你会怎么回答？

A. 融入团队 B. 勤奋工作

㉙ 面试中，当考官问你最大的缺点是什么时，你会怎么回答？

A. 过于追求完美 B. 沟通能力差

㉚ 当要求你做自我介绍时，你会先谈什么？

A. 谈谈你对该行业的看法 B. 简要陈述经历

㉛ 面试中，当考官问你希望得到多少薪金时，你会如何反应？

A. 根据自己对该职位的了解估计出薪金 B. 询问该公司为此职位设定的薪金范围。

㉜ 你认为用人单位更看重简历中的什么内容？

A. 社会实践 B. 学习成绩

㉝ 面试中，当考官问你，如果成为一个管理者，你的管理风格是集权型还是放权型时，你会根据什么作答？

A. 根据自己的管理风格 B. 根据公司眼下的任务

㉞ 面试中，当考官问你为什么选择现在的专业时，你会如何反应？

A. 坦诚地承认这个专业现在很热门

B. 因为这个专业能为我今后的职业发展奠定基础

㉟ 当问及你应聘的工作岗位主要职责是什么时，你如何反应？

A. 表示尽忠职守，履行通常的职责任务，对不同单位个别的要求予以了解

B. 过于具体地描述工作职责

㊱ 当问及你在此类工作岗位上有何种经历时，你会如何回答？

A. 回答时尽量涉及此类工作岗位可能的全部项目，不知道时要询问清楚

B. 知道多少就答多少，不知道时无须问及

㊲ 面试中，问及你认为在你的工作中最重要的是什么，你会怎样回答？

A. 尽到自己的本分

B. 个人表现如何与整体利益相吻合，提高工作效率

㊳ 当问到你曾经从事过的与专业最不相关的工作是什么时，你将如何反映？

A. 只要职业生涯中从事过的都答上，并且谈其收益之处，不论工作多么卑微

B. 只谈听起来体面的

㊴ 面试中，考官说：向我谈谈你自己，你如何反应？

A. 话题尽可能与职业努力方向有一定的相关性，描述自己的一些行为特征

B. 尽量谈一些无关紧要的问题

㊵ 考官问及你在工作中，将如何展示自己的主动性，将如何作答？

A. 时刻注意自己的绩效，不时给雇主惊喜和提醒，使同事容易开展工作

B. 表现出强烈的工作热情，不必在意单位政策和规章制度的限制

㊶ 在面试中，考官问你，如果下属的工作令你无法接受时，你将如何对付他们，你的回答是？

A. 始终通过友好的方式与下属沟通并促使其改进

B. 在必要时采取强硬的行动，如解雇

㊷ 面试中，考官问以下两个因素在你决定接受聘用时起着重要作用的是哪一个，你的选择是？

A. 公司　　　　　　　　　　　B. 应聘这个职位

㊸ 在面试中，主试问你在业余时间通常喜欢做什么，你将会如何反应？

A. 简单谈谈自己在各方面的广泛爱好　　B. 详细谈自己的一两个爱好

㊹ 面试人为了调节气氛，给你讲了一个笑话，你觉得是否应该附和着也讲一个笑话？

A. 应该　　　　　　　　　　　B. 不应该

㊺ 当问到：你如果被录用，请你从1～10级选择自己的兴奋程度时，你的回答是：

A. 10级　　　　　　　　　　　B. 10级以下

计分：

题号	1	2	3	4	5	6	7	8	9	10	11	12	13	14	15
A	1	1	0	0	0	1	1	0	0	1	0	1	0	0	1
B	0	0	1	1	1	0	0	1	1	0	1	0	1	1	0
题号	16	17	18	19	20	21	22	23	24	25	26	27	28	29	30
A	1	0	0	1	0	1	0	1	1	0	0	0	1	1	1
B	0	1	1	0	1	0	1	0	0	1	1	1	0	0	0

续表

题号	31	32	33	34	35	36	37	38	39	40	41	42	43	44	45
A	0	1	0	0	1	1	1	0	1	1	1	0	1	0	1
B	1	0	1	1	0	0	1	0	0	0	1	0	1	1	0

3. 训练说明

41 分及以上：

面试技巧很纯熟，也许应聘者参加过多次面试，积累了很多的经验。在此基础上，可以进一步挖掘自己的潜力，以表明自己是一个实干家。一位为了增加销售额节省时间或节省经费寻找各种途径的人，属于不时给雇主一个惊喜的人、一位使同事的工作更易开展的人。为了达到自己的目标，请多找一些自身优势，以此作为面试时的砝码。相信一般的面试都应该难不倒你。

20～40 分：

面试技巧一般，如果面试不是太严格的话，应聘者是可以应付的。但是大多数公司都有正规的面试方法。应聘者必须懂得每一位员工都必须具备更强的效益意识，应该熟知个人的职责如何与整个公司的利益相吻合。同时有必要向主试人提供如下信息：应聘者给自己在加盟单位如何定位以及为适合这个岗位还必须做哪些努力。为了增加录用的概率，建议应聘者多参考职业指导丛书，提高自己的面试技能，打有准备之仗。

19 分及以下：

面试技巧有待提高，也许应聘者是刚刚毕业的大学生，或者很少参加面试，所以面试经验不足。在面试中，必须绝对清楚对于考官来说什么是最重要的，必要时可以对有关工作要求提出询问，应聘者思考和分析能力将得到尊重，得到的信息将自然使应聘者更能贴切地回答问题。另外，有些问题旨在试探应聘者的时间分配能力、分析能力以及是否有逃避工作任务的倾向。假如，应聘者对所聘岗位工作缺乏全面的了解，那就完了，随时都可能被清理出场。应聘者应该多向别人请教，多看一些职业指导方面的图书，提高自己的面试水平。

经典推荐

1.《职来职往》是由江苏卫视和中国教育频道联合打造的，帮助求职者正确对待自己与职场，为职场精英提供就业机会的国内首档职场娱乐真人秀节目。每个求职者上场放3段短片介绍自身情况与求职意向，台下18位名企高管有灭灯的权利，如果对求职者感到不满意或不符合求职标准都可灭灯，如最后一轮还有9盏灯亮，求职者就可以从百强中选择就职企业。虽然有时求职者优缺点在高管面前暴露无遗，但就算最后没有成功，也会有所收获。

2. 智联招聘网是一家免费招聘、免费求职的人才招聘网站，深受人才和招聘企业喜爱，目前是中国最大的免费浏览人才简历的招聘网站。

3.《101种面试巧妙回答（世界500强面试）》，作者罗恩·费莱，中国铁道出版社出版。

4.《著名企业求职面试指南》，作者郭晓博，电子工业出版社出版。

第六章

社交口才训练

内容提要

1. 社交口才基础知识
2. 社交口才技巧
3. 社交口才训练

情景导入

有位客人到一家星级酒店吃饭,点了一份"龙虾刺身"。当菜上来之后,客人发现盘中的龙虾少了一只虾螯,就好奇地询问侍者缘由。侍者一时不知该如何回答,就只好请来经理。经理见状,先是道歉说:"真是对不起,先生,您知道,龙虾是一种残忍的动物。所以,您点的这只龙虾可能恰巧在与同伴打架时被咬掉了一只螯。"此时,客人也不示弱,同样巧妙回答:"既然是这样,那就请你给我换一只打胜仗的龙虾吧!"经理无言以对,只得吩咐服务员按照顾客的要求重新上菜。

社交口才的魅力在于,话并不直说,而是通过含蓄的表达方式让人心领神会。经理与顾客的交谈均运用了语言技巧,在营造轻松活泼气氛的同时,阐明了各自的立场。不难看出,顾客的口才更胜一筹。顾客对经理,没有剑拔弩张、怒发冲冠,而是因势利导,用艺术性的言语与对方交涉。正所谓"一句话说得人跳,一句话说得人笑"。

本章主要讲述社交口才的基础知识和技巧，帮助读者了解和掌握社交口才技巧，从而赢得社交的主动权。

第一节 社交口才基础知识

语言的文明，不仅是社会文明程度的重要标志，也是个人文化素养的集中表现。随着社会竞争的日趋激烈，人与人之间良好的沟通和交往日显重要，社交口才越来越被视为现代成功人士不可缺少的才能之一。

一、社交口才内涵及作用

1. 社交口才的内涵

社交口才是指人与人之间在社交活动中所表现的语言艺术或才能，即善于用准确、贴切、生动的语言表达自己的思想、意愿的一种能力。社交能力的核心就是口才。社交口才是技能与艺术的综合表现。好的社交口才，能闪烁出真知灼见，给人以精明、睿智、风趣之感。

2. 社交口才的作用

自古以来，人类就通过语言沟通，实现与他人交流思想、联络感情的目的，从而建立起和谐友好的人际关系。

现实生活中，人们依赖社交口才维系亲情、建立友情、追求爱情，生活因此变得精彩，人生也更加乐趣无穷。事业上，人们用社交口才强化和维护各种关系，扩大自己的工作领域，提升自己的工作能力和办事效率，使工作变得轻松愉快，使事业有更广阔的发展空间。

【精彩案例一】

小林是一位高职院校毕业生，在公司里，他的专科学历可以说是"垫底"的。2011年，小林却被提升做了部门主管，这个结果让公司大部分同事深感意外，细一想但也在情理之中。小林工作态度很认真，但业绩属于中等，还偶尔犯些小错误。不过，每次犯错后，小林表现出来的羞愧、有错必纠的积极态度和诚恳的认错语言都让人不忍再责怪他。中午有空他就找人聊天，还经常买东西给办公室的人吃。即使别人对他大吼大叫，他也从不生气。与同事说话，也总是和声细语的，还经常帮助同事。就这样，小林在公司熬了好几年，尽管工作上没有多少令人称道的成绩，但他温和朴实的态度却赢得了大家一致的好评。

另一位候选人小汤，平时工作十分卖力，在公司，能力和贡献有目共睹。他总觉得这个位置必然是自己的，却不料，老板最后选择小林做了主管。在这次升职的民意考察中，老板得知，同事虽都肯定小汤的工作能力，但因为他平时太孤傲，群众关系不好，所以大家把票都投给了小林。

二、社交口才运用的原则

社交中受人欢迎、具有魅力的人，一定是掌握社交口才原则的人。社交口才基本原则主要表现在适时、适量、适度三个方面。

1. 适时

说在该说时，止在该止处，就叫适时。有的人在社交场上，见面时不及时问候，分手时不及时告别，失礼时不及时道歉；在喜庆热闹的气氛中诉说自己的不幸，在悲伤严肃的场合谈笑风生，在别人心绪不宁时滔滔不绝发表议论，这些都是令人反感的举止，是社交中的大忌。

【精彩案例二】

一对新人在酒店举行婚礼，正赶上大雨下个不停，新人和客人们觉得很懊丧，婚礼气氛有点不愉快。这时餐厅经理来到新人和诸位客人面前，微笑着高声说"各位来宾：老天爷作美，赶来凑热闹，这是入春以来的第一场好雨。好雨兆丰年，象征着这对新人的未来是十分幸福的。雨过天晴是艳阳天，说明今天在座的所有客人都将迎来更加灿烂的明天。我提议，为了创造和迎接雨过天晴的明天，大家干杯！"话音一落，整个餐厅的气氛发生了180度的大转弯，沉闷的婚礼场面，一下子活跃起来。

2. 适量

适量既指说话的多少要适当，也包括说话的音量要适宜。适量并不是少说为佳，适量与否应以是否达到了说话目的为衡量标准。大庭广众之中说话音量宜大一点，私人拜访交谈音量宜适中，如果是密友、情人间交谈，小声则可以表现亲密无间、情意绵绵的特殊关系，给人一种亲切感。

3. 适度

适度，是指根据不同对象把握言谈的深浅度，根据不同场合把握言谈的得体度，根据自己的身份把握言谈的分寸度。

三、社交口才禁忌

在长期的社会交往活动中，人们逐渐形成了一些约定俗成的社交惯例。在社交中，要注意分寸，明确多种"不"的惯例，才能随心所欲不逾矩，不犯禁忌。

1. 不问年龄

女性的年龄是保密的，她们希望自己永远年轻，特别是外国女性，24岁以后就不愿再如实告诉别人自己的年龄。

2. 不问婚否

中国人有时爱谈论彼此的婚姻状况，有时候很突然地问对方这个问题是不礼貌的。

3. 不问经历

中国人之间交往，很多人以询问经历来寻找共同的话题。但是在社交场合这是不礼貌的话题，因为"经历"问题既是对方的"老底"，也聚集着许多悲欢离合，一般应避免谈论。

4. 不问收入

收入是一个极为敏感的话题，不到很相熟的程度，最好免谈。对能够反映出个人收入状况的化妆品和服饰的价格、汽车的型号、住宅的大小等问题，也不宜谈及。

5. 不问健康状况

个人的健康状况，也属于隐私范围。因此在与人最初的交往中，最好别打听对方的健康状况。更不要因对方脸色不好而惊讶地说："你是不是得了什么病？"

6. 不过分开玩笑

朋友之间相处，开玩笑是经常发生的事。但开玩笑要适度，不能违背礼仪。过度的玩笑常常适得其反，引起不良的后果。

7. 不乱起绰号

绰号即外号，它是根据别人的特点而人为产生的。有的绰号，如称中国女排名将郎平为"铁榔头"，称英国前首相撒切尔夫人为"铁娘子"等，是一种褒义的美称，是包括本人在内都乐于接受的。而有些揭短的绰号一定要忌起。

8. 不随便发怒

在社交场合中随便发怒，首先对发怒的对象不友好，会伤了和气和感情，失去朋友、同事之间的友谊与信任。其次，对发怒者不利，一方面对本人的健康产生不良的影响；另一方面对发怒者的形象有不良的影响，给人留下缺乏修养、不宜深交的印象。社会交往中遇事要冷静思考，要多为对方着想，站在对方的角度考虑问题，要善于查找自己的缺点、修正自己的看法。此外，对人要平和礼貌。每个人都有自己独立的人格和独特的个性，都有各自的生活习性和兴趣爱好，都有不受他人干涉的生活领域。尊重他人，事实上也是在尊重自己。

【精彩案例三】

一天，风与太阳在争论谁比较有力量。风说："当然是我，你看下面那个穿着外套的老人，我打赌，我可以比你更快地叫他脱下外套。"

说着，风便用力对着老人吹，希望把老人的外套吹下来，但是它愈吹，老人把外套裹得愈紧；后来，大风吹累了，太阳便从后面走出来，暖洋洋地照在老人身上，没多久，老人便开始擦汗，并且把外套脱下。太阳于是对风说道："温和、友善的力量永远强过激烈与狂暴。"

9. 不当众纠错

"不当众纠错"，就是对他人的举止行为，不要轻易当众评论。社会交往中，虽讲究待人以诚，但却不宜当面纠错。指责他人不仅有损他人的自尊，也使自己成了不受欢迎的人。

10. 不言而无信

言而无信的人在社交场合中绝不会有自己真正的朋友。朋友要以诚相待，坦率真诚地与人交往，在关键时刻要帮助朋友排忧解难，与朋友建立真正的友谊。平时在社会交往过程中，一般不要许诺过多，一旦许诺，便要记住，并日后兑现。平时说话一定要恪守信用，要有责任感，绝不食言。

11. 不恶语伤人

恶语是指肮脏污秽、奚落挖苦、刻薄侮辱的语言。这些语言和现代文明极不相称，必须予以杜绝。

12. 不妨碍他人

在公共场合，每个有教养的人都应当有意识地约束自己的行为，尽量不因为自己的行为举止妨碍、打扰他人。在车站、机场、商店等公共场所，说话的声音要小到不妨碍他人为宜，手势也不宜过多。在大庭广众之下不要走路"咚咚"作响，步子要轻一些。遇急事，不宜惊慌失措、拼命奔跑，以免引起他人的不安。

思考与训练

1. 社交口才的基本原则是什么？
2. 社交口才应注意哪些问题？

第二节　社交口才技巧

社交口才是现代人必备的重要能力之一。只有熟练掌握社交口才技巧，才能在社会交往中赢得尊重、打开局面。

一、打招呼的技巧

打招呼也称问候。见面打招呼、问好是人们在交往中借助交谈互表友好和认定的一种方式。打招呼是人们见面时最简便、最直接的礼节，主要适用于在公共场所相见。

（一）打招呼的基本要求

1. 得体

和别人打交道，总是以称谓开头。称谓得体，可使对方感到亲切，交往便有了基础。称谓要根据对方的年龄、身份、职业等具体情况和交往的场合，以及双方的关系决定。比如，和你的兄弟姐妹、同窗好友、同一车间班组的伙伴见面时，直呼其名更显得亲密无间、欢快自然、无拘无束。一般来说打招呼以先长后幼、先上后下、先女后男、先疏后亲为序比较得体。

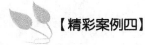
【精彩案例四】

有位年轻人骑马赶路，忽见一位老汉从旁边路过，他便在马上高声喊道："喂！老头儿，离客店还有多远？"老汉回答："五里！"年轻人策马飞奔，急忙赶路去了。结果一气跑了十多里，仍不见人烟。他暗想，这老头儿真可恶，说谎骗人，非得回去教训他一下不可。他一边想着，一边自言自语道："五里，五里，什么五里！"猛然，他醒悟过来了，这"五里"不是"无礼"的谐音吗？于是拨转马头往回赶。追上了那位老人，急忙翻身下马，亲热地叫声"老大爷"，话没说完，老人便说："客店已走过去了，如不嫌弃，可到我家一住。"

这则流传很广的故事说明了一个朴素的道理：见了陌生的长者，一定呼尊称，如"老爷爷""老奶奶""大叔""大娘""老先生""老师傅""您老"等，不能随便喊"喂""嗨""骑车的""放牛的""干活的"等。否则，会使人讨厌，甚至发生不愉快的口角。另外，还需注意，看年龄称呼人，要力求准确，否则会闹笑话。比如，看到一位二十多岁的妇女就称"大嫂"，而实际上人家还没结婚，就会使人不高兴。

2. 适度

选择招呼的方式、语言要考虑环境、场合因素。生活场合中，关系密切的人之间可以运用轻松、随意的招呼方式和语言，而在工作、社交中，就应该选用较正式的招呼方式和语言。在日常交往中，对领导、对上级最好不称官衔，以"老张""老李"相称，使人感到平等、亲切，明智的领导会喜欢这样称呼。但是，如果在正式场合，如开会、与外单位洽谈工作时，称领导为"王经理""张厂长""赵校长""孙局长"等是必要的，因为这能体现工作的严肃性、领导的权威性和法人资格，是顺利开展工作所必需的。

1972年，周恩来总理在欢迎美国总统尼克松的招待会上这样开场称呼："总统先生，尼克松夫人，女士们，先生们，同志们，朋友们！"这种客气、周到而又出言有序的外交家的风度，给人们留下了深刻的印象，是我们学习的典范。

如果打招呼的对象不止一个人，就要做到面面俱到。如果来者是两位长辈可说："两位伯伯好"，表现谦恭有礼。同辈则可随便些，如"二位有何贵干。"遇到三人以上的，并且他们正自顾玩笑，你可"视而不见"，免得一打招呼冲了对方兴致，但事后碰到要说明。如果对方中仅有个别人熟悉，虽然只能与熟人打招呼，但目光也应顾及其余人，以表示对其余陌生人的尊重，也是对熟人的尊重。

（二）打招呼的一般规则

① 男性先向女性致意，年轻的不管男女均应首先向年长者致意，下级应向上级致意。两对夫妇见面，女性先互相致意，然后男性分别向对方的妻子致意，最后男性互相致意。

② 在大街上打招呼，三四步远是最好的距离，男子可欠身或点头，如果戴着帽子须摘

去。与人打招呼时，忌叼着烟卷或把手插在衣袋里。

③ 女性在各种生活场景中，均应主动微笑点头致意，以示亲和。

④ 对熟人不打招呼或不应答，对打招呼的人来说，都是失礼的行为。

⑤ 与西方人打招呼时，应使用西方人的习惯，避免中式用语"你上哪儿去""你干什么去"等。在西方人看来，有涉人隐私之嫌，是失礼的语言；更不应说"吃饭了吗"，否则被误认为，你想邀请他一起吃饭。

⑥ 与少数民族及信奉宗教的人打招呼，应根据当地的宗教信仰及招呼习惯。比如与信奉伊斯兰教的人打招呼，应用"真主保佑"以示祝福。

（三）常见打招呼用语

① 最广泛、最简洁明了的任何时候都可以用的招呼语是"您好"，这既是一个问候语，同时又有对他人祝福的含义。

② 根据碰面的时间，互相道一声"早晨好""下午好""晚上好"，也是一种比较简单、实用、明了的招呼用语。

③ 适用于第一次见面："很高兴见到你。"

④ 适用于曾经见过，但不太熟的人："很高兴再次见到您。"

⑤ 适用于有一阵子没见面的朋友："你最近怎么样？"

⑥ 适用于很久没见的朋友："好久不见，很想念你。"

另外，诸如"近来如何""别来无恙"等也是较常见的招呼语。

二、介绍的技巧

介绍是社交活动的开始。在社交中，介绍是最基本、最重要的内容之一。介绍是人与人之间相互沟通的出发点，也是人们获取信息的重要途径。掌握恰当的介绍技巧，能创造礼貌、和谐的气氛，有助于达到交际的目的。一般来说，人与人之间的介绍活动可以分为"自我介绍"和"居间介绍"。

（一）自我介绍

自我介绍，就是在必要的社交场合，由自己担任介绍的主角，自己把自己介绍给其他人，以使对方认识自己。自我介绍是一个人的"亮相"，是推销自己的极好机会。因此，要谨慎选择介绍用语，给人一个最佳的"第一印象"。

1. 自我介绍的原则

（1）实事求是

进行自我介绍要实事求是，不要言过其实，夸夸其谈。介绍时，最好每一句话都有信息点，都是一个事实，自己应该少发议论，少作评价，要"用事实说话"。特别要注意如果对方已经对你的情况有所了解，那么自我介绍要与个人简历、报名材料上的有关内容相一致，不要有出入，更不要有意夸大或制造事实上并不存在的优点。

（2）简洁明了

每个人都要向孔雀学习，1秒钟让整个世界记住你的美。自我介绍要像商品广告，在最短的时间内将自己最美好的一面，毫无保留地表现出来，给对方留下深刻的印象。通常以1分钟左右为佳，如无特殊情况最好不要长于3分钟。

（3）思路清晰

自我介绍要符合逻辑、思路清晰。介绍时应层次分明、重点突出，把最有价值的信息传达给对方，使自己的优势很自然地逐步显露。不要急于罗列自己的优点、掩饰自己的缺点。

（4）富有个性

自我介绍的对象有时是一群人。这种情况下，自我介绍不但要注意到大家期望了解你的程度，也要尽可能使自我介绍成为展示自己个性的机会。因此，介绍用语要富有个性色彩，突出自己的特点，不讲泛泛而谈的空话。介绍时，最好每一句话都有个人的特色，都应该只属于自己而不属于别人。

【精彩案例五】

① 大家好，我叫×××。1980年中国制造，长178 cm，净重66 kg。采用人工智能，各部分零件齐全，运转稳定，经二十多年的运行，属质量信得过产品。该"产品"手续齐全，无限期包退包换。

② 大家好，本人朦胧记得那是1987年的第一场雪，比1986年来的稍微晚了一些，随着雪片的下落，我也随之来到了这个世间。我偎依在母亲的胸前，静静地看着窗外的雪，突然，我笑了。于是坐在床边的爸爸来了灵感，给我取了个名字，叫顾雪笑。母亲看着襁褓中的我直摇头，说应把"笑"改成"欣"，于是一个崭新的顾雪欣在北风的呼啸声中诞生了！

2. 自我介绍的形式

自我介绍可以根据交际的目的、场合、时限和对方需求的不同而采用不同的形式。

（1）应酬式

适用于某些公共场合和一般性的社交场合，这种自我介绍最为简洁，往往只包括姓名一项即可，如"你好，我叫××""你好，我是××"。

（2）公务式

适用于工作场合，自我介绍包括本人姓名、供职单位及其部门、职务或从事的具体工作等，如"你好，我叫××，是××公司的销售经理""我叫××，在××学校读书"。

（3）交流式

适用于社交活动中，希望与交往对象进一步交流与沟通。自我介绍大体应包括介绍者的姓名、工作、籍贯、学历、兴趣及与交往对象的某些熟人的关系，如"你好，我叫××，在××工作。我是××的同学，都是××人"。

（4）礼仪式

适用于讲座、报告、演出、庆典、仪式等一些正规而隆重的场合。自我介绍包括姓名、单位、职务等，同时还应加入一些适当的谦辞、敬辞。如"各位来宾，大家好！我叫××，是××学校的学生。我代表学校全体学生欢迎大家光临我校，希望大家……"。

（5）面试式

适用于应聘、应试等场合。自我介绍的内容，通常包括本人姓名、年龄、籍贯、学历、简历、特长、兴趣等。

【精彩案例六】

大一新生自我介绍

大家好！为了让大家更加了解我，下面我对自己进行简单的介绍。我叫刘畅。幼年时曾作过许多色彩斑斓的梦，当播音员或者当一名电视节目主持人是我最大的梦想。于是，我利用一切机会学播音、练演讲、说相声、打快板、表演舞蹈、主持节目。我参加爸爸所在部队的春节文艺晚会，我表演的快板书、绕口令受到战士们的热烈欢迎。我深深地知道，做一名合格的播音员或者电视节目主持人是一件非常不容易的事情。成长的道路上会有成功的喜悦，但更多的是失败和沮丧；会有收获的幸福，但更多的是耕耘的艰辛。但我有勇气、有决心去面对这一切。于是，今天，我站在了同学们中间。我和在座的同学们一样，渴望展翅高飞，渴望将来有更大的发展空间，有施展才华的更广阔的天地。我想，有耕耘就会有收获。未来的四年里，有各位老师的倾情传授，我们一定会有一个无限美好的未来。

3. 自我介绍的注意事项

自我介绍想要恰到好处、不失分寸，就必须高度重视以下4个方面的问题。

① 注意时机，自我介绍应在适当的时间进行。自我介绍最好选择在对方有兴趣、有空闲、情绪好、干扰少、有要求之时。

② 语气自然，语速正常，语音清晰。生硬冷漠的语气、过快过慢的语速，或者含糊不清的语音，都会严重影响自我介绍的效果。

③ 讲究态度。态度要保持自然、友善、亲切、随和，整体上要落落大方、笑容可掬、充满信心和勇气，要敢于正视对方的双眼，显得胸有成竹，从容不迫。

④ 讲究方法。进行自我介绍，应先向对方点头致意，递送名片，得到回应后再向对方介绍自己。如果有介绍人在场，自我介绍则被视为不礼貌的。应善于用眼神表达自己的友善，表达关心及沟通的渴望。

（二）居间介绍

居间介绍，又称第三者介绍，是介绍者站在第三者的立场，使被介绍双方相互认识并建立关系的一种交际活动。一方面，被介绍双方以介绍者为中介，开始交往；另一方面，介绍者以介绍为手段，同时与双方交际。因此，介绍者既要做好"媒人"，促成双方关系的建立，又要兼顾自己同双方关系的发展，这就是介绍者选择自己的介绍用语和介绍方式的双重出发点。

1. 居间介绍的场合

在社交场合中遇到下述情况，通常有必要进行居间介绍：

① 在家中，接待彼此不相识的客人；
② 在办公地点，接待彼此不相识的来访者；
③ 与家人外出，路遇与家人不相识的同事或朋友；
④ 陪同亲友前去拜会亲友不相识者；
⑤ 本人的接待对象遇见了其不相识的人士，而对方又跟他们打了招呼；
⑥ 陪同上司、长者、来宾时，遇见了其不相识者，而对方又跟他们打了招呼；
⑦ 打算推介某人加入某一交际圈；
⑧ 受到为他人做介绍的邀请。

2. 居间介绍的顺序

居间介绍时，要注意介绍顺序的问题。为他人作介绍时，记住一个原则"尊者居后"，要坚持受到特别尊重的一方有了解对方的优先权，即把身份、地位较低的一方介绍给身份、地位较高的一方，以表示对尊者的敬重之意。在口头表达上应先称呼受到尊敬的一方，再将被介绍者介绍出来。在国际礼仪中，介绍顺序原则上是这样的：

① 先把男子介绍给女子；
② 先把职位低的人介绍给职位高的人；
③ 先把晚辈介绍给长辈；
④ 先把未婚者介绍给已婚者；
⑤ 先把年轻人介绍给年长者；
⑥ 先把客人介绍给主人。

这几个原则，在交际中，实际上常会因遇到交叉两难的情况而需灵活掌握。当被介绍人是同性别或年龄相仿或一时难以辨别其身份、地位时，可以先把与自己关系较熟的一方介绍给自己较为生疏的一方。例如："陈强，这是我的同学方刚。"然后说，"方刚，这位是陈强。"

3. 居间介绍的形式

① 标准式介绍，适用于正式公关场合，内容以双方的姓名、单位、职务等为主。
② 简介式介绍，适用于一般的社交场合，内容只有双方姓名这一项，有时甚至只提到双方姓氏为止。
③ 强调式介绍，适用于各种公关交际场合，其内容除被介绍者的姓名外，往往还可以强调一下其中一位被介绍者与介绍者之间的特殊关系，以便引起另一位被介绍者的重视。

④ 引见式介绍，适用于普通的公关场合，介绍者所要做的，就是将被介绍者双方引到一起即可。

⑤ 推荐式介绍，适用于比较正规的场合，介绍者是经过精心准备而来的，目的是将某人举荐给某人，介绍时，通常会对前者的优点加以重点介绍。

⑥ 礼仪式介绍，是一种最为正规的介绍。与标准式略同，只是语气、称呼上都更为礼貌、谦恭。

4. 居间介绍注意事项

（1）介绍要清楚明确

作为双方中介的介绍人，介绍时说话必须清楚明确，不要含糊其辞，拖泥带水。如向人介绍"胡先生"时，最好补上一句"古月胡"；介绍"吴先生"时，紧跟着补上一句"口天吴"。这样就会使人听来更明确，避免产生误会。介绍人在介绍时，如果知道被介绍者及对方朋友有一定职位时，最好连同单位、职位一起简单介绍，如"××××公司黄经理"或"×××单位陈先生"之类，这样，可使对方加深印象，易于记忆，又使别人知道被介绍者的身份，这是双方都欢迎的。如果有一些人不喜欢别人知道他的工作和职位，而事先又已经关照，那就要尊重他的想法了。

（2）避免过分颂扬

一般来说，比较谦虚的人，在熟悉的朋友面前不喜欢自夸，更何况在新朋友面前。如果不问情况，替他人大肆吹嘘，会使他不好意思。同时介绍者也会使他人产生替人"吹牛拍马"的感觉，容易引起别人反感，在介绍异性朋友时尤其值得注意。

（3）注意居间介绍的礼仪

作介绍时，介绍人应起立，行至被介绍人之间。在介绍一方时，应微笑着用自己的视线把另一方的注意力吸引过来。手的正确姿势应为手指并拢，掌心向上，胳膊略向外伸，指向被介绍者。作为介绍人，在为他人作介绍时，一定要认认真真，不要敷衍了事或油腔滑调，也不要用手指对被介绍人指指点点。

为他人作介绍时，态度要热情友好，不要厚此薄彼。不可以详细介绍一方，粗略介绍另一方。介绍前，应先向双方打招呼，使其有思想准备。介绍时，语言应清晰、准确。作为被介绍者，在被介绍给他人时，一般都应面向对方，并做出礼貌反应。例如，可以说"幸会""久仰大名""认识您非常高兴"等。向尊长介绍他人时，目光注视他人，微笑着说："××校长，请允许我向您介绍，这位是……"或"尊敬的××先生，我非常荣幸地向您介绍，这位就是……"，然后，转对另一方，同样含笑地说"×校长"，或"这位便是您一直希望见到的××先生"。向同龄人介绍他人最好能从热情的招呼开始。"请让我向你介绍一下，这位是×××，××中学×年级学生。"再转对另一方说，"这位是××中学×年级的×××，也是文艺爱好者。"

三、拜访技巧

拜访是日常工作、生活中的一项活动,是为了礼仪或某种特定目的而进行的拜访会晤。由于拜访的内容、目的、背景、对象具有复杂性,需要拜访者灵活运用拜访技巧,才能使拜访取得更好的成效。

(一)拜访的类型

拜访按照性质可分为公务拜访和私人拜访。

1. 公务拜访

高层次的公务拜访与国家政治、经济、文化等密切联系。低层次的公务拜访关系到一个部门、一个单位、一个公司的工作与发展,是一种严肃的正式的交际活动。一般要事先安排、精心组织。

2. 私人拜访

私人拜访是指在人际交往活动中,走亲访友等形式。借助这种交际活动,可以达到互相了解、沟通信息、加深感情、增进友谊的目的。私人拜访不但是必要的,也是有益的。本节主要介绍的是私人拜访。

(二)拜访语言技巧

不同形式、不同特点的拜访,会话语言千变万化。然而,它们在结构上也存在着共性,大体上包括"进门语""寒暄语"和"辞别语"三个部分。

1. 进门语

到了受访者门口,要先轻轻地敲门,或者短促地按一下门铃。即使门开着,也应很有礼貌地问一声:"××在家吗?"或者"房间里有人吗?"不要贸然闯入,以免主人措手不及。

同受访者见面后,要立即打招呼,然后再跟着进房。同受访者打招呼有以下6种情况。

(1)初访

一般可以用这样的话打招呼:"啊!一直想来拜访,今天如愿以偿了!""初次登门,劳您久等了,真不好意思!"关系比较密切的,可以随便一点说:"哦,原来你就住在这儿!"或者"难得上门,叫你久等了吧?"

(2)重访

因为关系比较亲密,打招呼就不必多礼,一般只需简单地说一句"好久没来看你了!"即可,或者说:"我们又见面了,我上次来,是一个月以前吧?"关系密切的,开个玩笑,也不乏幽默感"我又来了,不讨厌吧!"

(3)回访

回访大多出于礼仪或答谢,进门打招呼时要有致谢的口气。通常可以这样说:"上次劳您跑了一趟,我今天登门拜谢来了。""您上次刚走,我就想,无论如何要到府上再谢谢您!"

(4) 礼仪性拜访

大多与唁慰、祝贺、酬谢等有关，进门语要同有关的唁慰、祝贺、酬劳的内容联系起来，比如初访时，说："一直没有机会登门，今天给您拜年来啦。""好久不见，借你走马上任的东风，给老朋友贺喜了。"回访时可以说："上次家父过世，劳您大老远地赶来，叫我一直于心不安。"

(5) 事务性拜访

进门语要从本次拜访的目的上考虑。如"××无事不登三宝殿，求您帮忙来了！"或者"小王，你要我办的事，有眉目了。"但初访一般不宜如此"开门见山"，进门语应多注重礼节，自己求别人时话语不必过于谦恭；别人求自己的时候，说话亦不可傲慢无礼。

(6) 随意性拜访

一般无拘无束，双方关系又比较密切，所以进门语可有可无，想说什么就说什么。需要考虑的一点是，要讲的话在门外说好，还是进屋说好。"有朋自远方来，不亦乐乎？"作为主人，对拜访者的进门语，一定要热情，或表示慰问、感谢。譬如，可以说："我也一直想在家里同您聊聊，快请进！""我也懒，好久没上你那儿去。""哎呀，上次已经打扰了，还让您再跑一趟，叫我怎么感谢您。"

2. 寒暄语

寒暄，现代汉语词典解释为：见面时谈天气冷暖之类的应酬话。寒暄就是问寒问暖。寒暄是双向的感情交流，其基本功能是联络感情。寒暄是人际交往中双方见面时叙谈家常的应酬语言，是交谈的"导语"，具有抛砖引玉的作用，是人际交往中不可缺少的重要一环。在拜访中，双方坐定以后的寒暄语，应注意以下三个问题。

(1) 自然引出话题

话题应由双方都熟悉或有兴趣的事物自然引出。寒暄的内容常常是天气冷暖、工作忙闲、学习好坏、身体情况、近期活动等。但是，寒暄时具体谈什么，要有所选择。访晤双方都要善于从贴近处挑选双方均有兴趣或均有鲜明感受的话题。譬如，天气特别冷，你可从注意身体谈起；对方近日获奖，你可从工作、学习谈起；身体有病，则从强身保健谈起。总之，话题必须出于自然。

寒暄语一定要突出选择性，若对方对这一话题不感兴趣，就要马上考虑换个话题。

(2) 建立认同心理

所谓"建立认同心理"，就是双方要多寻找共同语言，以求得心理上的接近趋同。这样，谈话才能自然而然地深入下去。

【精彩案例七】

甲：这幅画是您自己画的？画得真不错！

乙：您过奖了，我不过在业余艺校学了几天。

甲：您也进过业余艺校？
乙：怎么？听口气，您也不是外行。
甲：我在鲁迅业余艺校跟×××老师学过画。
乙：真的？太好了，我们都是×××老师的学生！

这一段寒暄语，话不多，一下子使双方缩短了心理差距，在感情上靠拢了，从而为双方进一步晤谈建立了良好的基础。

（3）创造和谐气氛

寒暄的目的，就是创造和谐气氛。如果缺乏和谐的气氛，就不是一次成功的访晤。所以，寒暄时，双方的语言要诚恳，而不可虚情假意；要坦率，而不可吞吞吐吐；要自然，而不可卖弄做作。特别是要由衷地关注对方的苦乐，急人所急，爱人所爱，并以相应的语言表达自己的真实情感。

3. 辞别语

辞别语同进门语相照应，向主人表示感谢，请主人"留步"，如有可能则要邀请对方来自己家里做客。譬如，可以说："今天初次拜访，十分感谢您为我花了这么多时间！""送客千里，终有一别，还是请回吧！""老同学，我走了，你什么时候到我家坐坐！"需要注意的是，邀请对方应适可而止，不可勉强，不可含有责怪对方不来拜访自己的意思，像"我总是到你这儿来，你什么时候来我家"这类话，非知己不可说，免得给人留下"来得冤枉，不该来"的印象。

假如是事务性访晤，辞别时，你不妨再有意点一下："这件事就拜托你了，非常感谢！"礼仪性访问，则不要忘记再次表示唁慰、祝贺或谢忱。至于主人，也要感谢来客的访晤，诚恳邀请客人下次再来，也可以预约回访时间。

（三）拜访的注意事项

① 如果作了不速之客，要向主人致以歉意，一见面就要说："真抱歉，没打招呼就跑来了。"

② 拜访时交谈的用语和口气，要顾及对方的辈分、地位等，要看互相的关系，不可生搬硬套，不合时宜。

③ 初次拜访见面时，需要自我介绍。

④ 拜访者不要忽略同主人的亲属适当交谈。

⑤ 如果是集体访晤，不要一个人抢着说话，要让大家都有开口的机会。

⑥ 对受访者敬烟不要忘记表示感谢，如果自己要抽烟，就说："对不起，我可以抽烟吗？"如果是交情不错的朋友，也不必太拘礼。

⑦ 遇到另有来客，应"前客让后客"，说："你们谈吧，我先走一步了。"

四、赞美技巧

社会交往中人人都需要赞美，赞美之于人心，如阳光之于万物，它会使人明白自身的价值，增强自信心。但赞美他人需要一定的原则和技巧，"出口乱赞"其结果只会适得其反。

（一）赞美的原则

赞美要坚持一定的原则，不要随时随地胡乱赞美，需要把握以下5点原则。

1. 赞美要态度真诚

每个人都珍视真心诚意，它是人际交往中最重要的尺度。缺乏真情实感，公式化的寒暄客套是不会打动人心的。赞美应该是以客观事实为基础的、发自内心的肯定和赏识。如对一位你所熟悉的美貌女士，可以说："你真美。"但如果对一位其貌不扬的女士说这句话，则可能会引起她的反感。真诚的赞美，应该具有以下特点：

① 语气热情生动，不要像背书稿一样；
② 语言要简单、流畅，要用通俗的语言；
③ 内容要有创意，赞美别人不曾赞美的地方。

【精彩案例八】

一位普通的下属住院了，领导亲自去探望，说了一句心里话："平时你在的时候，没感觉你做了多少贡献，而今你病了，就感觉工作无头绪，手忙脚乱的，你赶快把病养好了，否则我这个头儿不好当啊！"这样的赞美是发自内心的肺腑之言，不会给人虚假和牵强的感觉，对方也能够感受到真诚的关怀。

2. 赞美要区分对象

赞美应看对象。俗话说："到什么山上唱什么歌，看什么人说什么话。"赞美要找准对方的兴奋点，根据对方的文化修养、脾气秉性、心理特性、所处背景、角色关系、语言习惯乃至职业特点、性别年龄、个人经历等不同来赞美。如对知识分子，他们看重的是业务能力、学术成果；对企业家，他们自诩的是自己的创业史与企业的经济效益；对家庭主妇，她们引以为荣的则往往是治家有方，或孩子听话、有成就；对于商人，称赞他脑子灵活、手段高明，懂得生意经，他可能会高兴；对年轻人，称赞他一表人才，并举出几点证明他将来大有作为，他会引你为知己；对老年人，夸他的子孙出类拔萃，他的身体很硬朗、精神焕发，他也一定非常喜欢。

【精彩案例九】

布鲁斯·福布斯是个很有魅力的领导人，在圣诞节发奖金时，他会走到每个人的桌子前，连邮递室的员工也不漏掉，然后握住他们的手，真诚地说："如果没有你的话，杂志就不可能办下去。"这样的话让听者感到心中温暖如春,感到自己的工作很重要,一种敬业感和责任感油然而生。

3. 赞美要措辞准确

在赞扬别人时,不要使用模棱两可的表述,而要语言准确。含糊的赞扬往往比侮辱性的言辞还要糟糕。如使用"嗯,有点意思""挺好"和"没那么糟"等赞美对方,会令人反感。

【精彩案例十】

100句无法抗拒的赞美妙语

1. 您真不简单!我很佩服您!
2. 您看上去真精神/真棒/真漂亮。
3. 我们十分为你骄傲。
4. 您微笑时真美!
5. 这真是个好地方/好户型/风水宝地!
6. 您今天看上去很棒。
7. 您说话非常得体。
8. 您真不简单。
9. 我很欣赏您。
10. 我很佩服您。
11. 您的事业很成功。
12. 您的孩子太可爱了。
13. 多么可爱的孩子。
14. 我对您的工作表示敬意。
15. 您的性格真好。
16. 您真幽默。
17. 您穿的那件衣服颜色很好看。
18. 您的工作单位真好。
19. 您很有品位。
20. 您看上去帅呆了。
21. 您讲得太好了!
22. 您非常专业。
23. 您非常聪明。

24. 我非常羡慕您。
25. 您很有魅力!
26. 你们真是天生的一对!
27. 您学识真渊博!
28. 您的皮肤真好!
29. 您的声音真好听!
30. 和您聊天真愉快!
31. 您的性格很直爽,非常好!
32. 您衣服的颜色很不错,看起来很清纯。
33. 您的发型很漂亮。
34. 您的气质很好,像明星一样。
35. 发现您对美食很有研究。
36. 您在这方面很有潜力。
37. 您对这些很有感觉。
38. 您的耳环很有特点。
39. 您的包很高档。
40. 您是我们的催化剂。
41. 与您说话很亲切!
42. 您是我们心中的太阳。
43. 您很有领导的风范和魅力。
44. 您是这方面的专家噢。
45. 您是一位非常好学的人!
46. 您真是位伟大的母亲!
47. 您是一位非常有事业心和责任感的人!
48. 您的企业做得真棒!
49. 您家里太漂亮了!
50. 您的穿着很有个性,很时尚!
51. 您是一位非常孝顺的人!
52. 您的眼光真好,这款产品是我们的最新产品,您一下就挑中了!
53. 您的眼光真好,这款是我们公司的主打产品,也是上个月的销售冠军!
54. 您是我在这个地方见到最漂亮的女孩!
55. 从您带笑的眼睛就能知道您心地善良,只有充满爱心的人才会有这样明亮的眼睛!
56. 您的名字取得真好听,您的父母一定很有学问。
57. 您的父亲一定特别英俊,因为女孩一般像父亲!
58. 您儿子一定很帅,儿子一般长得像妈妈!

59. 我以前见到漂亮的女人，总是紧张，因为我觉得漂亮的人总是很清高，但是与您在一起我觉得特别亲切！

60. 大哥真有福气，娶了您这样漂亮的太太，肯定是大哥当时先追的您，大哥是怎样把您追到手的？

61. 女人漂亮有像薛宝钗雍容华贵的富态美，有像林黛玉清新脱俗的灵性美，在您身上，两者兼而有之！

62. 您一笑起来，眼睛特别迷人！

63. 您的皮肤怎么这么白，而且白里透红，健康靓丽！

64. 您用的什么化妆品，皮肤这么细腻，手像白玉一样！

65. 您身材真标准，高个细腰，您应该当模特儿！

66. 您这个身材穿什么都好看，就是一个衣服架子！

67. 您这辆车真好，而且跟您的身份很配呀！

68. 您是穿什么衣服，什么衣服好看，真是没办法，好身材给人带来的美感就是令人赏心悦目！

69. 我发现好身材使普通的衣服变得不凡，使庸俗的衣服变得高雅！

70. 您这么完美的身材是怎么保持的？

71. 老师的气质就是与别人不一样，老师的眼神流露出一种关爱。我从小就想当老师，因为老师这个职业非常崇高，当学生一双双眼睛看着您的时候，那种成就感、荣誉感，我真想当一回老师！

72. 我觉得老师是一个比其他任何职业都值得尊重的职业，国家的精英和栋梁也都是学校培养出来的，还有老师的心都很年轻，也很纯洁，以前经常看到老师带着一群孩子做游戏，让人感觉这个世界多美好！

73. 医生在西方国家是最受人尊敬的职业，在中国医生的地位也非常高，医生责任心都很强，我很佩服！

74. 医生将来越来越重要，因为人的生活水平越来越高，对健康越重视，医生是最崇高的职业！

75. 您是做贸易的？我觉得中国改革开放20年以来取得的巨大成绩，主要是有一批像您这样的年轻英才，年轻人有创新意识和能力，有文化的人做生意，使得商业更有文化的味道！

76. 您一脸的和气，带人真诚，生意肯定很好，和气生财，做生意首先是交朋友，朋友多财路广！

77. 听君一席话，胜读十年书。您的话给了我很大的启发。

78. 您干得非常好。

79. 我真不敢相信您的英语这么好。

80. 您这样一设计，整个空间一下子就漂亮了。

81. 您所看到的高度是我们达不到的。
82. 我觉得您很有内涵，越有内涵的人越虚怀若谷！
83. 你好有气质，温柔，有个性，特别。
84. 你的歌唱得真不错，挺有韵味的。
85. 你儿子/女儿好聪明哦。
86. 哪像你嫁一个这么好的老公，能干，别人都说，您老公很儒雅。
87. 干得好！
88. 我对你的工作非常满意！
89. 听你老板讲，你去年表现很棒！
90. 听你们同事讲，你们去年又加薪又去旅游。
91. 你让人感觉到一种权威和力量的存在。
92. 你给人感觉不是一般人。
93. 你是我们这个地方的成功者。
94. 真看不出来，你对事业如此执着。
95. 我很荣幸认识你这样有内涵的漂亮朋友。
96. 我发现古今中外漂亮的人都有一个共同的特点，就是眼睛特别迷人！
97. 我很高兴与您合作，因为您很有远见，处处为别人着想。
98. 你是一个值得信任的人，我很欣赏你，因为你很善良！
99. 和你一起工作的每一天真的很快乐！
100. 欢迎您随时来访，我们很喜欢你。

4. 赞美要抓住时机

注意观察对方的状态是很重要的一个过程，如果对方恰逢情绪特别低落，或者有其他不顺心的事情，过分的赞美往往让对方觉得不真实，所以一定要注重对方的感受。

5. 赞美要把握分寸

赞美要注意分寸，不可过分。古人说的好，过犹不及。恰如其分、点到为止的赞美才是真正的赞美。使用过多的华丽辞藻、过度的恭维、空洞的吹捧，只会使对方感到不舒服，不自在，甚至难受、肉麻、厌恶，其结果是适得其反。假如一位同学歌唱得不错，就对他说："歌唱得真是全世界最动听的。"这样赞美的结果只能使双方都难堪，但若换个说法："歌唱得真不错，挺有韵味的。"该同学一定很高兴，说不定会情不自禁一展歌喉，再唱上一曲呢！

（二）赞美的语言技巧

把赞美之词说得恰到好处，才是最高明的说话技巧。擅长赞美的人，一般都有察言观色的本事。

1. 直言夸奖法

在社交活动中，恰如其分地直接赞美对方，能够创造一种热情友好的气氛，能使彼此的心情更加愉悦舒畅。如"早就听说你们单位今年来了一位非常美丽的女孩，原来就是你呀！比想象的更漂亮。""真是隔行如隔山啊，从您身上我确实学到了不少东西。""你今天的方案写得速度真快。""你处理员工投诉的态度非常得当。""啊，真是气派，大公司就是不一样！""屋子收拾得这么漂亮！夫人一定很能干。""您是我最佩服的人。"此类的直白赞美，会让人精神愉悦、信心倍增。

【精彩案例十一】

赞美造就的成功人士

戴尔·卡耐基被誉为美国现代成人教育之父，20世纪最伟大的心灵导师，美国著名的人际关系学大师，西方现代人际关系教育的奠基人。卡耐基小时候是一个公认的坏男孩。他9岁的时候，父亲把继母娶进家门。父亲一边向继母介绍卡耐基，一边说："亲爱的，希望你注意这个全郡最坏的男孩，他已经让我无可奈何。说不定明天早晨以前，他就会拿石头扔向你，或者做出你完全想不到的坏事。"出乎卡耐基意料的是，继母微笑着走到他面前，托起他的头认真地看着他。接着她对丈夫说："你错了，他不是全郡最坏的男孩，而是全郡最聪明、最有创造力的男孩。只不过，他还没有找到发泄热情的地方。"继母的话说得卡耐基心里热乎乎的，眼泪几乎滚落下来。就是凭着这一句直白的赞美，他和继母开始建立友谊。也就是这一句直白的赞美，成为激励他一生的动力。

美国IBM公司总裁小托马斯·沃森年轻时是一个被各种大学拒之门外的坏学生，很少受到好评。参军后，他作为副驾驶跟随布拉得利将军出使苏联。他和机组人员相处得很糟，当他谈到下一次飞行时，机组人员说："别算上我们。我们宁愿执行战斗任务，也不想再和你飞下一趟啦。"这话使小托马斯受到了沉重的打击，心情沮丧极了。过了几天，布拉得利将军把他叫到办公室，对他说："下一次飞行，我要你当机长。你工作很努力，学会了不少东西，我相信你能完全胜任。"小托马斯当时的感觉是，"即使给我100万美元，我也不会感到更高兴。"小托马斯从赏识中深受鼓舞，努力工作，他和机组人员的关系也渐渐融洽起来。

2. 间接赞美法

通过第三者来赞美某人或某事的形式，称为"间接赞美"。使用这种形式，是借用对方传达自己赞美他人的话语。社交中经常听到"某某很佩服你""某某称赞你"等，就属这种情况。有时，赞美由自己说出来，不免有恭维和奉承之嫌。如果换个方法，借用第三者的口吻进行赞美，对方多半会认为不是在奉承他。例如，"王经理，我听张总说，跟您做生意最痛快不过了。他夸赞您是一位热心爽快的人。""恭喜您啊,张总,我刚在报纸上看到您的消息,祝贺您当选十大杰出企业家。"

还可以通过赞美与一个人有密切联系的人、事或物,来折射对这个人的赞美之意。例如,为了赞美一个女性,可以赞扬她的孩子漂亮、聪明、有出息,或者赞扬她的丈夫能干、会办事,这样也可以很好地达到间接赞美她的目的。又如,到别人家里,与其乱捧场,不如赞美房子布置得别出心裁,或欣赏墙壁上的一张好画,或惊叹一个盆栽的精巧。主人爱狗,应该赞美他养的狗毛发多么有光泽;主人养了许多金鱼,你应该欣赏那些鱼的美丽。

3. 类比赞美法

这是一种用自己熟悉的事物,类比自己外行的事物来赞美别人的方法。例如,一位农妇,她虽然对绘画一点不懂,但她却很会夸奖别人的画。一次,她见到一位画家画的一幅"小鸡啄食"的画,不由惊叹道:"哎哟!瞧这些画出来的鸡,比俺家养的那些鸡还调皮!"一句话把画家给逗得哈哈大笑,高兴之余,还把这幅作品赠给了农妇作留念。

4. 反语赞美法

用反语来赞美某人或某事的形式。这种形式在特定的环境和背景下使用,幽默含蓄,别致风趣,比一般的赞美有更好的表达效果。例如某药厂厂长,赞美一位药剂师大胆实验、大公无私的献身精神,说:"为了减少药物的副作用,在正式投产前,你长期泡在实验室里,对新药不择手段,抢吃抢喝,多吃多占,在自己身上反复试验,我这个厂长真是拿你没办法。"这种用反语赞美的形式,令人感到新奇巧妙,别有情趣。

五、拒绝技巧

拒绝,就是不接受。从语言方面讲,拒绝既有可能是不接受他人的建议、意见或批评,也可能是不接受他人的恩惠或赠予的礼品。从本质上讲,拒绝是对他人意愿或行为的间接性否定。在社会交往中,有时尽管拒绝他人会使双方一时有些尴尬难堪,但"长痛不如短痛","当断不断,自受其乱",需要拒绝时,就应将此意以适当的形式表达出来。

(一)拒绝的基本原则

拒绝是一门学问,应该在拒绝中体现出个人品德和修养。一般情况下,拒绝应该遵循以下三个原则。

1. 态度坚决明确

拒绝应当机立断,及早做出。拒绝别人时不要含含糊糊,模棱两可,态度暧昧,犹豫不决。别人求助于自己,而这个忙不能帮时,应该当场明说,要如实向对方表明态度,好让对方有所准备。

2. 语言简洁明了

拒绝别人,要尽量使用短语,不要说废话、绕圈子,如:"感谢你看得起我,但现在不方便"或"对不起,我不能帮忙"。

3. 不要伤害对方

拒绝他人的时候,务必遵循的原则,是要顾及对方的自尊心。因为人是情感动物,时常有一种充满偏见的维护自尊心的行为。比如一位女友想和一位男士约会。她在电话里问男士:"今天晚上8点钟去跳舞,好吗?"男士可以回答:"改天好吧,方便的时候我给你去电话。"又如同事相约星期天去钓鱼,自己不想去,可以这样回答:"其实我也是个钓鱼迷,可自从成了家,星期天就脱不开身了。"

(二)拒绝的语言技巧

拒绝,从语言技巧上说,有直接拒绝、婉言拒绝、沉默拒绝、敷衍拒绝、幽默拒绝等5种方法。

1. 直接拒绝

就是把拒绝的意思当场明讲。采取此法时,注意避免态度生硬,说话难听。一般情况下,直接拒绝别人,需要把拒绝的原因讲明白。可能的话,还可以向对方表达自己的谢意,表示自己对其好意心领神会,借以表明自己通情达理。有时,还可向对方致歉。

【精彩案例十二】

一天,小芳的好友小张打电话来求助:"小芳,有个事儿要拜托你。""什么事啊?""唉,我男朋友要给日本客户做批东西,但说明书是日文,正巧你是学日语的,帮我看看呀。"小芳很清楚,专业说明书的翻译不是个轻松的活儿,更何况这阵子手头工作又多,于是考虑了一会儿,非常客气地说:"并不是我不愿意帮忙,你知道的,产品说明书这种东西很专业,我学的也不是专业翻译,这些年又没接触过,那点知识早还给老师了,凭现在这水平恐难胜任啊。""别谦虚,你在大学时可是班里最优秀的,我对你很有信心。""可我对自己没信心啊,要是搁平时还好点儿,这段时间公司经常加班,急着赶一个策划书,我可是奋战了三天三夜啦,忙得一塌糊涂,现在一看文件就头疼。我想你男朋友的文件一定很重要吧,为了不耽搁事儿,建议还是找翻译公司做比较合适。"小芳想了想说:"恩,专业翻译确实是件棘手的事,那就让他交给翻译公司做好了。"

面对小张的请求,小芳分三步进行巧妙推脱:先是坦言相告"产品说明书很专业,而自己非专业出身",再是摆出客观理由"公司经常加班、赶策划书",然后设身处地提出建议"找翻译公司",说得非常真诚,收到了良好的拒绝效果。

2. 婉言拒绝

用温和曲折的语言来表达拒绝,希望对方知难而退。与直接拒绝相比,它更容易被接受。因为它顾全了被拒绝者的尊严。

典型方法是攻心法。了解对方的特性和目的,试探对方的心理,然后发动心理攻势,让对方高兴,或反激对方自负等方法,使对方自我否定,放弃不合理的请求,拒人于无形之中。如有人想让庄子去做官，庄子并未直接拒绝，而是打了一个比方说："你看到太庙里被当作供品的牛马吗？当它尚未被宰杀时，披着华丽的布料，吃着最好的饲料，的确风光，但一到了太庙，被宰杀成为牺牲品，再想自由自在地生活着，可能吗？"庄子虽没有正面回答，但用一个很贴切的比喻表明，让他去做官是不可能的，这种方法就是委婉的拒绝法。又如一位先生送内衣给一位关系一般的小姐。如果这位小姐反唇相讥："这是给您妈妈买的吧？"那就变成泼妇了。不如婉言相拒，说："它很漂亮。只不过这种式样的我男朋友给我买过好几件了，留着送你女朋友吧。"这么说，既暗示了自己已经"名花有主"，又提醒对方注意分寸。

3. 沉默拒绝

当他人的问题很棘手甚至具有挑衅、侮辱的意味，不妨以静制动，一言不发，静观其变。这种不说"不"字的拒绝，所表达出的无可奉告之意，常常会产生极强的心理上的威慑力。沉默拒绝法虽然效果明显，但如果运用不当，难免会伤人。

4. 敷衍拒绝

敷衍拒绝是最常用的一种拒绝方法，敷衍是在不便明言回绝的情况下，含糊回避，委婉拒绝。就是避实就虚，对对方不说"是"，也不说"否"，只是搁置下来，转而议论其他事情。"环顾左右而言他"的方法，就是敷衍拒绝法。

敷衍拒绝的典型方法是移花接木法，对方提出甲事情，我则换用乙事情去应付，从而巧妙地拒绝对方。美国华盛顿一位著名的推销商，曾挨家挨户推销闹钟，他叩开了一位主人家的门，说："先生，您应该有个闹钟，每天早晨好叫您起床。"主人回答说："我看不要买闹钟，有我妻子在身边就足够了，你大概不知道，她能到时就'闹'。"这位主人的拒绝，既幽默风趣，又非常委婉，令推销商再也不忍心开口。

 【精彩案例十三】

一对青年男女在一起工作，男方对女方产生了爱慕之情，男方急于要表白心愿，女方虽心领神会，但是却不愿将友情向爱情方面发展，女方认为还是不要说破，保持一种纯真的朋友情谊为好。于是，出现了下面的断答。

男青年：我想问问你，你是不是喜欢……
女青年：我喜欢你给我借的那本公关书，我都看了两遍了。
男青年：你看不出来我喜欢……
女青年：我知道你也喜欢公共关系学，以后咱们一起交换学习心得吧。
男青年：你有没有……
女青年：有哇！互相切磋，向你学习，我早就有这个想法。
男青年：……

这位女青年3次断答，使得男青年明白了她的想法，于是，不再问了。这比让他直率问出来，女青年当面予以拒绝，效果自然要好得多。

5. 幽默拒绝

有时面对他人的邀约或请求，直接拒绝过于不近人情，婉言拒绝又达不到拒绝的效果，这时可用幽默的语言自我调侃，在调侃中陈述理由，以达到拒绝的目的。

【精彩案例十四】

某洗发水公司的产品，在抽检中被发现有分量不足的产品，买方趁机以此为筹码不依不饶地讨价还价，这时公司代表微笑着说："美国一专门为空降部队伞兵生产降落伞的军工厂，产品不合格率为万分之一，也就意味着一万名士兵将有一个在降落伞质量缺陷上牺牲，这是军方所不能接受和容忍的，他们在抽检产品时，让军工厂主要负责人亲自跳伞。据说从那以后，合格率为百分百。如果你们提货后能将那瓶分量不足的洗发水赠送给我，我将与公司负责人一同分享，这可是我公司成立8年以来首次碰到使用免费洗发水的好机会哟。"这样拒绝不仅转移了对方的视线，还阐述了拒绝否定的理由。

思考与训练

1. 如何赞美一个成功的企业家？
2. 结合自己的切身实际，说明拒绝别人的方法。

第三节　社交口才综合训练

一、打招呼训练

1. 训练目标

训练打招呼的语言技巧。

2. 训练方法

模拟相关情境，由学生轮流进行训练，然后由学生和教师点评。

3. 训练材料

根据下面给出的情景，模拟打招呼的语言和神态。

【情境一】

星级酒店，大堂副经理任何时候都要向所有的客人和员工打招呼，无论是在客房、走廊、大堂或其他地方，请模拟大堂副经理向客人微笑并打招呼。

【情境二】

素不相识的几个大学生在火车站等车，火车晚点一个多小时。为了排遣无聊，他们聊了起来。请模拟他们打招呼、自我介绍、聊天的情景。

二、介绍训练

1. 训练目标

强化介绍的表述能力。

2. 训练方法

模拟相关情境，由学生轮流进行表演。

3. 训练材料

根据下面给出的情景，设计自我介绍并为他人介绍。

【情境一】

地点：机场出口

场景假设：甲和乙是海尔公司安排接待四达公司王总的人员，甲是新成员，乙是老职员，同时乙还和王总关系较好。

演习：如果你是乙，你会怎么将甲介绍给王总？

【情境二】

地点：房地产公司红酒会

场景：方红是房地产公司公关部人员，酒会邀请了许多公司，其中方红的丈夫作为所在公司的代表也被邀请来了。

演习：如果你是方红，你怎样把自己的丈夫介绍给上司或者朋友？

4. 训练说明

该训练可利用视听器材，如录像机等，将学生介绍时的情形录制后重播，找出缺点，然后设法改进。

三、拜访训练

1. 训练目标

强化拜访的语言技巧。

2. 训练方法

模拟相关情境，由学生轮流进行表演。

3. 训练材料

根据下面给出的情景，设计拜访语言。

【情境一】

舍友王刚的朋友到寝室来找王刚，但王刚当时恰好不在宿舍。请模拟这一拜访和接待的情景。

【情境二】
你是某公司的业务员,通过预约,今天去拜访大客户张经理。请你模拟一下进入张经理办公室进行拜访时的言谈举止。

【情境三】
王岩在某公司市场部工作,她准备去拜访顺达公司的市场部经理李军先生。王岩预约的时间是本周三下午三点。王岩事先准备好了有关的资料、名片,并对顺达公司及李军先生进行了初步的了解。拜访前王岩对自己的仪容、仪表进行了精心、得体的修饰。到了周三,王岩提前五分钟到达顺达公司。在与李军先生的交谈过程中,王岩简明扼要地表达了拜访的来意,交谈中能始终紧扣主题,给李军先生留下了很好的印象,最终促成了合作。

讨论:请问王岩在拜访顺达公司李军经理时,在哪些方面做得比较成功,从而最终促成与顺达公司的合作?

4. 训练说明

先请几位同学进行模拟表演,然后展开讨论,看看哪一种做法更好,说出理由。

四、赞美训练

1. 训练目标

艺术性地使用赞美语言。

2. 训练方法

模拟相关情境,对不同对象进行赞美。

3. 训练材料

根据下面给出的情景,根据不同的对象,设计赞美语言。

【情境一】
全体同学排成两纵列,一对一相对而坐。相对而坐的同学一个做赞美者,一个做倾听者。宣布一分钟赞美开始,赞美者要找出对象的三个赞美点。赞美者要不停地赞美;倾听者一言不发,热诚倾听。

【情境二】
两位三年未见面的同学在大街上邂逅。请演练见面情景,需要包含相互的赞美。

【情境三】
假如你大学毕业后进入一家专业对口的公司工作,元旦期间,第一次和你的主管女领导聚会吃饭,举起酒杯,你应该如何对她进行赞美?

五、拒绝训练

1. 训练目标

熟练使用不同的方式拒绝对方。

2. 训练方法

模拟相关情境，对不同对象的要求进行拒绝。

3. 训练材料

根据下面的不同情景，设计合理的拒绝语言。

【情境一】

罗斯福任海军要职的时候，一名记者问他关于加勒比海小岛上建立潜艇基地计划的问题。罗斯福本可以正面拒绝，因为这是军事秘密。然而正面拒绝就会使交际过程呆板而无趣，所以罗斯福没有正面拒绝。假如你是罗斯福，你将怎么回答记者。

【情境二】

李经理与张经理是大学的同学，有着十几年的友情，关系非常亲密，经常在一起吃饭聊天，生意上也有合作。一天，李经理来到张经理办公室，兴致勃勃地说要好好聊聊，正好张经理已预约陪同客户去参观，这使张经理很为难。请演示张经理拒绝李经理的情景。

经典推荐

（1）《社交金口才》，作者水中鱼，华中科技大学出版社出版。

（2）《零压力社交》，作者德沃拉·扎克，海天出版社出版。

（3）《打动人心的社交口才》，作者王学勤，海潮出版社出版。

第七章

谈判口才训练

内容提要

1. 谈判基础知识
2. 谈判口才技巧
3. 模拟训练

情景导入

供货商刘女士正在与零售商李先生谈几款服装的价格。刘女士说:"可以看得出来,您今天是带着十足的诚意来的。我们今天就以诚相待,这几款时装的标价是 130 元,对您优惠,110 元!"见李先生冷冷地看着自己,没有表态,刘女士接着说:"鉴于您的良好信誉,我也想交个朋友,90 元,怎么样?"旁边的助手急忙对着刘女士耳语了几句,刘女士忙改口道:"纠正一下,90 元不是这几款的价格,这几款的底价是 100 元。"李先生开口了:"我明明听您说的是 90 元,谈判桌上说的话怎么能不算数呢!"刘女士极力争辩,李先生坚持抓住刘女士的口误不放,最终几款商品以 95 元的价格成交。

因为刘女士不知道李先生是否真的想要商品,也不知道李先生的底价是多少,于是故意弄了一个破绽,假装将自己的商品价格说错,然后让自己陷入一个"尴尬境地",以便对方可以抓住自己的"把柄",进而了解对方心里的真实想法:是否真的想要商品,心理预期的价格是多少。于是在一个错误的引导下,对方的交易意愿与价格都摆在了自己面前。

如果遇到这样的场合将如何处理呢？你能否既快又准地从对方口中得到自己想要的信息，圆满地完成谈判任务呢？本章主要讲述了谈判的基础知识、谈判口才技巧及谈判口才的模拟训练，帮助同学们了解谈判口才技巧知识，提高谈判水平。

第一节　谈判口才基础知识

有人把当今世界比喻为一张巨大的谈判桌，因为每个人都会随时扮演谈判者的角色，小到市场上的讨价还价、招聘会上的自我推荐、商场里售货员的产品推销，甚至家庭中的夫妻劝架等，大到国际上的各种争端的解决，可以说我们的生活中处处都存在谈判。要想在这张"谈判桌"前成为赢家，要想在各个领域里获得全面发展，谈判口才的掌握是必不可少的。

一、谈判的内涵

谈判是指有关组织或个人以口头语言作为载体，在涉及切身利益的分歧和冲突方面与对方进行反复磋商，寻求解决的途径和谋求达成协议的过程。对需要的满足是谈判的共同基础，达成协议是谈判的共同目的，最好的谈判是在求同存异的原则下达到互惠互利——双赢的结果。

【精彩案例一】

有两个孩子得到了一个橙子，这两个孩子便讨论起来如何分这个橙子。两个人吵来吵去，最终达成了一致意见：由一个孩子负责切橙子，而另一个孩子选橙子。结果，这两个孩子按照商定的办法各自取得了一半橙子，高高兴兴地拿回家去了。

第一个孩子把半个橙子拿到家，把皮剥掉扔进了垃圾桶，把果肉放到果汁机上打果汁喝。另一个孩子回到家把果肉挖掉扔进了垃圾桶，把橙子皮留下来磨碎了，混在面粉里烤蛋糕吃。

二、谈判的种类

一次成功的谈判，不是靠一种谈判形式完成的，而是多种谈判形式的综合运用。在谈判实践过程中，我们根据不同的划分标准，把谈判分为不同的种类。

（一）根据谈判人员的数量和规模的不同，分为个人谈判、小组谈判和大型谈判

1. 个人谈判

个人谈判指在项目较小或次要的谈判中，谈判双方只派出一位谈判代表，进行"一对一"形式的谈判。能够出席这类谈判的代表，大多有主见、有决断力，善于单兵作战。有时根据需要，在一些谈判成员多、规模大的谈判中，也会安排双方的首席代表针对一些关键问题和要害问题进行"一对一"形式的谈判。

【精彩案例二】

第二次世界大战期间,一些美国科学家试图说服罗斯福总统重视原子弹的研制,以遏制法西斯德国的全球扩张战略。他们委托总统的私人顾问、经济学家萨克斯出面说服总统。但是,不论是科学家爱因斯坦的长信,还是萨克斯的陈述,总统一概不感兴趣。为了表示歉意,总统邀请萨克斯次日共进早餐。第二天早上,一见面,罗斯福就以攻为守地说:"今天不许再谈爱因斯坦的信,一句也不谈,明白吗?"萨克斯说:"英法战争期间,在欧洲大陆上不可一世的拿破仑在海上屡战屡败。这时,一位年轻的美国发明家富尔顿来到了这位法国皇帝面前,建议把法国战船的桅杆砍掉,撤去风帆,装上蒸汽机,把木板换成钢板。拿破仑却想:船没有帆就不能行走,木板换成钢板就会沉没。于是,他二话没说,就把富尔顿轰了出去。历史学家们在评论这段历史时认为,如果拿破仑采纳了富尔顿的建议,19世纪的欧洲史就得重写。"说完,目光深沉地望着总统。罗斯福总统默默沉思了几分钟,然后取出一瓶拿破仑时代的法国白兰地,斟满了一杯,递给萨克斯,轻缓地说:"你胜利了。"萨克斯非常激动,他终于成功地运用实例说服总统作出了美国历史上最重要的决策。

2. 小组谈判

小组谈判指在一些规模较大、情况比较复杂的谈判中,为了提高谈判效率,双方各由若干谈判人员组成谈判小组共同参加的谈判。这种谈判的小组内部人员有适当的分工和合作,可取长补短、各尽其能。比如,中国在进入世界贸易组织的谈判过程中,就是组织的谈判小组,经过长期协同作战,终于使我国成功加入世界贸易组织。

【精彩案例三】

三位日本商人组成谈判小组,代表日本航空公司和美国一家公司谈判。谈判从早上8点开始,进行了两个半小时。美国代表以压倒性的准备资料淹没了日方代表,他们用图表解说、电脑计算、屏幕显示及各式的数据资料来回答日方提出的报价。而在整个过程中,日方代表只是静静地坐在一旁,一句话也没说。终于,美方的负责人关掉了机器,重新扭亮了灯光,充满信心地问日方代表:"意下如何?"一位日方代表斯文有礼、面带微笑地说:"我们看不懂。"美方代表的脸色忽地变得惨白:"你说看不懂是什么意思?什么地方看不懂?"另一位日方代表也面带微笑地说:"都不懂。"第三位日方代表以同样的方式慢答道:"当你将会议室的灯关了之后。"美方代表松开了领带,斜倚在墙边,喘着气问:"你们希望怎么做?"日方代表同声回答:"请你再重复一遍。"美方代表彻底地失去了信心。谁有可能将秩序混乱而又长达两个半小时的介绍重新来过?美方终于放弃努力,只求达成协议。日方谈判小组的三位代表在谈判过程中,相互配合,最终取得了谈判的胜利。

3. 大型谈判

大型谈判指能够影响国家声望、关系国计民生、决定国家或地方经济发展的重大谈判。这类谈判历时比较长，程序严谨，大多会分成若干层次和阶段进行谈判。

（二）根据谈判主体的不同，分为企业间谈判、政府间谈判和民间谈判

1. 企业间谈判

企业间谈判指企业与企业之间为了协调各种利益关系而进行的谈判。

2. 政府间谈判

政府间谈判指各国政府之间或者是国内各政府部门之间的谈判。国内政府部门之间的谈判是为了协调和理顺各部门之间的关系，提高工作效率。各国政府之间的谈判是为某种具体事项的协调统一而进行的，并最终达到促进世界的和平、稳定与发展之目的。

3. 民间谈判

民间谈判指为了处理家庭之间的纠纷，或者是协调个人之间的关系，调解家庭内部矛盾而进行的谈判。谈判主体可以是基层组织人员、双方单位代表，或者是双方可以信赖的德高望重的邻里、同事、亲友等，当然也可以是当事人之间直接进行谈判。

（三）根据谈判性质的不同，分为一般性谈判、专门性谈判和外交性谈判

1. 一般性谈判

一般性谈判指生活中最常见的随意性比较强的、非正式的谈判。这类谈判无须做过多的准备。比如，一对夫妻在买电脑的过程中，为了说服对方同意购买自己满意的品牌所进行的非正式谈判。

2. 专门性谈判

专门性谈判指专门针对经济、文化、教育等内容而进行的内容比较单一的谈判。

【精彩案例四】

广东玻璃厂厂长率团与美国欧文斯公司就引进先进的玻璃生产线一事进行谈判。对中方来说，美方就是顾客。双方在部分引进还是全部引进的问题上陷入了僵局，中方的部分引进方案美方无法接受，中方遭到拒绝。

这时，中方首席代表虽然心急如焚，但还是冷静分析形势：如果我们一个劲儿说下去，可能会越说越僵。于是他聪明地改变了说话的战术，由直接讨论变成迂回说服。"全世界都知道，欧文斯公司的技术是一流的，设备是一流的，产品是一流的。"中方代表转换了话题，从微笑中开始谈天说地，第一流的诚恳而又切实的赞叹，使欧文斯公司由于谈判陷入僵局而产生的抵触情绪得以很大程度地消除。"如果欧文斯公司能够帮助我们广东玻璃厂跃居全中国一流，那么全中国人民感谢你们。"这里刚离开的话题，很快又转了回来，但由于前面说的那些话，消除了对方心理上的对抗，所以，对方听了这话，似乎也顺耳多了。

"美国方面当然知道，现在，意大利、荷兰等几个国家的代表团，正在我国北方省份的

玻璃厂谈判引进生产线事宜。如果我们这次的谈判因为一点点的小事而失败，那么不但是我们广东玻璃厂，而且更重要的是欧文斯公司方面将蒙受重大的损失。"这损失当然不是重点，而说话中使用"一点点小事"来轻描淡写，目的是为了引起对方对分歧的关注。同时，指出谈判万一破裂将给美国方面带来巨大的损失，完全为对方着想，这一点对方不容拒绝。

"目前，我们的确有资金方面的困难，不能全部引进，这点务必请美国同事们理解和原谅，而且我们希望在我们困难的时候，你们能伸出友谊之手，为我们将来的合作奠定一个良好的基础。"这段话说到对方心里去了，既通情，又达理，不是在做生意，而是朋友间的互相帮助，因此僵局打破了，协议迅速签订了，问题迎刃而解。此次谈判为国家节约了大量外汇。

3. 外交性谈判

外交性谈判指国与国之间进行的各种内容的谈判。这类谈判都要有充分的准备，谈判的过程比较正规和严谨，谈判的结果对双方都有很大的影响和制约。

（四）根据谈判语言交流方式的不同，分为口头谈判和书面谈判

1. 口头谈判

口头谈判指谈判双方在谈判的过程中以口语表达的方式进行协商，既可以是面对面的形式，也可以通过电话来完成。口头谈判的优点是灵活性比较大，信息反馈迅速，谈判对象范围广，谈判内容丰富。其缺点是主观性比较强，容易在谈判的过程中出现遗漏，谈判后产生纠纷。因此，口头谈判用于内容比较简单的谈判，或者是重大谈判的首次接触。

【精彩案例五】

一位世界著名谈判家的邻居是一位医生，在一次台风过后，医生的房子受到了严重的损害。医生希望能从保险公司多获得一些赔偿，但自感没有这种能力，于是找到了这位谈判家。谈判家答应帮忙，并问医生："你希望能得到多少赔偿呢？"医生回答："我希望通过你的帮助，保险公司能赔偿我500美元。"谈判家点头，然后又问道："那么请你实在地告诉我，这场台风究竟使你损失了多少钱？"医生回答道："我的房子实际损失在500美元以上。"几个小时以后，保险公司的理赔调查员找到了谈判家，并对他说："我知道，像您这样的专家，对于大数目的谈判是权威，但这次您恐怕无法发挥才能了，因为根据现场的调查情况，我们不可能赔得太多。请问，如果我们只赔您300美元，您觉得怎么样？"谈判家沉吟了一会，然后对调查员说："你的顾客受到这么大的损失，你居然还有心思开玩笑？任何人都不可能接受这样的条件。"双方沉默了一会儿，理赔调查员打破了僵局："您别把刚才的价钱放在心上，不过我们最多也就能赔400美元了。"谈判家回答说："看一看毁坏的现场，你就会知道这点钱是多么的可怜。绝对不行！""好吧，好吧，500美元总该行了吧？"

"小伙子，别轻易下结论，我们再一起去看看现场吧。"

最后，在谈判专家的一再坚持下，这桩房屋理赔案的谈判以不可思议的950美元的赔偿费了结，这大大出乎医生的预料。

2. 书面谈判

书面谈判指双方在谈判过程中通过书面材料进行协商，书面材料可以是文字的也可以是图表的。书面谈判的优点是谈判的效率比较高，精力也比较集中，双方需要承担的责、权、利在书面材料中也比较明晰。其缺点是比较"生硬"，缺少情感交流，灵活性也较差，而且，双方也容易对文字的表述发生分歧，影响谈判的效果。

三、谈判的标准程序

在谈判的过程中，只有懂得了谈判的程序才能在谈判中把握正确方向，思路清晰，排除干扰，最终取得圆满的结局。

一般情况下，正式的谈判程序，都要经历开局阶段、概述阶段、明示阶段、交锋阶段、妥协阶段和签约阶段6个阶段。

（一）开局阶段

这个阶段是谈正题之前的一个短暂阶段，主要是为了建立一个良好的谈判氛围，一般是双方参与谈判的人员通过自我介绍的形式相互认识，然后共同讨论一些社会新闻、娱乐消息、体育赛事等。这样，有助于双方的感情沟通，为下一步的顺利谈判创造轻松和谐的气氛。这个过程对打破紧张气氛、消除对方的防范心理是非常必要的，但时间不宜太长。

【精彩案例六】

1972年2月，美国总统尼克松访华，中美双方将要展开一场具有重大历史意义的国际谈判。为了创造一种融洽和谐的谈判环境和气氛，中国方面在周恩来总理的亲自领导下，对谈判过程中的各种环境都做了精心而又周密的准备和安排，甚至对宴会上要演奏的中美两国民间乐曲都进行了精心地挑选。在欢迎尼克松一行的国宴上，当军乐队熟练地演奏起由周总理亲自选定的《美丽的亚美利加》时，尼克松总统简直听呆了，他绝没有想到能在中国的北京听到他如此熟悉的乐曲，因为，这是他平生最喜爱的并且指定在他的就职典礼上演奏的家乡乐曲。敬酒时，他特地到乐队前表示感谢。此时，国宴达到了高潮，一种融洽而热烈的气氛感染了美国客人。一个小小的精心安排，赢得了和谐融洽的谈判气氛，这不能不说是一种高超的谈判艺术。美国总统杰弗逊曾经针对谈判环境说过这样一句意味深长的话："在不舒适的环境下，人们可能会违背本意，言不由衷。"英国政界领袖欧内斯特·贝文则说，根据他平生参加的各种会谈的经验，他发现，在舒适明朗、色彩悦目的房间内举行的会谈，大多比较成功。

日本首相田中角荣20世纪70年代为恢复中日邦交正常化到达北京，他怀着等待中日间最高首脑会谈的紧张心情,在迎宾馆休息。迎宾馆内气温舒适,田中角荣的心情也十分舒畅,与随从的陪同人员谈笑风生。他的秘书仔细看了一下室内的温度是17.8℃。这一田中角荣习惯的温度使得他心情舒畅,也为谈判的顺利进行创造了条件。

《美丽的亚美利加》乐曲和室内的温度,都是人们针对特定的谈判对手,为了更好地实现谈判的目标而创造的轻松和谐的开局氛围。

【精彩案例七】

北京某区一位党委书记在同外商谈判时,发现对方对自己的身份持有强烈的戒备心理,这种状态妨碍了谈判的进行。于是,这位党委书记当机立断,站起来对对方说道:"我是党委书记,但也懂经济、搞经济,并且拥有决策权。我们摊子小,并且实力不大,但人实在,愿意真诚与贵方合作。咱们谈得成也好,谈不成也好,至少你这个外来的'洋'先生可以交一个我这样的'土'朋友。"寥寥几句肺腑之言,打消了对方的疑惑,使谈判顺利地向纵深发展。

(二)概述阶段

这个阶段是为了陈述各方立场、探测对方意图而进行的探索阶段。此时,双方的态度都表现得积极而又谨慎,一方面要通过清晰无误的概述,让对方知道自己的目标和想法,同时也要注意对自己重要信息的保密;另一方面,还要通过对方的概述,迅速抓住对方的立场、策略,掌握对方的目标和需求,通过对这些有效信息的分析,快速灵活地调整谈判策略,为进一步谈判创造条件。

在这一阶段需要注意以下4个问题。

① 在内容上要简练且重点突出。比如:"希望我们今天能够在机器的质量和技术的转让问题上取得共识,令我们双方都满意。"

② 在言辞和态度上,要礼貌、热情、积极和有诚意,充分尊重对方,避免使对方产生防御心理和抵触情绪。

【精彩案例八】

西方某国谈判小组赴中东某国进行一项工程承包谈判。在闲聊中,西方国谈判小组负责商务条款的成员无意中评论了中东盛行的伊斯兰教,引起对方成员的不悦。当谈及实质性问题时,对方较为激进的商务谈判人员丝毫不让步,并一再流露撤出谈判的意图。

③ 在自己概述结束之后,要给对方留出一定的时间表示意见和进行概述。在对方陈述的时间里,要仔细倾听,积极提问,准确整理对方的观点、意见,认真分析对方的目的、动机,找出对方和自己在观点上、立场上的异同点,进一步明确谈判的策略。

④ 在时间的掌握上要注意，概述的时间不要太长，一般一两分钟即可。这个阶段里，必须尽力争取对方的认可，因为只有在达成共识的基础上，才能将谈判进一步推进。

（三）明示阶段

明示阶段是双方进入实质性问题的磋商阶段，这个阶段主要围绕以下两方面内容进行。

1. 提出问题

双方尽量提出与对方不同的意见和看法，经过心平气和的磋商、讨论，求得快速、彻底地解决。一般双方问题主要体现在自己所求、对方所求、彼此相互之求和外表没有表露的内在需求上。

2. 提出方案

双方提出问题之后，各方的谈判者就要通过对对方信息的分析，预测出对方可以接受的最佳方案，提出建议，供双方进一步讨论。

（四）交锋阶段

在这个谈判阶段里，谈判各方为了共同的利益尤其是自身的需求，运用各种策略和技巧相互争执较量、讨价还价，这是谈判的核心阶段。在交锋中，双方都是据理力争，使自己处于优势地位，让对方接受自己的观点，因此会争论激烈、气氛紧张。这时，谈判者应冷静、果断，坚定自己的目标，但也不要简单强硬，而要通过各种谈判手段和技巧，找出双方都能接受的妥协方案。

本阶段需要注意以下4个问题。

1. 找出分歧点

找出主要问题的分歧点，准确判断对方的目标和需求，充分预计出自己在这些问题上讨价还价的空间。

【精彩案例九】

中国某公司与美国公司谈判投资项目。其间双方对原工厂的财务账目反映的原资产总值有分歧。

美方：中方财务报表上有模糊之处。

中方：美方可以核查。

美方：核查也难，因为被查的依据就不可靠。

中方：美方不应该空口讲话，应有凭据证明查账依据不可靠。

美方：所有财务证据均系中方工厂所造，我作为外国人无法一一核查。

中方：那贵方可以请信得过的中国机构协助核查。

美方：目前尚未找到可以信任的中国机构帮助核查。

中方：那贵方的断言只能是主观的，不令人信服的。

美方：虽然我方没有法律上的证据证明贵方账面数字不合理，但我们有经验，贵方的现有资产不值账面价值。

中方：尊敬的先生，我承认经验的宝贵，但财务数据不是经验，而是事实。如果贵方诚意合作，我愿意配合贵方查账，到现场一一核对物与账。

美方：贵方不必做这么多工作，请贵方自己纠正后，再谈。

中方：如果贵方不想讲道理，我奉陪！

美方：不是我方不想讲理，而是与贵方的账没法说理。

中方：贵方是什么意思，我没听明白，什么"不是、不想、而是、没法"？

美方：请原谅我方的直率，我方感到贵方欲利用账面值来扩大贵方所占股份。

中方：感谢贵方终于说出了真心话，给我指明了思考方向。

美方：贵方应理解一个投资者的顾虑，尤其像我公司与贵方诚心合作的情况下，若让我们感到贵方账目有虚占股份之嫌，实在会使我方却步不前，还会产生不愉快的感觉。

中方：我理解贵方的顾虑。但在贵方心理恐惧面前，我方不能只申辩这不是"老虎账"，来说它"不吃肉"。但愿听贵方有何"安神"的要求。

美方：我通过与贵方的谈判，深感贵方代表的人品，由于账面值让人生畏，不能不请贵方考虑修改问题，或许会给贵方带来麻烦。

中方：为了合作，为了让贵方安心，我方可以考虑账面总值的问题，至于怎么做账是我方的事。如果，我没理解错的话，我们双方将就中方现有资产的作价进行谈判。

美方：是的。

2. 注意排除障碍

谈判双方有时会根据对方谈判人员的性格、作风、心理、气质和文化素养的不同，给对方施加压力。在谈判中，一方会故意设计障碍来干扰另一方。比如，座位阳光刺眼，看不清对手的表情；会议室纷乱嘈杂，常有干扰和噪音；疲劳战术，连续谈判；在一方疲劳和困倦的时候另一方提出一些细小但比较关键的改动，有时甚至利用外部环境施加压力。

【精彩案例十】

巴西一家公司到美国去采购成套设备。由于巴西谈判小组住处与谈判地点远，在路上耽误了时间。当他们到达谈判地点时，比预定时间晚了45分钟。美方代表对此极为不满，花了很长时间来指责巴西代表不遵守时间，没有信用，如果老这样下去的话，以后很多工作很难合作，浪费时间就是浪费资源、浪费金钱。对此巴西代表感到理亏，只好不停地向美方代表道歉。谈判开始以后似乎还对巴西代表来迟一事耿耿于怀，一时间弄得巴西代表手足无措，说话处处被动。无心与美方代表讨价还价，对美方提出的许多要求也没有静下心来认真考虑，匆匆忙忙就签订了合同。等到合同签订以后，巴西代表平静下来，头脑不再发热时才发现自己吃了大亏，上了美方的当，但已经晚了。

这个案例巧妙运用对方迟到的错误,一开始就对对手的错误或礼仪失误严加指责,使其感到内疚,从而达到营造低调气氛,迫使对方让步的目的。我们在谈判中要注意排除这些人为的障碍。同样是面对这种迟到的情况,看看"精彩案例十一"的谈判代表是如何做的。

【精彩案例十一】

日本有一家著名的汽车公司在美国刚刚"登陆"时,急需找一家美国代理商来为其销售产品,以弥补他们不了解美国市场的缺陷。当日本汽车公司准备与美国的一家公司就此问题进行谈判时,日本公司的谈判代表路上塞车迟到了。美国公司的代表抓住这件事紧紧不放,想要以此为手段获取更多的优惠条件。日本公司的代表发现无路可退,于是站起来说:"我们十分抱歉耽误了你的时间,但是这绝非我们的本意,我们对美国的交通状况了解不足,所以导致了这个不愉快的结果,我希望我们不要再为这个无所谓的问题耽误宝贵的时间了,如果因为这件事怀疑到我们合作的诚意,那么,我们只好结束这次谈判。我认为,我们所提出的优惠代理条件是不会在美国找不到合作伙伴的。"日本代表的一席话说得美国代理商哑口无言,美国人也不想失去这次赚钱的机会,于是谈判顺利地进行下去。

3. 把握好方向

谈判时,要努力促使谈判朝着有利于双方的方向发展。在谈判中,如果分歧比较大,可适当做出一些小的让步,表示出己方的诚意和良好愿望,从而要求对方同样回报,最终在双方的良好愿望下,使谈判朝着有利于双方的方向发展。

【精彩案例十二】

柯泰伦曾是苏联派驻挪威的全权代表。她精明强干,可谓女中豪杰。她的才华多次在外交和商务谈判上得以展示。有一次,她就进口挪威鲱鱼的有关事项与挪威商人谈判。挪威商人精于谈判技巧,狮子大开口,出了个大价钱,想迫使买方把出价抬高后再与卖方讨价还价。而柯泰伦久经商场,一下识破了对方的用意。她坚持出价要低、让步要慢的原则。买卖双方坚持自己的出价,谈判气氛十分紧张。各方都拿出了极大的耐心,不肯调整己方的出价,都希望削弱对方的信心,迫使对方做出让步。谈判进入了僵持的状态。

柯泰伦为了打破僵局,决定运用谈判技巧,迂回逼近。她对挪威商人说:"好吧,我只好同意你们的价格啦,但如果我方政府不批准的话,我愿意以自己的工资支付差额,当然还要分期支付,可能要支付一辈子的。"柯泰伦这一番话表面上是接受了对方的价格,但实际上却是以退为进,巧妙地拒绝对方的要求。挪威商人对这样的谈判对手无可奈何。他们怎么能让贸易代表自己出工资支付合同货款呢?他们只好把鲱鱼的价格降下来。

4. 积极反应，灵活应对

每一轮交锋磋商的过程都是一次完整的回馈反应过程，我们要积极地给予应对，并且能够在万一出现僵局时，灵活地采取缓解措施和应对办法，做到能进能退。

（五）妥协阶段

双方经过激烈的交锋后，进入妥协阶段，各方会为了最终达成协议而做出一些必要的让步，这是谈判过程中必不可少的阶段和过程。

谈判人员的妥协让步既要坚持原则立场，又要不伤害对方的感情和不影响以后的长期合作。让步是每场谈判都存在的问题，让步的策略有以下4个方面。

① 一方先在小问题上让步，然后要求对方在重要问题上让步，即先"给"后"取"。

【精彩案例十三】

我国台湾与美国进行知识产权谈判时，我国台湾派出的是一位经验丰富的谈判专家，让美国人很是头疼。谈判的准备阶段就遇到了麻烦，双方在谈判地点上争执不下，美国希望在华盛顿谈判，我国台湾则希望在台北。互相拉锯了一段时间，美国突然做出了让步，同意在台北谈判。就在我国台湾窃喜自己的胜利时，美方提出，既然自己已经做了让步，台方也应该让步，才好向国内交代，顺势要求我国台湾换一位谈判者。我国台湾虽然不愿意，但也只能无奈地撤换了谈判的人员。

② 不轻易让步，即己方的每一次让步都要让对方付出艰巨的努力。
③ 不要让步太快，同时争取自己的让步一定要导致对方的相应让步。

【精彩案例十四】

意大利与中国某公司谈判出售某项技术。由于谈判已进行了一周，但仍进展不快，于是意方代表罗尼先生在前一天做了一次发问后告诉中方代表李先生，他还有两天时间可谈判，希望中方配合在次日拿出新的方案来。次日上午中方李先生在分析的基础上拿了一方案比中方原要求改善5%（即由意方降价40%改为降价35%）。意方罗尼先生讲："李先生，我已降了两次价，计15%，还要再降到35%，实在困难。"双方相互评论，解释一阵后，建议休会，下午两点再谈。

下午复会后，谈判直到4：00时仍没达成一致，最后罗尼先生说："我为表示诚意向中方拿出最后的价格，请中方考虑，最迟明天12：00以前告诉我是否接受。若不接受我就乘下午2：30的飞机回国。"说着把机票从包里抽出在李先生面前晃了一下。中方表示可以研究。谈判即告一段落。

中方研究意方价格后（意方再降5%）认为还差15%，但能不能再压价呢？明天怎么答？李先生一方面与领导汇报，与助手、项目单位商量对策，一方面派人调查明天下午

2∶30的航班是否有。结果该日下午2∶30没有去欧洲的飞机,李先生认为意方的最后还价、机票是演戏。判定意方可能还有条件。于是在次日10点给意方去了电话,表示:"意方的努力,中方很赞赏,但双方距离仍存在,需要双方进一步努力。作为响应,中方可以在意方改善的基础上,再降5%,即从35%,降到30%。"意方听了中方的改进意见后,虽然不满意但是没有走,表示准备进一步谈判。

④ 让步的幅度要掌握好,尽量多给自己留下回旋的余地。

【精彩案例十五】

马来西亚一个有名的讲师专门教授神经语言学。一次,一个公司邀请他去讲课,他先给公司总裁作了一个课程简报,总裁听了很高兴,觉得课程不错,问讲师授课费多少。讲师开价6万马币,总裁听了觉得价格可以接受,但还是按照例行程序让专门负责的人和讲师谈判。经过谈判,讲师最后说:"贵公司总裁人不错,那么就5万马币吧。"总裁听到这样的结果更高兴了,但他不知道,讲师在报价的时候就预留了一万的空间,并故意在谈判的最后阶段让给他,让他心理上得到满足。

【精彩案例十六】

某电脑公司的一个客户有个奇怪的习惯,每次谈判人员和电脑公司谈妥所有条件后,客户公司的副总就会出面,要求对方再提供三个优惠。开始时,电脑公司还据理力争,想要把对方的这一请求挡回去。多次打交道以后,就干脆在谈判的过程中预留三项,专门等待对方副总来砍,然后爽快答应,双方皆大欢喜。

(六) 签约阶段

经过双方的交锋和妥协,双方认为已经基本达到自己的目的,便根据谈判的结果议定一个文字的协议或合同,并在文件上签字,整个谈判活动即告结束。

在签订协议或合同时,为了避免因遗漏产生纠纷,双方要认真核对,一定要字斟句酌,每个条款表述要做到全、细、明。

四、谈判前的准备工作

凡事预则立,不预则废。想要在谈判桌前处于主动地位,最终使自己成为赢家,就必须在谈判前做好充分的准备。具体的准备工作包括以下7个方面。

(一) 了解自己

在谈判前一定要对自己有足够的了解,清楚自己想要通过谈判达到的预定目的,用多少代价来促成合作而不至于损失,因此要清楚以下两点。

1. 弄清谈判的理由

弄清谈判的理由，能让自己的思路更加清晰，目标更加明确，不至于做无谓的努力。比如，不谈判，自己是否有能力解决问题；通过谈判，希望对方能给自己提供哪些条件等。

2. 明确自己的实力

明确自己的实力，能够在谈判中掌握主动权，能进能退，从容应对。比如，要明确自己有多大的实力，能够满足对方多大的需求，这样在谈判过程中才能准确定夺增加多大的筹码。只有知道自己的上下极限，才能在谈判中掌握终止谈判或签订协议的最佳时机。

（二）摸清对手的底细

在谈判之前，只有做到"知己知彼"，才能"百谈百赢"。比如，本次谈判，你的对手究竟想从你这里获得什么？你知道他是否还有别的途径获得他想要的东西？假如双方无法达成协议，那么对方会有什么损失？

【精彩案例十七】

我国某冶金公司要向美国购买一套先进的组合炉，派一高级工程师与美商谈判。为了不负使命，这位高工做了充分的准备工作，他查找了大量有关冶炼组合炉的资料，花了很多的精力对国际市场上组合炉的行情及美国这家公司的历史和现状、经营情况等做了详细的了解。谈判开始，美商一开口要价150万美元。中方工程师列举各国成交价格，使美商无言以对，谈判最终以80万美元达成协议。当谈判购买冶炼自动设备时，美商报价230万美元，经过讨价还价压到130万美元，中方坚持出价100万美元。美商表示不愿继续谈下去了，把合同往中方工程师面前一扔，说："我们已经作了这么大的让步，贵公司仍不能合作，看来你们没有诚意，这笔生意就算了，明天我们回国了。"中方工程师闻言轻轻一笑，把手一伸，做了一个优雅的"请"的动作。

美商真的走了，冶金公司的其他人有些着急，甚至埋怨工程师不该抠得这么紧。工程师说："放心吧，他们会回来的。同样的设备，去年他们卖给法国只有95万美元，国际市场上这种设备的价格100万美元是正常的。"果然不出所料，一个星期后美方又回来继续谈判了。工程师向美商点明了他们与法国的成交价格，美商又愣住了，没有想到眼前这位中国商人如此精明，于是不敢再报虚价，只得说："现在物价上涨得厉害，比不了去年。"工程师说："每年物价上涨指数不超过6%。一年时间，该涨多少？"美商被问得哑口无言，在事实面前，不得不让步，最终以101万美元达成了这笔交易。

（三）确定谈判目标

目标是谈判的主题和核心，只有在明确、具体、可行的目标指导下，谈判才能高效进行、高质量完成。

【精彩案例十八】

美国钢铁大王戴尔·卡耐基有一段时间,每个季度都有10天租用纽约一家饭店的舞厅举办系列讲座。后来,他突然接到这家饭店的一封信,要求将租金提高2倍。当时举办系列讲座的票已经印好并全部发出去了。卡耐基当然不愿意支付提高的那部分租金。

几天后,他去见饭店经理。他说:"收到你的通知,我有些震惊。但是,我一点也不埋怨你们。如果我处在你们的地位,可能也会写一封类似的通知。作为一个饭店经理,你的责任是尽可能多为饭店谋取利益。如果不这样,你就可能被解雇。如果你提高租金,那么让我们拿一张纸写下将给你带来的好处和坏处。"接着,他在纸中间画了一条线左边写"利",右边写"弊",在利的一边写下了"舞厅供租用"。然后说:"如果,舞厅空置,那么可以出租供舞会或会议使用,这是非常有利的,因为这些活动给你带来的利润远比办系列讲座的收入多。如果我在一个季度中连续20个晚上占有你的舞厅,这意味着你失去一些非常有利可图的生意。"

"现在让我们考虑一个'弊'。首先你并不能从我这里获得更多的收入,只会获得更少,实际上你是在取消这笔收入,因为我付不起你要求的价,所以我只能被迫改在其他的地方办讲座。其次,对你来说,还有一弊。这个讲座吸引了很多有知识、有文化的人来你的饭店。这对你来说是个很好的广告,是不是?实际上,你花了5 000美元在报上登个广告也吸引不了比我讲座更多的人来这个饭店。这对于饭店来说是很有价值的。"卡耐基把两项"弊"写了下来。然后交给经理说:"我希望你能仔细考虑一下,权衡一下利弊,然后告诉我你的决定。"

第二天,卡耐基收到一封信,通知他租金只提高原来的1.5倍,而不是2倍。卡耐基一句也没提自己的要求和利益,而始终在谈对方的利益及怎样实现才对对方更有利,但却成功地达到了自己的目的。这个谈判中,卡耐基围绕价格目标,奉行互利原则,打破谈判僵局,达成对双方都有利的协议。

(四)拟定谈判计划

在谈判前预先拟定的具体内容和步骤即是谈判计划,这是谈判工作的基础。谈判计划包括:谈判具体任务、谈判要点、谈判策略和谈判双方共同利益4个方面。

(五)选择谈判时间

最佳的谈判时间能给谈判带来最好的效果,因此,要尽量选择对己方最有利的时机谈判。

【精彩案例十九】

据记载,一个美国代表被派往日本谈判。日方在接待的时候得知对方代表必须在两个星期之后返回。日本人没有急着开始谈判，而是花了一个多星期的时间陪他在国内旅游，每天晚上还安排宴会。谈判终于在第12天开始，但每天都早早结束，为客人安排去打高尔夫球。终于在第14天谈到重点，但这时候美国人该回国了，已经没有时间和日方周旋，只能匆匆答应日方的条件，签订了协议。

（六）选择谈判地点

谈判地点选择得好坏，会直接影响谈判的效率。因此，要选择优美、清静的谈判地点，使双方能够集中精力投入到谈判中，并最终顺利达成协议。

【精彩案例二十】

为了促成埃及和以色列的和平谈判，卡特（美国总统）精心地将谈判地点选在戴维营，那是一个没有时髦男女出没，甚至普通人也不去的地方。那里环境幽静、风景优美、生活设施配套完善，卡特总统仅为14人安排了两辆自行车的娱乐设备。晚上休息，住宿的人可以任选三部乏味的电影中的任何一部看。住到第6天，每个人都把这些电影看过两次了，他们厌烦得近乎发疯。但是每天早上8点钟，萨达特（埃及总统）和贝京（以色列总理）都会准时听到卡特的敲门声和那句熟悉的单调话语："你好，我是卡特，再把那个乏味的题目讨论上一天吧。"正是由于卡特总统的耐心，坚持到第13天，萨达特和贝京都忍不住了，再也不想为谈判中的一些问题争论不休了，这就有了著名的戴维营和平协议（埃及和以色列达成的关于和平解决中东问题的原则性协议。该协议于1978年9月17日在美国华盛顿签署）。

（七）选择谈判人员

谈判代表的能力高低直接影响着谈判的成败，因此要选择综合素质好并且有丰富谈判经验的人员作谈判代表。

【精彩案例二十一】

某年，上海某从事文物进出口贸易的单位，与一位日本文物商谈判一批中国文物的出口贸易。这位日本商人带来的中文翻译，是从上海去日本打工的男青年，而上海的这家外贸单位的日文翻译是一位上海籍的女青年。谈判进行得很艰苦，因为日本人开价很低，几个回合下来，双方的分歧仍然很大。

谈判过程中，这位日商观察到，中方女翻译对日商翻译的男青年非常羡慕。于是日商心生奸计，要自己的男翻译在谈判休息时，主动接近这位女翻译，表示他愿意将来为这位女翻译到日本学习提供担保及路费、学费、生活费在内的所有费用，条件是这位女翻译必须把中方文物的底价全部透露给他。这位女翻译经不起出国的诱惑，出卖了全部机密。

在接下来的谈判中，日商完全掌握了谈判的主动权，用最低价买下了这一批文物，狠狠地赚了一大笔。当然，这位做着出国梦的女翻译好梦不长，她刚拿到护照，就因事情败露而锒铛入狱，断送了自己的前程。

这是一起典型的因谈判人员自身素质的问题而导致我方在谈判中受损的例子。所以在国际商务谈判中，挑选思想品质好、业务素质过硬的谈判人员是谈判成功的重要保证。

思考与训练

1. 谈判前应做好哪些方面的准备工作？
2. 谈判的标准程序有哪些？
3. 根据下面的情景进行"一对一"形式的模拟谈判。

小李专门替各珠宝店装修店铺，但当珠宝店经营不景气时，他往往收不到尾款。这时，他很希望珠宝店用某件首饰抵押尾款，那么他怎样和珠宝店谈判才能比较圆满地达成自己的愿望呢？

要求：

（1）两名学生分别扮演小李和珠宝店的经理，针对一些关键问题和要害问题进行情景模拟谈判。

（2）按照谈判程序进行谈判，并注意语言的运用。

（3）在谈判中把握正确方向，思路清晰，排除干扰，争取圆满的结局。

第二节　谈判口才技巧

语言在人们的日常交流中起着非常重要的作用，人类因为能够驾驭语言，才能成为自然界的主宰。谈判尤其要讲究运用语言的艺术，比如一个人对牧师说："我可以在祈祷的时候抽烟吗？"这表现了他对宗教的不尊重；反之，他说："我可以在吸烟的时候祈祷吗？"这表现了他对宗教的虔诚。在谈判中，双方要通过"舌战"，努力争取自己最大的利益，也可以说，谈判能否取得真正意义上的成功，与语言技巧的运用有着直接的关系。

一、谈判语言的表达技巧

同样的内容，经过不同人的表述，取得的效果是不同的。在谈判中，要通过语言工具，借助不同的表达方式，达到自己的目的。

谈判中使用语言应注意以下3个问题。

（一）准确、正确地运用语言

谈判的目的是为了达成双方满意的协议，并在协议中明确双方应该承担的责任、义务和可以享受的权利,因此,不可采用模棱两可或容易产生歧义的语言,以造成不必要的误会和纠纷。所以,谈判语言表述得越具体、越细致越好,尤其是在涉及一些具体的指标时,一定要把应该达到的标准表述清楚、准确。例如,某公司向国外的一家企业购进一批生产设备,在协议上只说对方要提供技术转让材料,而没有明确地说明是在哪些项目上提供技术材料,结果设备购进后,外国的企业只在一些小的方面提供了技术材料,而其他材料只能又花了几十万元再次买进,致使公司蒙受了很大的经济损失。

（二）不伤对方的面子和尊严

在谈判中,维护面子与尊严是一个极其敏感而又重要的问题。很多谈判专家总结到:在谈判中,如果一方的面子和尊严受到伤害,即使是最好的交易,也会产生不良的后果。在心理学上讲,当一个人的自尊受到威胁时,他就会对外界充满敌意,会以反击、回避、冷淡的方式反抗。这时,再想挽回局面,进行轻松的谈判就会变得十分困难。

在谈判中,很多时候都是由于双方在某些问题上存在分歧,致使情绪激动,用语不慎,甚至指责攻击对方,而使对方伤了面子,失去了尊严,造成感情上的隔阂,使谈判很难顺利进行。为了避免上述问题,在谈判中使用的语言就要认真推敲,巧用暗示。例如:当你不同意对方提出的观点时,可以说:"你的观点是否考虑到……"或者说:"有些资料有可能你还没有看到。"使用这样的语言,既避免了正面冲突,又表达了不接受的意思。反之,如果用"你的这个观点是在没有掌握全面材料的情况下主观得出的片面性的结论,我们是不能接受的。"这样的表达可能因伤害对方的尊严而引起冲突,使谈判陷入僵局。

 【精彩案例二十二】

承德避暑山庄的烟雨楼四面环水,风景别致。有一次乾隆皇帝带着新任宰相和珅和三朝元老刘统勋在烟雨楼观景散心。和珅与刘统勋新老不合,关系很不融洽,乾隆想借此机会使二人和解。游览中,乾隆提议赋诗,并随口出了一句"什么高,什么低,什么东什么西,"学识渊博的刘统勋信手拈来,接口应对道:"君子高,臣子低,文在东来武在西。"答得非常流利。和珅看到刘统勋抢在他的前面,十分不快,马上接着说:"天最高,地最低,河（和珅）在东来流（刘统勋）在西。"三人继续前行至一座桥上,乾隆又要每人以水为题,折一个字,说一句俗语,做成一首诗。刘统勋认为报复和珅的机会已经来临,于是边走边咏道:"有水念溪,无水也念奚,单奚落鸟变为鸡（繁体字的鸡）。得势的狐狸欢如虎,落魄的凤凰不如鸡。"和珅听到了刘统勋的诗,暗自赞叹他的才华,毫不示弱地送上自己的诗:"有水念湘,无水还念相,雨落相上便为霜。各人自扫门前雪,哪管他人瓦上霜。"乾隆听了新老二臣的唇枪舌剑发出的弦外之音,心中有不小的忧虑,毕竟两个人都是自己的得力助手,可谓左膀右臂,如果这样对峙下去,不但对国家不利,而且很容易出现相互倾轧的结果。于是他决定以一种特殊的方式劝导二人,希望二人能够和解。乾隆想到这里,上前拉住和珅和刘统勋的手,面对湖水和三人的水中倒影,满怀深情地说:"二位爱卿听着,孤家今天看到你俩的文采，果然与众不同，不妨也对上一首：有水念清，无水念青，爱卿共协力，心中便有情。不看僧面看佛面，不看孤情看水情。"二人听了皇上的话，心中为之一震，深深地为乾隆的循循善诱所感动。二人心想，对抗的局面已被皇上觉察，自古以来帝王最忌讳的就是党争，不仅于国于家不利，如果皇上震怒，二人的乌纱不保事小，传出去面子问题事大。今天皇上既然已经给自己暗示了旨意，哪有不从之理？于是和珅和刘统勋二人拜谢了皇上的赐教，握手言和，从此结为忘年之交，齐心协力辅佐乾隆皇帝治理天下。

这是场以和珅与刘统勋为谈判的双方、乾隆为调解人，以协调双方感情为目的的谈判。在这场谈判中，他们三人完全采用了暗示的技巧保护了对方的面子和尊严，使谈判取得圆满的结果。

（三）使用语言要掌握分寸

在谈判中有些语言是不适合的，应该尽量少用或者不用，比如下列9种语言。

1. 极端性的语言

如："肯定如此""绝对不是那样的"等。

2. 针锋相对的语言

如："你们不用再说什么了，事情就这样定了"，或者"我们的开价就是这些，一分也不能让了。"这样的语言很容易引起双方的争论，造成僵局。

3. 涉及对方隐私的语言

如："我知道你的地位不高，这个问题你说了不算。"

4. 有损对方自尊心的语言

如："我们开价就这些，买不起就别谈。"

5. 催促对方的语言

如："别啰唆了，快点决定吧，到底买还是不买？"

6. 赌气的语言

往往赌气的语言都是言过其实，容易造成不良的后果。如："你们要买就这个价，我宁可不卖，也不会降价卖给你的。"

7. 言之无物的语言

如："明天将会很晴朗"，这与谈判内容无关，不利于谈判。

8. 以自我为中心的语言

如："我认为……""我觉得……""我的看法是……"，这样的语言容易引起对方的反感，应适当地把"我"换成"您"。

9. 威胁性的语言

如："你这样做，不会有好果子吃的。""你应该为这个决定付出代价。""你如果这样做的话，就等着瞧吧。"

【精彩案例二十三】

孙正义是软银集团的总裁兼董事长。十几年前,孙正义看中了雅虎集团的美好前景,想为其投资。但雅虎集团的总裁杨致远对此事并不感兴趣。杨致远说:"我并不缺钱,雅虎现在已经开始赚钱,现金流很好,有很多人为我们投资,公司已经快上市了。所以,我们暂时不考虑和您合作。"孙正义却并不急,他问杨致远:"你的竞争对手是谁?"杨致远说:"是网景。网景比我们先上市,他们做的也不错。"孙正义说:"那好,我有一亿美元,我一定要投一个互联网企业。你不让我投,那我就去投你的竞争对手。"杨致远吃了一惊,一亿美元那真的是一笔数目不菲的资金,他不得不慎重考虑。沉吟良久,他说:"那你还是投我吧。"后来,这笔投资让孙正义赚取了巨额利润。

如果孙正义遭到拒绝后,不注意谈判的语气和方法,而是用批判性的语言,说杨致远没有眼光等,这次谈判的结果可想而知,而孙正义也不可能获取任何利润。所以在谈判时,要注意语言的运用并把握好谈判技巧的使用时机和尺度。

二、谈判提问的口才技巧

谈判中提问的目的就在于探索对方的一些有效信息,为赢得谈判打好基础。例如:在一次谈判上,关于价钱的问题双方进行了争论,卖方故意提出几个很高的价格,买方都拒绝了,这时,卖方很不经意地问道:"那你们到底要多少钱买啊?"买方也放松了警惕,回答说:"高于50万我们是不买的。"这时卖方摸清了买方的底价,最后以比预计高出很多的价格签订了协议。以下介绍四种提问的技巧。

(一)明确提问的内容

在谈判中,想要得到对方明确的回答,首先应明确自己要什么,再明确提问的具体内容。比如,"你们的价钱是否已经含有运输费"就比"你们的价钱是多少"要具体明确得多。在明确提问内容上注意以下五个问题。

① 用词准确、简练,避免产生歧义,造成不必要的误解。

② 一次提问一个内容,以免对方避重就轻,或者遗漏重要的问题。

③ 问话时要注意措辞。比如,"贵公司对自己目前的销售策略是怎样看待的?"要比"贵公司认为自己的销售策略是否有不合理的地方?"礼貌,而且还能获得更多的信息。

④ 问话之前要认真地思考和准备。思考的内容包括:我要问什么?对方会有什么反应?能否达到我的目的?必要时还可以对提问的理由做一个简单的解释,避免意外的麻烦和干扰,达到问话的目的。

⑤ 问话的内容要有价值。比如,"贵公司的产品打算怎样在我国打开市场?"就比"贵公司的产品为何要卖到中国而不卖给日本?"有意义得多。

(二)选择问话的方式

从不同的角度进行提问,就能引起对方不同的反应,也能得到不同的回答内容,所以我们在谈判中要根据自己的需要选择不同的问话方式。

① 掌握好问话的策略，不要让对方因为你的问话而感到有压力和烦躁不安，或者给对方造成压迫感和威胁感。比如，"你们的条件这么苛刻，我们能接受吗？"这句话的挑战意味比较浓，似乎在表明如果不让步，我们就放弃了。但如果改变一下问话的方式，"你们的条件超出了我们所能承受的能力，是否还有商量的余地？"很明显，这样的问话方式让对方更容易接受，既缓和了气氛，又表达了谈判的诚意。

② 提问时不要夹杂含混的暗示，而且要注意避让对自己不利的内容。比如，当对方没有做出明确的答复时，如果问"你们是否还有别的要求？"这样的提问，就把主动权交给了对方，而使自己陷入了被动，所以，这样的问话要绝对避免。

③ 问题要简明扼要，指出关键所在。比如，"价格是这次谈判的分歧吗"要比"你认为此次谈判的分歧在哪里"好一些。

（三）注意问话的时机

谈判的时机对谈判的效果有很大的影响，如果在谈判刚刚开始就咄咄逼人地提出问题，显然是不合时宜的。因为，这时双方还没有完全阐明观点和立场，过早地提问就使人摸不着头脑、抓不住关键点，也使对方感到为难。

① 应该在对方充分表达之后再提问，过早过晚地提问都会打断对方的思路，影响对方回答问题的兴趣，而且也显得不礼貌。

② 若想控制谈话的引导方向，你可以适时地运用发问，或者适时地连续发问。这可以让别人注意到你的提问，把话题引回到原来的内容或者把话题引到你希望的结论上。

（四）考虑问话对象的特点

兵来将挡，水来土掩。针对不同的谈判对象，我们也要选择不同的提问方式，这样才能"对症下药"，取得良好的谈判效果。比如：对方坦率耿直，提问方式就要简洁；对方爱挑剔、善抬杠，提问方式就要周密；对方羞涩，提问方式就要含蓄；对方急躁，提问方式就要委婉；对方严肃，提问方式就要认真；对方活泼，提问方式就要诙谐。

【精彩案例二十四】

一穷人和富人是邻居，富人在翻修屋顶的时候，所有的土都落到了穷人的院子里，正巧，第二天下雨，弄得穷人院子里非常泥泞，于是，穷人就对富人说："你最好把落到我家的土都弄走。"富人说："就这样，你能怎么办？"穷人很生气地说："你如果不弄走的话，我就去告官。"富人笑着说："你去告吧，我与官是朋友。"穷人见富人这样不讲理，最后严厉地说："你如果两天内不把土弄干净，我两天后就陪你一条人命！"结果，第二天富人就派人把穷人家的院子打扫干净了。

三、谈判回答问题的口才技巧

在谈判中有问必答，不是聪明的谈判者。只有根据具体的情况来决定回答的内容，才不至于吃亏。在谈判过程中要注意以下 4 个问题。

（一）不要彻底回答

在谈判中，你在一个问题上的全面回答，就能让对方推测出很多机密内容，导致谈判的形势对己方不利。可是不回答又显得没有诚意，这个时候最好的解决方式，就是不做彻底地回答，把对方的问话范围缩小，或者是只针对问题的某一个方面回答。

（二）不要马上回答

对于一些可能会暴露己方意图、目的的问题的回答，要小心慎重，不要马上做出回答，要留出思考和探测对方的时间。

（三）不要准确回答

模棱两可、弹性较大的回答有时是很必要的。很多谈判专家认为，在谈判中有一说一的回答方式不是最好的回答。回答的技巧在于知道该说什么和不该说什么，而不必考虑是否答其所问，有的时候甚至可以根据情况故意做出错误的回答。比如，对于"你们打算购买多少？"这样的问题就可以不做确切的回答，而且可以利用这个时机谈一下条件，可以这样回答："这要看对方的优惠条件是什么，然后我们再根据情况而定。"在这类问题的回答上要采用比较客气的语气，如："据我所知……""那要看……而定""至于……就看你的态度了"等。

（四）让问话者失去问话的兴趣

在很多的谈判场合下，一方为了制造一种气势，会采用连珠炮似的提问，使对方感到压力，回答者没有充分的思考时间和反应时间，这对回答者是很不利的。特别是当对方有准备时，他会让你随着问题的回答，而逐步陷入设计好的陷阱里，诱使回答者落入圈套。因此，在处理这样的问题时，可以借口无权回答或资料不在身边，转变谈判中的被动地位。

四、谈判说服的口才技巧

在谈判中，能够说服对方，使对方做出一些牺牲，让出一些利益，是非常困难的，但还是可以通过以下 7 种说服技巧，最大限度地争取利益。

（一）循序渐进

先谈一些小的方面和容易解决的问题，然后再谈可能引起争论的焦点问题。这个时候，对方会考虑到已有很多问题达成了一致意见，因此，不会轻易放弃谈判，容易做出一些让步。

（二）巧妙联系

如果把引起争论的问题和已经解决的问题联系起来，对方会全面考虑问题，容易达成协议。

【精彩案例二十五】

杰克的汽车意外地被一部大卡车整个撞毁了，幸亏他的汽车上的是全险，可是确切的赔偿金额却要由保险公司的调查员鉴定后加以确定,于是双方有下面的对话。

调查员:我们研究过你的案件,我们决定采用保险单的条款。这表示你可以得到3 300元的赔偿。

汤姆:我想知道,你们是怎么算出这个数字的?

调查员:我们是依据这部汽车的现有价值计算的。

汤姆:我了解,可是你们是按照什么标准算出这个数目?你知道我现在要花多少钱才能买到同样的车子吗?

调查员:你想要多少钱?

汤姆:我想得到按照保单应该得到的钱,我找到一部类似的二手车,价钱是3 350元,加上营业和货物税之后,大概是4 000元。

调查员:4 000元太多了吧!

汤姆:我所要求的不是某个数目,而是公平的赔偿。你不认为我应该得到足够的赔偿来换一部车是公平的吗?

调查员:好,我们赔你3 500元,这是我们可以付出的最高价。公司的政策是如此规定的。

汤姆:你们公司是怎么算出这个数字的?

调查员:你要知道3 500元是你可以得到的最高数,你如果不想要,我就爱莫能助了。

汤姆:3 500元可能是公道的,但是我不敢确定。如果你受公司政策的约束,我当然知道你的立场。可是除非你能客观地说出我能得到这个数目的理由,我想我还是最好诉诸法律之途,我们为什么不研究一下这件事,然后再谈,星期三上午11点我们可以见面谈谈吗?

调查员:好的。我今天在报上看到一部七八年的菲亚特汽车,出价是3 400元。

汤姆:噢!上面有没有提到行车里数?

调查员:49 000公里。为什么你问这件事?

汤姆:因为我的车只跑了25 000公里,你认为我的车子可以多值多少钱?

调查员:让我想想……150元。

汤姆:假设3 400元是合理的话,那么就是3 550元了。广告上面提到收音机没有?

调查员:没有。

汤姆:你认为一部收音机值多少钱?

调查员:125元。

汤姆:冷气呢?

…………

两个半小时之后,汤姆拿到了4 012元的支票。

（三）提供多项选择

就某一个问题争论不休的时候，可以给对方提供几个选择，这样对方就会很容易找出一个合适的选项。

【精彩案例二十六】

王经理和一个脾气很古怪的客户谈判初期，对对方的底牌还没有完全把握，因此，他精心设计了 ABC 三个方案让客户选择。客户觉得 A 方案比较接近自己的想法，于是，王经理在 A 方案的基础上不断上下试探，最终摸清了对方底线。

（四）突出共性

多注重双方共同的利益和处境，比单独强调自己的效果要好很多。

（五）反复强调

针对重点和焦点，可以反复强调，促使对方了解和接受。

（六）重视对方

在谈判时，多强调对方将会得到的好处和利益，让对方感到真正的实惠，对方自然会欣然接受一些条件。

（七）把握时机

人们往往在谈判开始和结束时注意力集中，并印象深刻，所以可以在谈判开头和结尾上下功夫，加大说服力。

五、谈判拒绝的口才技巧

当对方提出一些己方无法接受的条件和要求时，如果直截了当地拒绝对方，可能影响谈判的氛围，使谈判转向消极。我们需了解一些拒绝的技巧，以摆脱尴尬的局面。

（一）要有勇气说"不"

我们不可能让所有的人对我们的做法感到满意，生活中无论你怎样努力，都会有部分人否定你，所以，我们就应该拿出勇气面对现实，坚持原则，敢于说"不"。

【精彩案例二十七】

麦当劳刚进入中国时，在租赁商铺时，经常会遇到漫天要价的情况。几次谈判后，麦当劳高层发现一个奇怪的现象：如果让中国人和房主谈，价格往往很难谈下来；如果让美国人和房主谈，往往能以比较满意的价格租赁房屋。究其原因，在于房主提出高价后，中国人不习惯谈崩，只能在此基础上慢慢往下减价，因此减的幅度不大；而美国人往往拂袖而走，房主只好妥协。

（二）拒绝的艺术

如果对方提出一些过分的条件，可以绕开锋芒，委婉拒绝。如：你的要求是公司所禁止的，我也无能为力；你要的资料我无法得到详细的报告单；这份材料现在还没统计完，要过段时间才能整理出来；你要的材料属于我们公司的商业秘密或专利材料，是不能外泄的。

六、谈判用语的注意事项

谈判中，双方都会努力地找出对方的"错误"，为自己的胜利增加筹码，如果不注意谈判的语言或太过随意，都会被对方抓住弱点，使自己处于不利的局势。因此要在谈判前，认真准备，多加注意，不让对方找出漏洞和抓住小辫子。

谈判用语主要的注意事项有以下4个方面。

（一）礼貌用语，以和为贵

在谈判中，双方都会为了争取自己的最大利益，而努力说服对方接受自己的观点，产生分歧也是在所难免。但无论分歧多大，对方的要求有多么的不合理，都要秉着"对事不对人"的态度，运用文明的语言，尽量争取"和解"。不要因为分歧或暂时的失利而失去风度，给对方留下不好的印象，影响以后的合作。例如，一位先生在下班的时候突然想起有重要的文件忘在了办公室，于是就对看电梯的工作人员说："喂，快点到8楼。"可是，看电梯的马上就说："对不起，我下班了，你爬楼梯吧。"在这场简单的谈判中，我们可以看出，由于这位先生的语言不够礼貌，态度不够尊重对方，导致谈判没有成功，只能自己爬楼梯了。

（二）不要轻易表态

事情是有一个发展变化的过程的。有时，一个暂时不利的事情，经过一段努力后，会转变成有利的事情。所以，在谈判过程中，不要轻易表态，也不要轻易评论对方的观点，这样会使对方难以接受。所以，在谈判中，即使不同意对方的观点，也不要直接说"不可以""不对""不行"，可以婉转地表达自己的意思，如"我们需要时间考虑考虑您的意见"或"我们需要向领导请示汇报一下"等。

（三）不要轻易否定

否定带有很强烈的对抗色彩，容易让对方处于尴尬境地，导致对方产生消极态度。可以采用一点语言小技巧：先给予肯定、理解，然后间接地表达否定的意思，并阐明自己不可动摇的立场，这样就能达到目的。例如，"你的方案很全面，很细致。但是，只有在产品销售方面做些改进，我们才能接受"。

【精彩案例二十八】

约翰为建造房屋而与承包商签订了一份承造合同。合同中确定了价格，而且明确要求必须以钢筋水泥做基础，但是合同却没有明确规定基础该打多深。于是，在建设过程中双方为基础该打多深发生了争执。承包商认为有2尺就够了，而约翰则认为此类房子一般需要5尺左右。可承包商有他的理由："当初是你自己同意采用较浅的基础的，而且我还记得，我也同意在屋顶也采用钢梁。"显然，在此情况下，约翰如果想直接推翻对方的理由是有些困难的，于是他想了想，说："可能当时我错了，2尺也许够，但我所要的是稳固的基础，它足以承受整个房子的重量。政府在这方面订有标准规范吗？在这个地区中的其他房子是采用多深的基础？这里的地震风险如何？你认为我们应该到何处去寻找解决问题的标准？"

……

就这样，约翰将谈判双方主观立场上的讨价还价，演变成寻求客观标准的努力，最终也取得了理想的谈判结果。

（四）要善于转换话题

很多时候，对方的谈话是带有一定目的的，要提高警惕，要善于转换话题，躲避锋芒，这样才是明智之举。转换话题，可以达到五个目的：避开对自己不利的话题；缓和争论的焦点；为做出的重大决定争取一些思考的时间；把问题引向对己方有利的方面；通过转换阐述问题的角度来说服对方。

【精彩案例二十九】

一次，周恩来总理接见美国记者，记者为了达到一定的政治目的，提出了一个非常敏感的问题："中国为什么管人走的路叫马路啊？"周总理非常巧妙地回答说："我们走的是马克思主义理论指导下的道路，简称马路。"这里就是通过转换话题角度，既达到说服对方的目的，又维护了民族的尊严。

思考与训练

1. 在谈判的语言技巧中，应注意哪些问题？
2. 谈判中说服的语言技巧有哪些？
3. 根据下面材料进行模拟谈判。

老张和家人想要购买一套二手房，售楼小姐把价格定在每平方米八千元，而老张及家人想把价格砍在每平方米六千元，售楼小姐说道："先生，您先出个价吧，如果和我想要卖的价钱接近，表示我们有缘分，那就好谈。如果差得太多，表示双方期待差得太远，那就不必谈了。"售楼小姐出了个难题给老张全家，价格开高了自己吃亏，开低了谈判无法继续。

要求：

（1）能通过各种谈判技巧打破僵局；
（2）能运用掌握的材料说服售楼小姐把价格降到双方都能接受的价位。

第三节　谈判口才综合训练

一、谈判语言表达训练

1. 训练目标

训练学生的应变能力，强化学生在谈判中灵活运用语言的技巧。

2. 训练方法

训练采用模拟问答的形式，两组学生分别模拟谈判各方。

3. 训练材料

F 和 K 工厂是两个长期的合作伙伴，K 工厂是 F 的模具供应商，他的模具供给量占 F 工厂使用模具的 80%。但是，K 工厂的模具最近一直有质量问题，给 F 工厂造成了大量的经济损失。当初两厂签订的协议中规定：K 工厂提供的模具合格率达到 95% 以上便可。但这是一条有歧义性的条款，既可以理解为每套模具各个零件的合格率达到 95% 以上，也可以理解为所有模具的总体合格率达到 95% 以上。

前一种理解比较有利于 F 工厂，后一种理解比较有利于 K 工厂。而实际上正是由于 K 工厂生产的所有模具中 5% 的不合格产品造成了 F 工厂巨大的损失。F 工厂提出，由 K 工厂的次品导致的损失必须由 K 工厂承担。而 K 工厂坚持认为 F 工厂的质检部门在接受 K 工厂的模具时就应该看清楚，如果是次品可以退货，而不是等到进了工厂投入使用以后才发现有问题，因而拒绝承担损失。双方交涉多次始终没有达成共识。F 工厂采购部和 K 工厂销售部的经理迫于压力约定本周末碰面，准备通过谈判对此事做一个了断。谈判双方代表都非常清楚，F 工厂知道自己不可能完全抛开这个供应商，K 工厂当然也不想失去 F 工厂这个大客户。

谈判目标：

① 确定对 95% 以上合格率这一条款的理解；

② 商议 K 工厂赔偿 F 工厂损失的事宜。

4. 训练说明

可以多分几组，分别模拟 F 工厂和 K 工厂的谈判代表，看看哪组的语言表达最准确，最有说服力，达到最好的谈判效果。

二、谈判提问训练

1. 训练目标

掌握提问的技巧。

2. 训练方法

根据提供的训练材料，学生通过角色扮演进行模拟训练。

3. 训练材料

一对夫妻在浏览杂志时,看到一则广告背景里的一座老式座钟,他们非常喜欢。妻子说:"这座钟是不是你见过的最漂亮的一个?把它放在我们的过道或客厅,看起来一定不错吧?"丈夫答道:"的确不错!我也正想找个类似的钟放在家里,不知道多少钱?"研究之后,他们决定要在古董店里找寻那座钟,并且商定只能出500元以内的价钱。

他们经过三个月的努力后,终于在一家古董店的橱窗里看到那座钟。妻子兴奋地叫了起来:"就是这座钟!没错,就是这座钟!"丈夫说:"记住,我们绝对不能超出500元的预算。"他们走近那座钟。"哦喔!"妻子说道:"时钟上的标价是750元,我们还是回家算了,我们说过不能超过500元的预算,记得吗?""我记得,"丈夫说,"不过还是试一试吧,我们已经找了那么久,不差这一会儿。"

夫妻私下商量,由丈夫作为谈判者,争取以500元买下。随后,丈夫鼓起勇气,对售货员说:"我注意到你们有座钟要卖,定价就贴在座钟上,而且蒙了不少灰,显得有些旧了。"之后,又说:"告诉你我的打算吧,我给你出个价,只出一次价,就这么说定。想你可能会吓一跳,你准备好了吗?"他停了一下以增加效果,"你听着——250元。"售货员连眼也不眨一下,说道:"卖了,那座钟是你的了。"

那位丈夫的第一个反应是什么呢?得意扬扬?"我真的很棒!不但得到了优惠,还得到了我想要的东西。"不,他的最初反应是:"我真蠢!我该对那个家伙出价150元才对!"接着,他想到"这座钟怎么这么便宜?一定是有什么问题!"然而,他还是把那座钟拿回了家放在客厅里。钟看起来非常美丽,好像也没什么毛病。但是他和太太却始终感到不安。那晚他们安歇后,半夜曾三度起来,因为他们没有听到时钟的声响。这种情形持续了无数个夜晚,他们的健康迅速恶化,开始感到紧张过度并且血压升高。为什么会这样?是因为那个售货员不经过价格磋商就以250元把钟卖给了他们,还是由于丈夫在谈判的时候没有通过提问的技巧探索到对方的情况?

4. 训练说明

① 分成A、B两组,A组一名同学扮演售货员,B组两名同学分别扮演丈夫和妻子,丈夫和妻子可以积极配合,互相补充提问。

② 老师悄悄地告诉"售货员"座钟的底价,然后进行模拟训练。

③ 老师还可以多分几组,并分别告之不同的底价,看哪个小组获利最多。

三、谈判回答问题训练

1. 训练目标

掌握谈判中巧妙回答问题的口才技巧。

2. 训练方法

模拟生活场景谈判,给学生创造回答问题的情景,结束后评论其回答技巧及水平,使其有所改进。

3. 训练材料

背景介绍：假设你是一名电脑售货员，一位顾客上周在你的柜台购买了一台电脑，可是现在顾客却说不好用了，他非常气愤地来到你面前质问，你怎么回答对方的提问，最终让顾客满意呢？

顾客："你们卖的东西是不是组装的啊？打着原装的牌子，收着原装的价格。"

你的回答：……

顾客："你们的东西这么贵，质量还这么差，是不是太黑了，属于欺骗！"

你的回答：……

顾客："如果不给我解释明白，让我满意，我就去投诉你们！"

你的回答：……

顾客："这样的解决方式，我不同意！"

你的回答：……

顾客："你们把电脑给我退了，然后再赔偿我一定的精神损失费！"

你的回答：……

顾客：……

你的回答：……

4. 训练说明

① 分组进行，每组两名同学，分别模拟顾客和售货员，时间允许的话，还可以角色互换。

② 以上只是提供一个可能发生的场景，也可以由同学自己组织情景对话，看哪组同学能用最短的时间，把问题解决得最好。

四、谈判说服训练

1. 训练目标

能够在谈判中运用口才技巧达到说服对方的目的。

2. 训练方法

训练采用角色扮演的方式进行。

3. 训练材料

背景介绍：假设你是电动洗碗机的推销员，你将运用口才技巧，说服不同年龄段的顾客购买你的产品。

4. 训练说明

老师可以通过不同条件的设置，训练学生的说服技巧。下面提供三种条件，老师还可以设置其他的条件。

① 洗碗机原来的价格是 500 元，而现在是 400 元。

② 洗碗机原来的价格是 400 元，而现在涨到 600 元。

③ 顾客了解到洗碗机存在容量小、重量大、耗电量大的缺点。

五、小组谈判训练

1. 训练目标

能在谈判中进行合理的分工合作，提高协作水平。

2. 训练方法

根据提供的材料设置背景，由两组学生各扮演谈判一方进行模拟训练，要力争达到谈判双赢的目的，然后由教师和学生进行点评。

3. 训练材料

谈判 A 方：午子绿茶公司

谈判 B 方：华之杰塑料建材有限公司

（1）A 方背景资料

① 品牌绿茶产自美丽而神秘的某省，它位于中国的西南部，海拔超过 2 200 米。在那里，优越的气候条件下生长出优质且纯正的绿茶，它的茶多酚含量超过 35%，高于其他已被发现的其他茶类产品。茶多酚具有降脂、降压、减少心脏病和癌症发病率的功效，同时能提高人体免疫力，并对消化、免疫系统有益。

② 已注册生产某一品牌绿茶，品牌和创意都十分不错，品牌效应在省内初步形成。

③ 已经拥有一套完备的策划、宣传战略。

④ 已经初步形成了一系列较为顺畅的销售渠道，在全省某一知名连锁药房及其他大型超市、茶叶连锁店都设有销售点，销售状况良好。

⑤ 品牌的知名度还不够，但此品牌在未来几年内将会有非常广阔的市场前景。

⑥ 需要吸引资金，用于扩大生产规模、扩大宣传力度。

⑦ 现有的品牌、生产资料、宣传策划、营销渠道等一系列有形资产和无形资产，估算价值 1 000 万元。

（2）A 方谈判内容

① 要求 B 方入股，出资额度不低于 50 万元。

② 保证控股。

③ 对资产评估的 1 000 万元进行合理的解释（品牌、现有的茶叶及制成品、生产资料、宣传策划、营销渠道等）。

④ 风险分担问题（提示：例如可以购买保险，保险费用可计入成本）。

⑤ 利润分配问题。

（3）B 方背景资料

① 经营建材生意多年，积累了一定的资金。

② 准备用闲置资金进行投资，由于近几年来绿茶市场行情不错，故投资的初步意向为绿茶市场。

③ 投资预算在 150 万以内。

④ 希望在一年内能够见到回报，并且年收益率在 20% 以上。

⑤ 对绿茶市场的行情不甚了解，对绿茶的情况也知之甚少，但 A 方对其产品提供了相应资料。

⑥ 据调查得知 A 方的绿茶产品已经初步形成了一系列较为畅通的销售渠道，在全省某一知名连锁药房销售状况良好，但知名度还有待提高。

（4）B 方谈判内容

① 已知 A 方要求出资额度不低于 50 万元。

② 要求由 A 方负责进行生产、宣传及销售。

③ 要求 A 方对资产评估的 1 000 万元进行合理的解释。

④ 如何保证投入资金的安全，要求 A 方进行相应的解释。

⑤ 利润分配问题。

（5）谈判目标

① 解决双方分歧，达成共识，小组谈判人员通过相互配合，实现各公司的最大利益。

② 最终达到合资（合作）目的。

4. 训练说明

① 老师可以指导学生先制订谈判计划，内容包括：如何对你的谈判小组进行人员分工？你的谈判目标是什么？如何安排谈判进程？如何确定谈判策略？需要做好哪些方面的资料准备？

② 老师可以根据训练过程中小组人员在语言、行为等方面的配合程度给予一定的评价和指导。

经典推荐

《优势谈判》，作者罗杰·道森，重庆出版社 2008 年 3 月出版。

内容简介：书中王牌谈判大师罗杰·道森通过独创的优势谈判技巧，教会你如何在谈判桌前取胜，更教会你如何在谈判结束后让对手感觉到是他赢得了这场谈判，而不是他吃亏了。无论你的谈判对手是房地产经纪人、汽车销售商、保险经纪人，还是家人、朋友、生意伙伴、上司，你都能通过优势谈判技巧成功地赢得谈判，并且赢得他们的好感。这本书是由国际首席商业谈判大师罗杰·道森集 30 年的成功谈判经验著述而成，书中有详细的指导、生动而真实的案例、权威的大师手记和实用的建议，是你走上富足人生的优势指南。

第八章

主持口才训练

内容提要

1. 主持口才基础知识
2. 主持口才技巧
3. 主持口才综合训练

情景导入

小明是一个能言善辩的学生，经常主持校内各类活动，是学校里的大明星。还有一个学期就要毕业了，他打算向主持方面发展。虽然在校内经历了很多次主持，但他知道自己还不够成熟，而且对主持行业也不是十分了解，为此，小明感到有些惶恐。于是他翻阅了大量资料，仔细分析鉴赏了多种类型的主持视频，每日坚持勤奋练习。通过一个学期的努力，小明如愿地签约了一家大公司的活动主持人岗位，且月收入可观。

有着主持梦想的同学，如果正巧有主持活动的机会，那么怎样才能把握机会，出色地完成主持任务呢？本章主要阐述主持口才基础知识及技巧，帮助同学们掌握主持技巧，更好地展示自己的才华。

第一节　主持口才基础知识

1980年中央电视台《观察与思考》栏目播出时首次打出"主持人"字幕；1981年1月1日，中央人民广播电台对台湾广播的《空中之友》节目出台，推出了主持人"徐曼小姐"，标志着我国广播电视节目主持人的诞生。30多年过去了，主持人的队伍在不断扩大，许多优秀的节目主持人通过自己的辛勤劳动，赢得了大众的喜爱，成为全国或本地区家喻户晓的广播电视明星。

目前，主持人并不只是广播电视节目中的专有名词。在社会生活中，以交流信息、沟通关系为目的开展的各种文艺演出、竞技比赛、社交或学术等活动中，充当主导、引领人们话题的人物都是主持人。主持人语言水平的高低直接决定主持的成败。本章主要从生活主持和广播电视节目主持两方面入手，讲授主持人口才技巧。

一、主持的内涵

主持的概念有狭义和广义之分。狭义上是指主持广播电台、电视台等各种正式的媒体节目和演出。广义上是指主持各种活动，如大小会议、喜庆仪式、联谊活动、文艺演出、朗诵会、演讲赛、论辩赛等。

二、主持的分类

（一）根据内容划分

根据主持内容的不同，可以将主持分为社会活动主持、文化活动主持和广播电视节目主持。

1. 社会活动主持

比如，会议、演讲、论辩、评比、典礼、面试等的主持。

2. 文化活动主持

比如，文艺演出、舞会、联欢会、婚宴等的主持。

3. 广播电视节目主持

比如，各种综合性、专题性、专业性的有声板块节目的主持。

（二）根据责任划分

根据主持人在活动中所担负责任的不同，可将主持分为报幕式主持和角色式主持。

1. 报幕式主持

报告会中，主持人的责任是把会议事项和报告人等介绍给与会者，宣布会议的开始与结束，其作用贯穿会议始终。

2. 角色式主持

主持人担负着活动中的角色，在活动的开始、中间、结尾都充当一定的角色，并且其角色不能从整个活动中剥离抽出。而在一些广播节目里，主持人即演员，除了主持人的主持外，不再有别的声音。

（三）根据口语表达方式划分

按照主持的口语表达方式的不同，可将主持分为报道性主持、议论性主持和夹叙夹议性主持。

1. 报道性主持

主持大型会议，多用报道性主持，一般只介绍发言人的姓名和发言人题目等简单情况。

2. 议论性主持

主持演讲和竞赛多用议论性主持，主持人在现场要评议一下，说说自己的感受。

3. 夹叙夹议性主持

主持文艺活动多用夹叙夹议性主持，边叙边议、叙中有议、议中有叙。

（四）根据主持人数目划分

根据主持人数目的不同，分为一人主持、双人主持和多人主持。

1. 一人主持

政治性活动、短小的活动、严肃的场合，多用一人主持。

2. 双人主持

一般的文化活动，多用双人主持，双人主持时一般是一男一女，男女交叉，富有变化，具有艺术气氛。

3. 多人主持

大型文艺晚会、大型联欢会、大型游艺会等，多用多人主持，气势宏大，气氛热烈。

综上所述，主持的对象、内容、职责、要求不同，便有不同的主持类型。广播和电视主持人要求专业——因为他们本身就是一种职业，由于有外表形象、嗓音、气质、专业背景、普通话水平等方面的制约，一般人不经过专业学习难以胜任。而会议主持、婚宴主持、庆典主持是我们生活中所常见的主持，因其要求的宽泛和民间活动的随意性，距离我们不是很远。

三、主持人的作用

1. 桥梁的作用

主持人在整个主持活动中像一座桥梁，沟通两岸，连接着受众与节目，使受众更加了解节目意图。主持人将主观的强烈感受连同客观世界不露声色地展现给观众。主持人不但要与观众共同面对纷繁的世界，尽可能将所面临的客观事实"和盘"托给观众，而且要与受众分享由现实世界的相关关系所引发的茫然、迟疑和犹豫。

2. 传递信息的作用

主持的成功与否主要看串联词的好坏和传递信息量的多少。信息多才能吸引受众。所以，主持人在主持时，不要仅仅根据所设主题搜集材料，还要尽可能多地准备相关的辅助材料，并将之与题目恰当地融合，这样主持人不仅可以将主题传递给大家，还可以让受众了解到其他信息。

3. 感染受众的作用

主持人在主持的时候,要把握和控制现场的气氛,要让受众跟着主持人的感情走。主持人要善于恰当地运用语言技巧,以引起人们的情感共鸣。

四、主持的语言风格

主持人的语言风格,是体现主持人个性特点的重要方面。在日常生活中,人们的语言呈现出各自不同的特点。言为心声,语言的表达,不仅可以实现交流的目的,表现出个人对于客体世界和主体世界的认识,同时,又可以通过不同特色的语言,呈现出自身的个性与认识世界的方式。

1. 富有逻辑性的语言表述

逻辑性的语言表述以说理见长,一般富有较强的逻辑性,不太强调情感的外露和语言的修饰。其语言特点呈现出理性化、逻辑化,具有深刻性与严谨性。这种类型的语言,经常表现出思想的敏锐,特别是在充满思想交锋的过程中,可以显现出思维的敏捷与精神的超越。我们在荧屏上经常见到的白岩松、敬一丹就是这类语言风格的典型代表。

【精彩案例一】

白岩松评中国队 6 比 1 胜越南

终于,终于在 2009 年 1 月亚洲杯预选赛上,中国队主场把越南打了个 6 比 1。仔细看来,这场比赛的价值也就如此,大家都很兴奋,甚至在天空中还燃起了礼花,很多人似乎认为这礼花是为中国足球而放。这里面也许有误会,一种我们心知肚明却非要自欺欺人的误会——没准那是浙江人民在旁边放礼花庆祝春节临近。但是呢,总有人非把这些自娱自乐和我们的国足联系起来。

帽子戏法,这些词很久都没有被用在中国足球的身上了。但是今天,郜林做到了,如一个英雄被评为本场最佳。但是,如果我是主教练,他进第一个球之后就会把他换下来。因为我实在不忍我们的球员又一次飘飘然起来。进球后,看看他的庆祝动作,把食指竖在嘴边,他要说什么?是让大家闭嘴吗?用北京一位广播人的话说:是让一段时间以来批评国家队和他本人的人们闭嘴。

这根竖起的食指似乎比中指更加让人难以接受,让人感到悲哀,让人感到我们球员的无知和幼稚——在中国足球添堵的时代,难道这场胜利就可以洗刷国足的一切罪过吗?难道就可以让一切声音消失吗?难道之前对中国足球及国家队的批评是错的?难道有不足不可以批评吗?难道进了越南一个球,就有权利让大家闭嘴吗?越南是什么队,在世界足球版图上处于什么位置,球迷们都清楚。多年之前,就算是派个省队,都可以把亚洲杯预选赛轻松解决。但是我们的球员如果以击败这样的对手就肆意释放对外界的不满，那么中国足球就彻底没有了希望。如果是进了韩国或日本一个球，让人们闭嘴腰杆还硬一些；可赢了越南，居然就打算让大家不说话，你拿什么当封口费？

这就是中国足球悲剧性现状的最真实的反映。媒体有点怕闲，球迷却很烦，不管你媒体怎么给版面，体育场内照样空着的座位一大片，球迷清楚着呢。所以别因为赢了越南就把中国足球夸大发了，小心成为将来的笑话。是的，赢了越南，终于没给全国人民添堵了。但是，这就说明中国足球股触底反弹？其实中国足球的实质根本没有改变。几十年前，诗人食指在荒漠一般的年代，让人热血沸腾地写下四个大字：相信未来。几十年后的今天，我们的球员却用食指写下一种人们对中国足球的怀疑：未来，可以相信吗？（摘自体坛网）

2. 富有文化感的语言表述

文化感的语言表述一般以淳朴厚重、气度雍容见长。这类语言常常蕴含着浓郁的书卷气，语气温和、委婉。在语言的表述过程之中，能体现主持人的智慧与才华，比如杨澜的语言风格。

【精彩案例二】

杨澜应试主持人

1994年1月，从学生走向主持人岗位的杨澜在完成《正大综艺》200期制作之后，跨越太平洋去了美国，攻读哥伦比亚大学国际传媒硕士学位，又成了一名学生。一位成功的节目主持人，离开了令人羡慕的位置，远涉重洋，进一步提高自己，确实不同凡响。这自然使人们又联想到杨澜走向正大综艺的历程。

杨澜应试《正大综艺》节目主持人的时候，还是北京外国语学院四年级的一名普通学生。当杨澜接受面试的时候，主持面试的老师说，她希望找一个新"面孔"，最好是纯情一点的。杨澜虽然也有一点紧张，但并没有诚惶诚恐地"配合"老师，刻意使自己更"纯情"一点。她在简单介绍自己之后，直言不讳地对主考老师谈了自己对主持人的看法："电视台为什么一找主持人，就要纯情型的？我们缺少的是干练的职业妇女形象。"主考老师后来对杨澜说，我当时并没有觉得你的容貌特别出众，但这句话说明你是有思想的。杨澜就这样通过了初试。

此后，杨澜经过了一次又一次的复试，在这个过程中，她也经历一个个不大不小的"折磨"。主持面试的一方，对她的综合表现评价很高，但却嫌她不够漂亮。当杨澜和另一位连杨澜也不得不承认"的确非常漂亮"的女孩子成为最后的竞争者时，她全部的倔强、好胜心都被激发出来了，她想："即使今天你们不选我，我也要证明我的素质。"

最后面试的题目是：一、你将如何做这个节目的主持人；二、介绍一下你自己。

杨澜是这样开始的:"我认为主持人的首要标准不应是容貌,而是要看她是不是有强烈的和观众沟通的愿望。我希望做这个节目的主持人,因为我特别喜欢旅游。人和大自然相亲相近的快感是无与伦比的,我要把这些感受讲给观众听……"

在介绍自己时,杨澜说:"父母给我起名'澜',就是希望一个女孩子能有海一样开阔的胸襟,自强、自立,我相信自己能做到这一点……"

杨澜侃侃而谈,一口气讲了半个小时,没有一点儿文字参考。讲完后,屋子里非常安静,听众都被吸引住了,人们不再关注她是否是一个最漂亮的主持人。杨澜赢了。

后来杨澜在主持"正大综艺"时,本色而自然,既没有刻意去表现自己的文化素养"掉书袋子";也没有刻意去表现"清纯",表演"可爱";她把一个有较高文化素养的清纯少女形象和富有理智又不失细腻情感的职业女性形象统一在一起,为观众带来了一种既高雅又本色、既轻松愉悦又令人回味的主持风格。在三年多的时间里,杨澜和赵忠祥共同主持"正大综艺"节目,他们一老一少,一个沉稳、充满洞察世事的沧桑,一个热情、尽显涉世未深的清纯明快。场上节奏一动一静,有张有弛,韵味无穷,在观众心目中留下了深刻印象。他们被报界评为最佳搭档。有评论说,如果像赵忠祥、杨澜这样的人能更多一些,如果这样的人能够形成一个成规模的群体,我们的传媒一定能真正创造出既能让老百姓愉悦又受老百姓尊重的大众文化。(摘自金鹰网)

3. 富有生活气息的恬美的语言表述

在恬美的语言表述过程中,突出温馨、娴雅、恬静、可亲的特色。一般不对语言做出过多的雕饰,不使人感到智慧与才气的外露,而是在一种平和与自由的气氛中让人体味到平等对话的愉悦。这类语言往往能够使人感受到主持人的亲切,以及与之对话时的自由和交流的畅快。具有这类语言风格的大多数是女性主持人,比如著名主持人倪萍。

【精彩案例三】

倪萍对节目台本风格独特的语言再创作

原节目台本:

"邻居是什么?邻居是互相帮助的朋友,是在你困难的时候可以向他求援的伙伴,是你生活中不可缺少的友情,邻居是你生活中相互给予的人们。"

倪萍的加工性复述:

"邻居是什么?是你正在炒菜,发现酱油瓶子是空的,于是你就敲门要点酱油的那家儿;是你出差了可以让他帮你看看门锁是否被人撬开的那家人;是你家房子冒烟了能第一个去打119的那些人……"

4. 富有幽默感的语言风格

富有幽默感的语言表述时常体现出风趣、诙谐的语言特色。这类语言风格往往最能反映主持人的机敏与才智。这类主持人时常以巧妙的比喻、善意的嘲讽、欲扬先抑、旁敲侧击等语言技巧赢得受众的欢笑，他们往往以巧妙、机智的语言将繁复、艰涩的问题转化为轻松、有趣的对话。在这一点上，做得比较好的是崔永元，他的语言妙语连珠，雅俗共赏。

【精彩案例四】

崔永元在《实话实说》节目中与嘉宾的一段对话

崔永元：奶奶，您刚才说喜欢看电视，但是，我看您家里收音机特别多。
奶　　奶：有两个。好像一天不听就不舒服。
崔永元：您关心国家大事，关心国际上的事吗？
奶　　奶：国家大事我都关心得很。
崔永元：您知道美国现在正在选总统吗，现在？
奶　　奶：我知道，布什、小布什嘛！
崔永元：奶奶，您看这是我给您准备的礼物。我听说您喜欢收音机，我特别高兴，因为收音机便宜。奶奶，这合适不合适？我特别选了一个大钮的，大钮的奶奶使用起来方便……

【比一比】

主持人口语与日常口语的基本差异

主持人口语	日常口语
大众传播的言语行为	人际交往的言语行为
表达对象的公众性	表达对象的选择性
张扬个性受媒介意志制约	张扬个性受交际语境制约
有时需带有书面语色彩	不能带有书面语色彩
强调语音规范，严控方言	方言交流不讲究语音规范
有准备地边想边说	无准备地边想边说
表达内容有严格规定性	表达内容无严格规定性
话语有一定的信息密度	话语不强调信息的密度

五、主持人应具备的素质

德、才、学、艺俱佳才能成为一名优秀的主持人。首先，主持人要有健全的人格。其次，主持人要有较深的文化底蕴、敏锐的洞察力和较强的组织协调能力。以下从4个方面介绍主持人的基本素质。

1. 优秀的语言表达能力

主持人的各种表现主要通过口头语言展现出来，所以能言善辩是主持人的基本素质，语言表达通顺流畅是最基本的要求。主持人要口齿伶俐，表达清楚，尤其对较长篇幅的串场词要能讲得行云流水，一气呵成，才能让受众有信服之感。所以，主持人一定要勤于锻炼自己语言和语速上的基本功，要言语有心，言语用心，要把话说好、说通、说顺、说巧、说妙。

主持人应当在尽量短的时间内表达更多的意思，传递给观众更多的信息。所以，主持人的语言要具备严密清晰的逻辑性，这一点十分重要。主持人最忌讳在言语表达上生搬硬套、张冠李戴，更不能看似口若悬河、滔滔不绝，实则空空无物。

此外，在语言表达上，要有自己的特色，要富有感染力。主持人与受众的交流主要是情感上的沟通与交流。所以，主持人要善于通过目光、手势、形态等肢体语言，创造富有感染力的表达，才能吸引和打动观众。

【精彩案例五】

央视主持人张泉灵简介

张泉灵，有"北大才女"之称，央视著名主持人，祖籍浙江宁波，1996年毕业于北京大学德语语言文学系。在校期间主持了北大与央视共同制作的《中华文明之光》。1997年考入中央电视台国际部。先后担任《中国报道》记者、编导、主持人。1997年8月，进入中央电视台海外中心专题部，担任主持人、编导。2000年，担任新版《东方时空》总主持人、《人物周刊》《新闻会客厅》等节目的主持人。

2002年3月27日，张泉灵进入战火犹存的阿富汗，深入其北部地震灾区做电视采访，成为第一个进入如此险境进行电视报道的女主持人，所表现出的勇敢、敬业的精神受到广大观众和电视同行的高度赞赏。

张泉灵先后主持了跨世纪庆典的直播、张健横渡英吉利海峡、雅典奥运会、连战及宋楚瑜大陆之行等大型直播活动，同时还以记者身份深入到抗击非典第一线、罗布泊无人区、阿富汗战乱及四川、青海地震灾区等做连线报道，并连续多年担任《一年又一年》节目的主持人。

2008年5月12日四川汶川大地震后，张泉灵赴地震灾区采访。张泉灵用大量现场视频报道，证明了自己是央视最优秀的外景记者之一。她说话层次鲜明、逻辑清晰，既有外景主持的勇敢，又不乏职业新闻人的干练。

2010年4月14日7时49分，青海玉树县发生7.1级地震，张泉灵第一时间从世博会报道现场飞赴玉树灾区。她克服了高原缺氧的极端天气，奔赴灾区第一线深入采访，在灾民安置点，在救援第一线，都有她的身影。2010年4月30日晚8时10分，2010上海世博会开幕式举行，央视报道团队蓄势待发。作为央视报道团队的成员之一，张泉灵提前给网友揭露了精彩内幕，声光电、喷泉和焰火秀将会成为世博会开幕式的关键环节，而焰火秀将在央视演播室旁边的黄埔江面上举行。能够在世博会正式运营之前进入场馆采访拍摄，她感到非常幸运，同时她把这份幸运与广大网友分享，让大家足不出户地了解到世博会的精彩。（摘自百度百科网）

2. 临场应变和即兴发挥能力

临场应变和即兴发挥能力指主持人在主持过程中，遇到突如其来的情况时，在客观条件允许的情况下，能充分调动自己的主观能动性，迅速做出快捷的反应，并进一步在此基础上发挥，使变故巧妙地朝好的方向转化。

【精彩案例六】

主持人曹可凡在一次节目主持中遇到这样的突发情况：法国著名歌星多罗黛正款款地走向舞台中央时，音响设备却不知何故"哐"地轰天一响，多罗黛以特有的幽默举起双手做了个打枪的手势，曹可凡灵机一动，当即发挥道："多罗黛小姐，刚才是上海观众对您的到来表示欢迎，鸣礼炮一响。"话音刚落，全场一片掌声，一场尴尬轻松化解。

1996年5月中央电视台第一次组织"心连心"艺术团下乡，在江西革命老区遂川做首场慰问演出。那天，场面非常热闹，不料节目进行到一半，正值关牧村演唱《多情的土地》时，天空乌云密布，落下了阵阵雨点，顿时场面开始骚动不安。歌曲刚一唱完，赵忠祥便快步走到台前，对乡亲们说："关牧村的动情歌声，把她自己的眼睛唱湿润了，也把老区人民的眼睛唱湿润了，连老天爷的眼睛也唱湿润了！乡亲们！我们演员都商量好了，如果雨下大了，只要大家不走，我们演员就绝不会走！"

有一位听众为自己的女朋友点播了《知心爱人》这首歌曲，在主持人的祝福话语结束，播放歌曲的时候，卡带无法正常播放。此刻，主持人的反应相当机智，她说："看来这位知心爱人还有些羞涩，要我们'千呼万唤始出来'。"

3. 个性鲜明的主持风格

幽默、潇洒、沉稳、轻快的风格都能将受众带到和主持人共同营造的视听意境中，使受众在感受现场主题的同时，也感受到主持人个性鲜明的魅力。

4. 良好的心理素质

良好的心理素质是主持人必备的基本素质。主持工作面临各种突发情况，主持人要沉着冷静、灵活应对，稳重大方地表现出较高的职业素质。

【精彩案例七】

董卿主持一次元旦迎新晚会,由于时间问题,在跨年钟声敲响前,突然长出了两分半钟的时间,需要董卿救场发挥。当董卿开始大方自如地自由发挥时,耳麦里突然传出导播的误判:"不是两分半钟,只有一分半钟了。"董卿连忙调整语序,准备结束语,而此时耳麦里再度传来更正:"不是一分半,还是两分半!"董卿临危不乱,走到舞台两头给观众深深鞠了两躬,表示节目组的感谢。这样一个小小的肢体停顿,让她在紧急中控制住了节奏,加上流畅的语言表达,成为主持学上一个完美的案例。

思考与训练

1. 主持人的作用是什么?
2. 试述主持人的分类。
3. 主持人应具备哪些素质?
4. 在学院的一次《与院长面对面》访谈活动中,被邀请到的学生代表坐在院长面前显得十分拘谨,谈话的气氛很紧张。假设自己就是本次活动的主持人,请用幽默的语言缓和一下尴尬的局面。
5. 在一次卡拉OK大赛中,一位选手刚准备演唱,不料伴奏停止了。如果你是主持人,此刻你要怎样救场?

第二节 主持口才技巧

一、婚礼主持口才技巧

(一)婚礼主持人的含义

在婚礼上,主持人往往是除新人以外最引人注目的角色。因此主持人对婚礼的成败往往起着关键的作用。人们常把在台上主持婚礼的人叫婚礼司仪,或婚礼主持人。其实二者之间还是有区别的。"司仪"在《现代汉语词典》中的解释是"举行典礼或召开大会时主持仪式的人"。而"主持"在《现代汉语词典》中的解释是"负责掌管或处理"。主持人也就是负责掌管或处理的人。婚礼主持人不仅要做司仪,还要掌握、控制、处理庆典的全过程。

好的婚礼主持人要知识渊博、侃侃而谈、风度潇洒、仪表堂堂,同时能引曲释疑、说学逗唱、诙谐幽默、雅而不淡、笑而不脏。在婚礼现场中也可以穿插演唱、朗诵、曲艺小段及口技表演等。婚礼主持人在现场中起到控制婚礼进程、调动现场工作人员、活跃现场气氛的作用,还要根据新人不同的行业、家庭环境、来宾等灵活编纂主持词,而不能千篇一律都使用一类套词,即根据不同的婚礼风格设计不同的主持词。

（二）婚礼形式种类

婚礼主持人一定要了解各类婚礼的特点和程序。

1. 西式婚礼

西式婚礼分为"仪式"和"晚宴"两部分。仪式多在教堂举办,相对更为肃穆、庄严,被邀请的都是至亲好友。晚宴则轻松许多,新人将邀请更多朋友参加。教堂的仪式多由神父主持,晚宴则由婚礼主持人主持。西式婚礼的特点是简洁、庄严、神圣、浪漫。

2. 中式婚礼

中式婚礼主要指以凤冠霞帔、骑马坐轿为标志,以明、清和民初的民俗礼仪为蓝本的传统大花轿婚礼。其特点是场面宏大、高贵华丽、喜庆热闹、庄重大气、俏皮清雅。目前在中国,传统的中式婚礼很受外国人的推崇。

3. 中西结合式婚礼

中西结合式婚礼是西式婚礼和传统中式婚礼的结合。中西结合式婚礼仪式的特点是高贵华丽、声浓韵美、大气喜庆、文雅俏丽。中国的80后比较喜欢中西结合的婚礼仪式。

（三）婚礼主持语言的具体要求

1. 不可喧宾夺主

对于婚礼来说,新人应该是主角。然而几乎半数以上的婚礼都被主持人抢了风头。据抽查数字显示有近80%的新人是站在主持人的身后,全场的宾朋都在欣赏主持人的表演。尽管婚礼主持人对婚礼的成败起关键的作用,但是婚礼主持人永远不应该成为婚礼的主角。一个好的主持人光有嘴皮子是不够的,还要有良好的文化修养,摆正自己的位置。

2. 语言要仔细斟酌

婚礼是一个喜庆的活动,婚礼主持人的用语要体现吉利的原则。但"在天愿作比翼鸟,在地愿作连理枝""新娘漂亮得如西施貂蝉"之类的话,在婚礼上一定要慎用。这些语言不仅没有新意,与婚礼的喜庆背景也不协调。

3. 要善于"救场"

婚礼上有时容易出现意外状况,比如天气不好、新郎给新娘戴戒指时掉在了地上、酒杯打碎了等,这时主持人要有应变能力。一个好的主持人能将任何一种不良状况转换成对婚礼有益的陪衬。

【精彩案例八】

① 当婚礼举行遇到下雨时,主持人说:"今天是××年的×月×日,天空因为今天的喜庆而向大地播撒着绵绵细雨,浇灌着这干渴的土地,而大地也因为雨水的滋润和年轻人的无限活力充满了生机。今天是一个多么美好的日子、吉祥的日子、喜庆的日子,因为在这个星球上又有一对新人缔结了美好的姻缘,那就是……"

② 当戒指掉在了地上时，主持人说："这枚戒指实在是太沉重了，因为它包含着太多的情、太多的爱，像山一样的沉重，像海一样的深沉，怪不得新娘有点承受不住了。好，新郎鼓起勇气，给你的新娘再戴一次。"

作为一个婚礼主持人只做到以上几点是不够的。好的口才来自于平时的文化积累。随着新人对个性婚礼的要求越来越高，对主持人的要求也越来越高。要想把婚礼主持好，婚礼主持人除具备较强的嘴上功夫和较深厚的文化底蕴外，还必须与新人建立良好的沟通关系，深入地了解新人。同时，要和乐队或音响师默契配合，在恰当的时刻，选择恰当的背景音乐将婚礼推上高潮。

【精彩案例九】

中西结合式婚礼仪式主持案例

暖场

尊敬的各位来宾，欢迎大家来到婚庆酒楼参加×××先生、××小姐的结婚庆典！我是本场婚礼的司仪兼主持，我叫××。首先，请允许我代表两位新人及双方的父母向各位来宾的到来表示热烈的欢迎和衷心的感谢！

为了营造一个温馨浪漫的婚礼现场，希望所有来宾朋友能在婚礼高潮时，配合婚礼主持人，把您最热烈的掌声送给最幸福的一对新人。婚礼定于10∶58分开始。婚礼仪式即将开始，请各位来宾就座，请婚礼工作人员全部就位。请灯光师、音响师、摄影师、摄像师做好准备，请新人双方父母在花门附近就座，请新郎和新娘怀着激动的心情等待着幸福时刻的到来！

婚礼倒计时

婚礼开场——小花童爱情对话出场（省略）

此刻，站在××小姐身边的正是她生命中的两个至关重要的男人，一个陪她走过最难忘的成长历程，一个将陪她走完今后的幸福人生。在我们的交接仪式中，新娘的父亲亲手把自己最疼爱的女儿托付给这个真诚的小伙子，这将是一个爱的传递。请新郎单膝跪地，大声说出你爱的承诺。

（新郎：……）

好，让我们共同见证。父亲可以放心地把女儿的手放在新郎×××的手中了。我们相信×××（新郎名字）一定会给××（新娘名字）一生的幸福！

新人走红毯

婚礼进行曲已经响起，一对新人手挽手踏着这条神圣的玫瑰花路，走向他们人生最辉煌的时刻，这是他们人生最灿烂的瞬间。请在座的朋友们用你们最热烈的掌声祝贺二位新人走向婚礼的殿堂，走向幸福之路！是玫瑰花的芬芳使我们相聚在这里，是爱情的甜蜜让我们相约在这里。今天是一个为爱而举行的节日，也是一个为情而留住的时间。茫茫人海中，×××先生与××小姐相遇、相识、相恋，并在这收获的季节，组建了温馨的家庭。今天是2015年10月14日，我们在场的所有来宾欢聚一堂，共同分享他们的喜悦，共同见证他们的爱情。接下来有请××为新人主婚，并代表所有的来宾为新人祝福。大家欢迎……

请二位新人相对而立，四目相对，回答爱情誓言。

新郎×××，你是否愿意娶你面前的这个女子，无论贫穷或富有，无论顺境或逆境，无论她此时年轻或岁月使她苍老，你都始终与她相亲相爱，相依相伴，一生一世，不离不弃？

（新郎：我愿意。）

新娘××，你是否愿意嫁给你面前的这位男士，无论贫穷或富有，无论顺境或逆境，无论他此时年轻或岁月使他苍老，你都始终与他相亲相爱，相依相伴，一生一世，不离不弃？

（新娘：我愿意。）

此刻，在这里，新郎现在你可以张开你坚实的臂膀，拥抱并亲吻你美丽的新娘了！拥抱你们的幸福新生活！朋友们，让我们再一次响起长时间的掌声。感谢爱神将他们永远地结合在一起，并为他们的结合而祝福。

交换信物

对于你们彼此的誓言，有天地为证，有在场的各位来宾为证，更应该有爱的信物为证。有请爱的使者，将新人的爱情信物送上舞台。请新郎先将戒指戴在你美丽的新娘的左手无名指上，接下来请新娘为新郎戴上戒指。

展示信物

戴上信物的手紧紧地握在一起，请新人将手高高地举起来面向所有的来宾，展示一下你们永不褪色的爱情。朋友们让我们祝福他们执子之手，与子偕老！

交杯酒

在这个最重要的日子里当然少不了喝交杯酒。请二位新人喝下这杯交杯酒。喝了交杯酒，天长地更久；喝了交杯酒，今生今世长相守！喝了交杯酒，甜蜜日子天天有；喝了交杯酒，大家掌声有没有？

点燃烛台

爱不是稍纵即逝的闪电，而是永不熄灭的火焰。请新人来到烛台前，共同点燃这幸福之光。二位新人双手合十，一起许下美好的愿望。美丽的烛光中我们似乎看到了一对新人对新生活的憧憬，也祝愿这爱的火焰照亮他们的人生之路。

倒香槟酒

接下来请新人来到香槟塔台前，共注香槟塔，让爱永流长！这芬芳的香槟，像潺潺的溪水，带着新人的喜悦与甜蜜，欢快地流淌。每一杯酒中都记载着爱恋，每一杯酒中都盛满了幸福。

朋友们，让我们再次用掌声和真诚的祈盼，祝二位新人在漫漫的人生旅途手挽手、肩并肩，共担生活中的寒潮、风雪，共享人生的阳光与彩虹。

好了，新人×××、××婚礼庆典上半场礼成，请新娘准备换装。在这段时间里新郎的弟弟将为所有的来宾献上一首好听的歌曲，大家掌声有请。

婚礼下半场

美丽的新娘已经换好了另一套服装，等待绽放。所有的来宾朋友们，让我们再一次以热烈的掌声欢迎二位新人登场。

二位新人已经站在了人生中最辉煌的舞台上，他们要感谢的人很多！我无法用其他华丽的语言来表述新人此时的感受，只能通过一个故事来倾诉他们心中的声音。

故事是这样的：

上帝与即将出生的婴儿道别。

婴儿哭泣着问上帝："我到了人间该怎么办？我会变得那么弱小，那么无助！"上帝说："你不要担心，我在人间已经为你安排了天使，只为守护你、爱你、照顾你！"婴儿说："上帝啊，如果我现在要离开，请告诉我天使的名字！我该如何称呼他们。"上帝回答说："天使的名字并不重要，你可以简单地叫他们'爸爸'、'妈妈'。"

接下来有请新人心中最伟大的爸爸妈妈上场！

感恩父母

父母盼着儿女长大，盼着儿女成才，盼着儿女成家。如今台上老人的愿望终于实现了。父母欣慰地笑了，但是在她们的笑容里，却不知何时爬满了深深的皱纹。这皱纹，从何而来，二位新人，你们最清楚。如今，你们成家了，立业了，可父母的腰身已不再挺拔，两鬓也泛起了霜花，沧桑写满了额头。丝丝白发儿女债，历历深纹岁月痕。在人生最幸福的时刻请二位新人不要忘记父母的养育之恩，向双方父母以鞠躬的方式表达感恩之情。

一鞠躬，感谢父母给予宝贵的生命、做人的信念！

再鞠躬，感谢爸妈给予快乐的生活、幸福的家庭！

三鞠躬，感谢爸爸妈妈给予的所有，祝愿爸爸妈妈身体康健、幸福平安！

好了台上的两家人现在已经变成一家人了，二位新人再一次投入父母的怀抱吧，那里永远是你们最幸福的港湾！请摄影师抓住这最温情的时刻。

集体敬酒

最后，二位新人和四位老人为了表达对所有来宾的谢意，将敬酒给大家。请工作人员端上六杯美酒。也请我们在场的宾客倒满美酒，朋友们让我们为幸福干杯！我喊"为幸福"，大家喊"干杯"，好不好？来，"为幸福""干杯"！

下半场礼成

亲爱的朋友们，新郎×××、新娘××结婚大典到此圆满礼成，让我们一起再次用热烈的掌声和虔诚的心祝福并伴随一对新人爱的起航。请父母回席，请二位新人沿着浪漫的红地毯走向你们幸福的新生活！接下来二位新人将亲自通过美酒把谢意送到所有来宾的身边。感谢现场每位朋友对本次婚礼的大力支持与配合，谢谢！

二、会议主持口才技巧

会议主持人的任务是要明确会议的目标、处理会议上的突发事件、控制会议的进程，从而提高会议的工作效率。如果会议主持人的语言缺乏技巧，会议就会没有生气，会议目的就难以达到。会议一般由会议开场、会议推进、会议结束三个阶段组成，会议主持人要注意这三个阶段的口才技巧。

（一）会议开场阶段的口才技巧

会议开场至关重要，在这个阶段，会议主持人的重要任务是做好开场白的设计。开场白要限制在一分钟左右，语言要简洁。内容是：首先宣布会议的目的，明确会议的任务，并介绍出席会议的各位领导，目的在于集中与会者的注意力；其次公布会议议程，明确议题，以引起与会者的高度重视；再次宣布会议进入下一个环节。

【精彩案例十】

同志们：现在开会。这次会议是根据地委、行署关于分县召开乡镇企业工作会议的要求，县委、县政府决定召开的一次十分重要的会议。主要任务是传达全省乡镇企业工作会议精神，安排部署今年乡镇企业发展的目标、思路和重点措施。参加今天会议的有：行署乡镇企业管理处××处长，县上四大班子主要领导及分管领导，各乡镇党委书记、乡镇长，县上及省上有关单位、有关企业的主要负责同志。今天的会议共有两项议程：一是乡镇处××处长传达全省乡镇企业工作会议精神，安排部署今年的乡镇企业工作；二是县委××书记讲话。下面，先进行会议第一项议程，请乡镇处××处长讲话，大家欢迎。

（二）会议推进阶段的口才技巧

主持人在会议过程中应起指挥员或向导的作用。这个时段主持人没有大段的语言表达，主要是通过简短的语言推进会议的进程，其主要方法如下。

1. 通报信息

即对会议进展情况、与会者对问题的讨论情况等做及时通报，以把握会议进程和控制会议方向。

2. 杜绝"小会"

对喜欢在私下开"小会"的与会者，会议主持人要做及时有效的制止，主持人可以这样说："老周和老王好像谈出些'眉目'了，请向大伙说说好吗？"

3. 控制激情迸发

会议主持人要注意观察个别成员的情绪变化，防止过激情况发生，要善于用幽默调节会议气氛，把话题从"爆炸点"引开。

4. 让人人开口

会议主持人要尽可能让与会者特别是那些沉默不语的人讲话，鼓励过分谦恭的人表态，同时注意别让不善言辞的人"晒台",要引导与会者交流全部信息,讲出所有的真心话,这样做能减少会后议论。

5. 经常进行简短概括

简短概括如同在比赛场上翻动记分牌,能让与会者感受到会议的节奏。同时也有助于澄清分歧点,引起与会者注意。主持人的简短概括应限制在半分钟内。

6. 公正引导讨论

在讨论气氛紧张热烈的会议中,主持人不要采取中立态度,应尽量客观公正地分类筛选各种意见,引导大家讨论,不能以个人好恶偏袒或压制任何一方。

7. 防止冷场

对于会议中突然降临的沉默,主持人要立即做些评说、提问或解释,防止冷场。

8. 承认分歧

对于会议上的分歧,主持人不要隐藏它或无视它,要承认它,把它亮到桌面上去,这样才有可能理智地对待它。对那些闪烁其词的与会者,主持人可以这样问:"对这一问题,你的态度是什么?"再问:"你的根据是什么?"再进一步问:"你说该怎么办?"

9. 强调合作

当与会者的态度和观点出现较大分歧时,主持人要讲明解决问题需要与会者共同的智慧和决策,合作是解决问题最有效的途径。

10. 用幽默解决难题

在会上,让一个人体面迅速地转变立场是困难的。有时,即使想转变,也怕难为情。主持人应对此保持敏感,给对方一个既可转变立场又不见得难堪的机会。用幽默既可以解除紧张气氛,又可以使那些顾面子的人找到台阶下。

(三) 会议结束阶段的口才技巧

在结束会议前要制定或引出决议,在闭会阶段要充分发挥主持人的作用。要向与会者报告已得出的结论、会后要采取的行动和尚存的分歧。

【精彩案例十一】

同志们,刚才各县区交通局汇报了船型标准化工程实施以来工作的进展情况,局分管船型标准化工作的林局长简要通报了我市船型标准化工程实施以来的主要工作进展情况和下一步工作安排情况,××局长就如何做好下一步的船型标准化工作发表了重要讲话。希望同志们对这次会议要高度重视,并认真贯彻落实好这次会议精神;要按照省市交通主管部门的统一部署,对照年度工作目标,认真进行细化分解;要制订切实可行的措施,集中精力,狠抓落实,积极、稳妥、有效地推进京杭运河船型标准化工程,力争圆满完成我市船型标准化工程的各项目标任务。感谢今天到会的各位代表,会议到此结束。

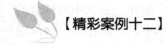

【精彩案例十二】

某大学国际贸易与金融系学生会会议主持稿

年度总结大会即将开始，请各位与会者按指定位置就座，并将通信工具调至静音或关闭。为保持会场的良好秩序，请各位与会者在大会进行过程中不要随意走动和大声喧哗，谢谢！

尊敬的各位领导、各位来宾，亲爱的同学们：

大家下午好！欢迎大家参加国际贸易与金融系学生会年度总结大会。

我是主持人××。

转眼间，两年已经过去。第三届学生会委员会委员在任职期间认真工作，展开各种活动，为同学们服务，为校园增添了许多亮丽的色彩。在此，我代表学生会全体干事向主席团一年多的辛勤工作，以及尽心尽力培养我们的老师表示由衷的感谢，并且预祝这次大会取得圆满成功！

首先，介绍今天到场的嘉宾，他们分别是……

现在，我宣布国际贸易与金融系学生会年度总结大会正式开幕！

在这个垂柳依依的夏天，在这个栀子花开的季节。我们又迎来了一个离别的日子，国际贸易与金融系学生会第三届常委们，你们即将迈向你们人生的下一步，迎接人生更绚烂的季节。

一年的努力，一年的汗水，我们迎来了学生会的又一个春天。下面让我们通过VCR和电子相册共同回顾一下，这一年来我们一起走过的日子。

下面有请国际贸易与金融系学生会主席团常委讲话。

首先，有请××主席

……（讲话内容）

谢谢××主席的讲话。

下面，有请……

大会第二项议程：下面，请大家掌声欢迎××（校领导）讲话。

……（讲话内容）

谢谢！

这里是终点，也是起点。未来的路是美好的，也是崎岖的，但无论如何，我们都不会放弃。接下来的路，我们将坚定地走下去，带着你们的期望、理想和眷恋，让我们的学生会在将来的日子里，能越来越好，越来越强。

现在，我宣布，本次大会到此结束！谢谢！

这是大学生组织召开学生会工作会议的一篇会议主持稿件。稿件开篇用简明的语言交代了本次会议的主要目的和重要性,并在开篇介绍了莅临会议的嘉宾和领导。会议中间部分的推进,用简单的语言顺利地将下一个发言者介绍给与会者,起到了承上启下的作用。会议的结尾,主持人做了总结,并展望了美好的未来,较好地给与会者一种振奋的力量。

三、社会文化活动主持

(一) 常见社会文化活动主持

在我们工作和生活中还有很多常见的主持形式,比如主持生日宴、学子宴,为单位主持比赛活动、联欢会、酒会等。

1. 生日宴主持

生日宴要注重温情。在主持时,语言要亲切自然,不需辞藻华丽,语速不要过快,最好在现场流露出朴实无华的亲人般的感觉,这样更能带动所有来宾的情绪。在设计生日宴的流程时,要先跟主办人沟通,根据过生日人的年龄、生活背景等情况制定宴会方案。

【精彩案例十三】

生日宴主持词

亲爱的爸爸、妈妈,各位亲朋好友,大家上午好!

我是今天主角的儿子××,今天代表我的兄弟姐妹,主持我父亲60岁的生日宴会。

今天阳光明媚,春风送暖,我们在这里欢聚一堂,隆重庆祝我的父亲××的60华诞。

今天来参加生日宴会的有……

在此,我代表宴会活动的主办方向前来参加今天宴会活动的亲朋好友表示最热烈的欢迎和最衷心的感谢!

现在我宣布:××先生60华诞生日宴会开始!

天地重孝孝当先,一个孝字全家安。首先,让我们以热烈的掌声有请子女献花。祝愿××先生青春常驻,健康快乐!请我们的大姐××代表所有儿女为我的父亲祝福。

掌声欢迎孙子辈儿的孩子们向爷爷奶奶献花,祝爷爷奶奶福如东海,寿比南山。

这是一个最具中华民族传统美德的家庭,妻贤子孝,夫唱妇随,相濡以沫。如果说60载的悠悠岁月是一首感人的诗篇,36年的朝夕相处便是一幅绚丽多彩的画卷,在这多彩的乐章中,请我的母亲××女士为我们打开一封温暖的家书,让我们聆听一段光阴故事……

下面是一个非常隆重、热烈、喜庆的场面,请所有的子孙一起献上饱含真情、饱含祝福的生日大蛋糕。

点蜡烛,唱生日快乐歌。

在这欢乐的时刻,生日的烛光将所有人的祝福点亮。绚丽的光环,将生命的旋律咏唱。我们由衷地祝福我的父亲××先生永远快乐,永远健康!同唱生日快乐歌。

美酒飘香，高朋满堂，让我们共同举杯，祝福我的父亲××先生生日快乐，身体健康！让美酒醉在心头，让幸福地久天长！

2. 文艺活动主持

文艺活动演出注重文艺表演的气氛，主持人要调动观众的积极性和演员的表演激情。这种文艺活动主持，主持人通常事先准备好主持稿，依据稿件并结合现场情况进行主持。一般要求主持人语调激情饱满，语速适中，能引起观众共鸣，能很恰当地处理舞台上的各种突发情况。

【精彩案例十四】

文艺活动主持词

[开场词]

甲：绚丽的六月，姹紫嫣红。

乙：火红的六月，盛满渴望。

丙：激情的六月，放飞梦想。

丁：灿烂的六月，奏响乐章。

甲：尊敬的各位领导、各位来宾，

乙：亲爱的女士们、先生们，

丙：农经学院的师生们，

丁：现场的观众朋友们：

合：大家好！

甲：蓝天白云抒不尽此刻我们激动的情怀，

乙：江河奔流道不尽此时我们满腔的热忱，

丙：今天，我们欢聚一堂，载歌载舞；

丁：今天，我们缅怀历史，展望未来。

甲：为了贯彻落实党的十七届六中全会精神，坚持文艺为人民服务、为社会主义服务的方向，

乙：为了使广大文艺工作者热心公益事业、以社会志愿服务方式投身公共文化建设，

丙：为了更好地推动"送欢乐下基层、送文化下基层"等文化惠民活动的开展，

丁：牡丹江市文联与市总工会联合成立了牡丹江市文艺志愿者艺术团。

甲：经过公开的招募，现已有来自全市各条战线的500多名文艺志愿者报名，

乙：艺术团的成立，适逢农经学院第四届芍药文化节隆重开幕之际，

丙：我们将首场慰问演出作为对芍药文化节最衷心的祝福献给你们。

丁：希望我们的演出能伴您度过一个温馨、美好的时光。

甲：是凡走近农经学院的人，都会被这里的景色迷住。肥沃无垠的黑土地，蜿蜒流淌的牡丹江，正如诗人郭小川感叹过的那样：这是一片神奇的土地，人间天上难寻。

乙：土地因人而神奇，精神因文化而传承。农经人把对农业的爱、对肩上责任的坚守化作特有的魂魄、风骨、精神和创造力，让农经学院走出了一条属于自己的发展之路。

丙：在此，请允许我代表全院师生员工向参加文化节的各位领导、来宾、校友、老师、同学致以最热烈的欢迎、最崇高的敬意和最衷心的感谢！

丁：今天前来观看演出的领导有……

甲：让我们以最热烈的掌声欢迎市委常委、市委宣传部部长闫岩讲话。

乙：下面有请××致辞。

[串场词]

丙：相约农经、云集芍园，捧芍药之芳芬，聚天下之良缘。

丁：牡丹江市文艺志愿者艺术团首场慰问演出，得到了社会各界的大力支持，来自黑龙江幼儿师范高等专科学校的音乐副教授那宇老师，将用他充满磁性的声音向芍药文化节送上一份贺礼！请听那老师演唱的《共和国之恋》。

甲：日本是双排键电子琴的主产国，我们现在常见并熟悉的双排键电子琴是日本于1991年之后生产的EL系列。也许大家对双排键电子琴还不是很熟悉，那么下面就请广电艺校钢琴中心志愿者宋旸，为我们带来精彩的双排键演奏曲《爵士》。

乙：拉丁舞以其节奏快捷强烈、动作流畅大方、舞姿富有动感、步伐热情洋溢及干净利落的特点深受大家的喜欢，请您欣赏远东国际舞学校的志愿者为我们带来的拉丁舞表演。

丙：为了表达对各位领导和艺术团志愿者的欢迎和感谢，来自我们农经学院的刘阿伟老师代表农经学院的全体师生为大家献上一首《我爱你中国》，请欣赏。

丁：在文艺志愿者艺术团中，年龄最长的要数我们的老艺术家、国家一级演员马顺先生了。在今天志愿者艺术团首场演出中，满怀激情、精神矍铄的马老来了，请欣赏马老师给我们带来的快板书《愿您的生活开心点》。

甲：近几年来，电声乐队走进人们的视线当中，给人带来了耳目一新的感觉，它通俗易懂，节奏活泼，音响丰富，给人以轻松、愉快、热烈的感受，尤其深受年轻一代的欢迎。接下来请欣赏王林翔等人为我们带来的精彩节目《我的牡丹江》。

乙：在我们共庆芍药文化节、陶醉于花香的同时，也对学院近年来的发展变化感叹不已。来到这里，远离城市中心的喧嚣，体验到清新静怡的田园风光。就好比是听惯了热闹的流行歌曲过后，偶尔听一段京剧，也让您耳目一新。下面就请欣赏农经学院京剧爱好者协会的票友们演唱的京剧联唱《苏三、红娘、挂帅》。

丙：芍药书画展，用更为直观的艺术方式，将芍药之美以书法、绘画的形式展现在每个人眼前。下面就让我们在悠扬的古筝声中，观赏中国书法家协会会员、牡丹江书法家协会副主席、农经学院张永昌老师和牡丹江美术家协会副主席、农经学院申泉老师的书法绘画表演,请欣赏。

丁:一段优美的古筝曲过后,接下来我们将为大家安排一段精彩的魔术表演,表演者是来自牡丹江师范学院的学生志愿者赵建宇同学,掌声有请。

甲:在新成立的文艺志愿者艺术团里,有一支平均年龄已过半百的舞蹈队,她们以对舞蹈的执着和热爱跳遍了全市的大小舞台,并多次在全国和省市舞蹈大赛中获得金奖,下面就请欣赏她们在省舞蹈大赛获得金奖的群舞《丰收时节》。

乙:在农经学院第二届芍药文化节上,首次举办"梨园春 芍香韵 农经情"演唱会的图书馆馆长张树新,现已担任市京剧爱好者协会副秘书长和农经学院京剧爱好者协会会长,他不但自己的演唱多次在省市获奖,而且带动了一大批师生共同弘扬国粹,成为校园文化一道亮丽的风景。下面就请欣赏张树新和王梅梅、张岐老师,为大家献上精彩的现代京剧《沙家浜》选段《智斗》。

【结束语】

甲:踏着动感的节拍,我们向着艺术的春天走来,

乙:一路努力,一路奋斗,未来在观众的目光中欣然等待。

丙:激扬着青春的风采,牡丹江文艺志愿者艺术团向全市人民走来,

丁:一路欢歌,一路笑语,观众在翘首期盼中安然抒怀。

甲:今天的相聚,感受了农经学院五十年的蓬勃发展。

乙:今天的相聚,见证了农经学院五十年的风霜雨汗。

丙:希望与奋斗同在的五十年,一代代师生描绘出一幅绚丽的图画。

丁:光荣与梦想齐飞的五十年,一次次荣誉吟诵着的一曲绝美的颂歌。

甲:五十年的时光无数学子挥笔洒下一段段朴实的文字。

乙:五十年的历程我们共同奏响了最瑰丽的乐章。

丙:祝愿我们的农经学院,再创佳绩,再谱宏章!

丁:愿我们的明天,

合:会更好!

甲:牡丹江市文艺志愿者艺术团贺农经学院第四届芍药文化节首场慰问演出到此结束。

乙:亲爱的朋友们:

合:再见!

上面这篇案例是牡丹江群众文化艺术团在黑龙江农业经济职业学院第四届芍药文化节的首场慰问演出主持词。节目表演者既有牡丹江群众文化艺术团的演员,又有农经学院的师生,整篇稿件语言激情饱满、欢乐祥和。

3. 比赛主持

比赛主持要注重严肃公正。主持人语言要精练清晰、专业严谨,符合整个比赛现场的氛围。同时主持人还要维护好比赛现场的秩序,维持秩序时既不能大声呵斥,也不能敷衍了

事，要有礼貌、有力度。

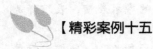
【精彩案例十五】

主题演讲比赛主持词

各位领导、嘉宾，各位同事：

大家上午好。爱是人性中最美的光芒，爱是无私的奉献与给予。爱自己、爱家人、爱同事、爱企业、爱社会。×××药厂人用五爱创造了生活的快乐，点燃了工作的激情。

下面我宣布×××药厂"五爱"主题演讲比赛现在正式开始。今天，就让我们倾听参赛选手在爱中绽放激情的真实生活，感受×××药厂人充满爱与激情的企业文化。

首先，我宣读一下评分标准和比赛规则。

评分标准分为五部分：

1. 演讲内容方面（35分）

要求：演讲主题能紧紧围绕"五爱"，演讲稿构思巧妙，文字简练流畅，具有较强的思想性，演讲内容充实具体，事例生动。

2. 语言表达方面（35分）

要求：口齿清晰，表达流畅，普通话标准，语言自然生动。

3. 肢体语言方面（15分）

要求：演讲者精神饱满，能恰当地运用姿态、动作等。

4. 外在形象（5分）

要求：演讲者服饰整洁，朴素大方，仪态端庄。

5. 会场效果（10分）

要求：演讲具有较强的感染力，营造良好的演讲效果。

比赛规则：

本次比赛的评委由各科室负责人担任。选手按赛前抽签顺序上场。选手上场顺序依次为：……。演讲时限为8～10分钟。本次演讲采用现场评分的形式，使用百分制计分，以加权平均分为选手的成绩。次人演讲完毕后公布上一人的得分情况，在所有选手演讲结束后，将评出一等奖1名，二等奖2名，三等奖3名，优秀奖6名。

接下来，让我们一起欣赏选手们的精彩演讲。

祖国是母亲，祖国是故乡，祖国是个大家庭，可我们怎样用爱来回报祖国呢？下面请听1号选手××带来的……。

（××参赛选手演讲）

感谢××的精彩演讲，请评委打分。

80后（1980年以后出生的人）的年轻人是奋发向上的新生力量，他们在各自岗位上实现着梦想，绽放着青春。接下来有请2号选手××，让他告诉我们"五爱"点燃的是怎样的青春激情。

感谢××的精彩演讲，请评委给2号选手打分。下面，我宣布1号选手的成绩：××的得分是……

爱给我们温暖，爱给我们快乐，爱点燃我们的激情。下面有请3号选手××，她的演讲题目是……

……

今天的演讲已经告一段落。现在工作人员正在进行紧张的统分和排序，比赛的大奖究竟花落谁家，稍后将会向大家一一揭晓。在今天的演讲中有充满活力的青春，有闪烁着光芒的美好岁月，而五爱的精神就在这一段段精彩的演讲中传递给我们，在此希望大家能够再次以热烈的掌声感谢我们的参赛选手们。

现在我宣布比赛成绩，获得优秀奖的分别是……

有请×××上台为获奖选手颁奖。

获得三等奖的分别是……

有请×××上台为获奖选手颁奖。

获得二等奖的分别是……

有请×××上台为获奖选手颁奖。

获得一等奖的是……

有请×××上台为获奖选手颁奖。

请领导与选手合影留念。

今天的演讲比赛到此结束，感谢各位选手的精彩表演，感谢各位评委记分员的工作，谢谢大家。

这是一篇演讲比赛的主持词。主持的语言准确精练，先将比赛主题、比赛评分标准和规则清晰地介绍给参赛者、评委和观众，让观众充分了解比赛。在参赛者上台之前，主持人用简练的语言导入下一个参赛者的演讲题目，避免了一个接一个选手直接上场的枯燥局面。

4. 酒会主持

酒会重在联络和增进感情。酒会是一种经济简便与轻松活泼的招待形式，在人们社交活动方式中占有重要地位。酒会也分很多种，比如欢迎酒会、招待酒会、答谢酒会、毕业酒会等。酒会中会有很多嘉宾和领导出席，所以注意不要把他们的名字和头衔弄错。

【精彩案例十六】

毕业酒会主持词

尊敬的各位领导、各位来宾，亲爱的老师、同学们：

大家晚上好！我是今晚的主持人××，很荣幸和大家相聚在这激情如火的六月、在这充满忧伤的六月！时光转瞬即逝，三年的点点滴滴印在脑海里，仿佛发生在昨天。此时此刻，我们每个人都带着长大的喜悦，带着离别的伤感，相聚在这里，为我们共同生活的三年大学生活画上圆满的句号。现在我宣布：人文艺术学院2008届新闻专业毕业酒会开始！

今天的酒会，我们非常荣幸地邀请到院系的各位领导和老师。首先介绍一下今天到场的嘉宾有……今天到场的老师有……让我们再次用热烈的掌声，欢迎各位领导和老师的光临！下面有请人文艺术学院院长×××为毕业酒会致辞！大家掌声欢迎！

（领导致辞）

谢谢院长在临别之际对我们的谆谆教诲，我们一定不会给人文学院抹黑，一定做一个有道德、有思想、对社会有贡献的人。再过一段时间，我们将背负行囊，各自奔赴工作岗位或步入继续学习的殿堂。对于我们这些毕业生来说，六月是最残忍的。它割断了我们曾经在校园里留下的青春，割断了朝夕相处的室友。在这个即将离别的时刻，我们有理由回忆，我们有必要纪念。

不论是对自己的总结，还是对未来美好的期望；不论是对学院的感恩，还是对老师的感谢；不论是对于学弟学妹的经验之谈，还是对于未来的豪言壮志，都是我们毕业生的真情流露。

三年前，当我们踏入农经学院这片神奇的土地时，就注定会有今天这样一个特殊的日子。下面让我们以热烈的掌声欢迎辅导员×××老师致辞。

（辅导员老师致辞）

下面有请班主任××老师致辞。

（班主任老师致辞）

谢谢二位老师的致辞和祝福。三年中，我们接触了许多的老师，也相信大家都看到了平日里老师的辛苦，现在请允许我们新闻专业的全体毕业生向所有的领导、老师致一声感谢：老师，您辛苦了！

今夜，灯火温馨，在浅啜甜酒的同时，让咱们的老师与同学敞开心扉，共话毕业。

今夜，是我们在大学里的最后一次相聚。让我们抛弃离别的忧伤，举杯畅饮，不醉不归。现在我提议，让我们举起酒杯，敬这离别的时刻，敬所有的老师，也敬我们自己。来，大家干杯。

下面我宣布，08新闻专业毕业酒会正式开始。

这是一篇大学毕业酒会主持词，在毕业酒会上要注意真情流露，追忆往昔。让所有的人都能感到过去的美好，让所有人都记住这次酒会。在毕业酒会上还可以设计很多环节，比如真情告白、特殊展示、另类访谈、游戏等。建议尽量不要受合唱、朗诵之类的限制，显得太死板，主持上也可随意些。

（二）常见社会文化活动主持注意事项

从以上四个案例中不难看出，主持人首先要明确所要主持的活动主题、类型，在上场之前要做好功课，准备充分。

1. 名字读准

活动中通常会邀请一些嘉宾和领导，主持人不要说错名字，否则让嘉宾尴尬，自己也丢脸。

2. 反应灵敏

因为是活动，人们的参与性及互动性比较大，活动过程中会有很多不确定的情况发生，主持人要尽量让整个活动在自己的掌控下进行。即便活动过程中发生了意外，也要沉稳应对，这就要求主持人有很强的应变能力。

3. 配合搭档

如果是和别人一起搭档主持，还要注意互相的配合。不要只顾一个人唱主角，让另一个人做摆设。也不要互不相让，争相抢词、抢风头。只有两人默契配合，才能达到双赢。

4. 语言清晰

假如语言不很标准，虽然不用像央视播音员那样字正腔圆，但一定要声音响亮、口齿清楚、语速适中，要让观众知道在说什么。

5. 形象得体

在活动主持时还要注意个人形象，要落落大方、背要挺直、举止优雅、着装合适，把自己最好的一面呈现在观众面前。

四、节目主持口才技巧

节目主持人的口才风格多样，品位层次也不尽相同。有热情洋溢，爽朗明快的；有含蓄委婉，富有文采的；有朴实无华，涉事成趣的……语言是广播电视节目的重要组成部分。主持人作为节目与受众的中介，其语言的表现力，是影响节目收视率至关重要的因素。提高节目主持人主持口才技巧的水平，可从以下几个方面入手。

（一）选择恰当的主持人口语活动方式

主持人口语活动方式一般包括有稿播音和无稿播音两大类。其具体表现有以下 3 种形式。

1. 将编好的文字稿件转化成有声语言

如新闻节目的播报或信息的播报、评论文章的播报、栏目中短篇的解说等。

2. 以写好的串联词为主干

穿插活跃现场气氛的即兴发挥，通常在各种综艺节目和竞赛节目中出现。

3. 以采访或谈话为核心

主持人的提问、应对、串联、衔接、评述都以即兴口语为主，一般主持人事先在脑子里要打好腹稿或提纲，再根据现场情况而变化。

（二）把握主持人口语表达的要求

1. 要讲标准的普通话

国家语言文字工作委员会、国家教育委员会、广播电影电视部1994年10月30日联合颁布了《关于开展普通话水平测试工作的决定》，明确指出，县级以上含县级广播电台、电视台的播音员、节目主持人应该达到普通话一级水平，并逐步实行持普通话等级合格证上岗制度。

作为一个主持人，有着推广普通话的义务。广播电视的传播对象众多，要想让众多的听众接受节目的内容，就一定要用大众通用的规范语言。节目主持人的语音应符合现代汉语规范化、标准化的要求，用词准确，语句通顺，条理清楚，合乎逻辑，避免用方言俗语。

2. 语言要通俗易懂

主持人面对的受众在年龄、兴趣、文化层次等方面都有所不同。要使更多的人接受主持人所传达的意思，就必须要求主持人的语言通俗、易于接受。

主持人的语言需要经过加工提炼，在传情达意上要求明确、清楚、自然、大方，让人一听就懂。中央电视台节目主持人敬一丹的"一丹话题"之《教师流失》这一节目的结束语就恰到好处地运用了这种语言：

"我想起小的时候，第一次听到'流失'这个词是在一部科教片里，记得那部科教片是记录泥石流的，伴随着泥石流爆发的可怕的画面，我第一次听到了'流失'这个词。从此，一听到这个词，似乎就有一种不祥之兆。那么眼前的教师流失对教育来说恐怕也不是一个好兆头，土壤流失了，秧苗怎么办？教师流失了，教育怎么办？今天教育搞不好，明天我们的经济又将怎么样呢？冰心老人曾经痛心疾首地说：'我们不能坐视堂堂中华民族在二十一世纪变成文化的沙漠。'我想，有的沙漠恐怕也是由绿洲一点一点变成沙漠的。绿洲一点一点流失，于是就成了沙漠。从这个意义上说，眼前的教师流失是不是一个值得我们关注的信号呢？"

台湾华视新闻最佳主持人李砚秋，1991年华东水灾时到大陆来采访，她在一次新闻报道的结尾，站在齐腰深的水里说：

"自从大禹治水以来，历经几千年中国人还在同洪水搏斗。但是老天爷在发怒的时候就要找这块土地泄愤，土地无知，洪水无情，但苍生何辜，面对这片疮痍，真让中国人对中国人感到慨叹。"

3. 语言要机智得体

在节目主持过程中经常会遇到事先没有预想到的情况，在完全没有准备的情况下，只有思维敏捷、反应灵活才可能做到应对得体。这种即兴应变能力，是与平时知识的积累、文化的储备有直接关系的。比如人们所喜爱的节目主持人杨澜，在广州主持的一次文艺晚会上，因为中途谢幕退场的时候，不小心踩空台阶，滚到台下，这时候台下的观众哗然，只见杨澜一跃而起，面带笑容镇定地对观众说："真是人有失足，马有失蹄，我刚才的狮子滚绣球滚得不够熟练吧。看来这次演出的台阶还不那么好下呢。但是台上的节目会很精彩，不信，大家瞧她们。"话音刚落，全场爆发出热烈的掌声。这样的应对确实是非常机智的，这和她本人各方面的修养是分不开的。

4. 语言风格要有个性

主持人的个性语言是节目魅力和个人魅力的源泉。比如优秀节目主持人白岩松，总是以他饱满的热情、厚积薄发的功底和深入浅出的表达技巧，或侃侃而谈，或画龙点睛略加评点，语速畅达极具风采，使听（观）众在思想文化等方面受益的同时也体味到语言美的魅力。这样的主持人自然能够得到听（观）众的认可、喜爱、敬佩和信赖。娱乐节目著名主持人李咏一直是以幽默自然、妙语连珠、雅俗共赏的语言风格备受观众的喜爱。

（三）主持人口语表达的注意事项

1. 不要乱用语气助词、连词等

主持人切忌语言粗糙，说带有语病的句子，或无原则地使用"啊、吧、呢、吗"等语气助词，以"那么"开头等。

2. 不要不懂装懂

主持人要注意培养的政治水平和文化修养，不要不懂装懂，导致错误百出、捉襟见肘。

3. 主持人的口语应讲求艺术性

主持人的口语有宣传作用，宣传就要讲究艺术性，不能简单地灌输和生硬地说教，应该追求美感，讲究吸引人的魅力，这样才能提高节目的收听率和收视率。

五、主持人形象设计

在社会交往中，人的外在形象不仅可以给人以亲和、愉快的感受，同样也能给人以完全相反的感觉。主持人是沟通信息发布者与接受者之间的桥梁，因此主持人的外在形象设计尤为重要。换句话说，主持人的形象设计，是其职业行为的重要组成部分。主持人的形象设计应表现以下 4 个方面。

1. 节目（或活动）的特性

不同节目或活动要有不同的打扮。比如，主持论辩赛要身着正装，发型和妆容要简洁大方，以表公平公正、严肃的特性；主持大型歌舞晚会要身着礼服，发型和妆容可以光彩靓丽，以表隆重、优雅的气质；主持婚礼要身着喜庆的服饰，发饰和妆容要生活化，以表主持人与新人同喜同乐的喜庆。

2. 现场环境与气氛

主持人要根据现场环境与气氛设计形象。现场环境指的是空间环境（室内、室外、自然风光、公共场合）和人文环境（娱乐场所、文化场所、企业、机关、学校）。现场气氛是由节目（或活动）内容和节目（或活动）策划人的创意所设定的。节目现场的风格有轻松、活泼、激昂、热烈、高雅、平和、沉静、朦胧之别。

3. 季节与时间

主持人的形象不仅要与空间环境相协调，还要跟季节相符合。一年的四季和一日的早中晚，其装扮是要服从社会文化和民俗习惯的，主持人的形象设计不可与之相悖。

4. 自身条件

每个主持人都有自身独特的气质和风格、体型与容貌，一切打扮都应以此为基础，在不同的场合下既不能千篇一面，也不可游离于自身气质之外。主持人的着装和化妆必须扬长避短，有针对性地进行修饰和美化。

【技术指导】

主持人服装风格的选择

1. 端庄典雅的风格

这种风格会给人以清新、典雅、庄重、落落大方的感觉。一套做工精巧、剪裁合体、承袭传统造型的西装，一款能展现女性曲线美的旗袍或者一条伏贴于人体的鱼尾裙都能尽展这种端庄典雅风格。

2. 成熟稳重的风格

这种风格给人以矜持、稳重、干净利落的感觉。一套工艺讲究、合体的西装，一套款式简洁的套装或白衬衫搭配笔挺的西裤都能尽展成熟稳重的风格。

3. 活泼随意的风格

这种风格给人以轻松、休闲、生机勃勃的感觉。T恤衫、夹克衫、套头毛衣、对襟毛衫配合体宽松的休闲裤、七分裤（女性）或者牛仔裤，高领衫配修长的直筒裤或者阔腿长裤，没有收腰、下端散开及膝的连衣裙，带有卡通形象或者时尚化的运动装，都可以给人以轻松活泼的感觉。

4. 时尚风格

这种风格没有固定的搭配原则，但多以年轻主持人为主，服装款式随流行的节拍而变化。

 思考与训练

1. 主持人推进会议的方法有哪些？
2. 思考中式婚礼与西式婚礼在主持风格上有何不同？
3. 试分析自己所喜欢的主持人的语言风格。
4. 情景训练

（1）小李是个号召力和语言组织能力较强的人。他刚刚进入新的工作单位，很希望能有机会在同事面前展示一下自己，让更多的人认识自己。恰巧，单位要搞一次年终晚会，小李积极地向领导毛遂自荐，希望能胜任晚会的主持人。年终晚会的内容为：一、表彰本年度的优秀员工；二、颁奖仪式；三、迎新年文艺表演，节目14个，中间穿插游戏。（节目单：

① 开场舞；② 歌曲《祝福祖国》；③ 小品《超生游击队新编》；④ 小合唱《兄弟》；⑤ 快板舞；⑥ 歌曲《海阔天空》；⑦ 游戏；⑧ 歌曲串烧；⑨ 现代舞《江南 style》；⑩ 魔术表演；⑪ 音舞诗画《爱的奉献》；⑫ 歌曲《牡丹江》；⑬ 健美操表演；⑭ 结束歌舞。）假设你就是小李，请为这次年终晚会设计思路，撰写主持稿，并模拟展示。

（2）同事家的孩子考上了外国名牌大学，想请你为孩子的出国留学宴做主持人。宴会将邀请孩子的恩师到场，并请他在宴会上致辞。孩子的父亲和本人也都将向来宾致辞。请设计撰写一篇主持稿并上台模拟主持。

第三节　主持口才综合训练

一、婚礼主持口才训练

1. 训练目标
考查婚礼主持人对意外情况的即兴表达能力。

2. 训练材料
① 在婚礼上，新娘为婆婆戴花时，不小心将花掉在了地上。你是这场婚礼的主持人，将怎样为新娘解围？

② 婚礼上，由于新娘的家在外地，家人无法赶到婚礼现场为新娘祝贺。新娘看到新郎家里来了满堂的亲朋好友，更加想念自己的亲人。作为这场婚礼的主持人，应该怎样表达，才能使新娘高兴起来，使气氛更加融洽？

③ 婚礼这一天，天空飘起了鹅毛大雪。作为婚礼的主持人，将怎样结合这样一个雪天为婚礼说一段精彩的开场白？

3. 训练说明
要求语言生动、幽默，能最大限度地缓和紧张气氛。

二、会议主持口才训练

（一）会议控制训练

1. 训练目标
能够灵活运用会议推进的方法，用委婉的词语控制台下开小会的现象。

2. 训练材料
开座谈会时，有位与会人总是不断地在座位上接电话，影响会议。作为主持人，将怎样用婉转的语言加以制止？

3. 训练说明
① 虽然是制止在会场接打电话，但是要保证不能伤害被制止者的自尊心，劝阻要委婉。
② 制止的语言要在简练的基础上幽默。

（二）会议开场白训练

1. 训练目标

灵活运用推进会议的方法，练习会议主持的开场白。

2. 训练材料

某工厂的产品合格率不断下降，车间主任很着急。为此，他召开了一次全体员工大会，了解一下具体情况，以便针对产生问题的原因采取得力的措施，同时鼓励大家努力干，提高工作质量。假设你就是这位车间主任，将要怎样开场？

3. 训练说明

开场白要简短准确，明确指出开会的意图。

（三）会议主持综合训练

1. 训练目标

练习并掌握报告会的主持流程。

2. 训练材料

请三位同学在班级讲台前各主持一场模拟报告会。

3. 训练说明

由教师和台下的同学做评委，评出最佳主持人。

三、生日宴主持训练

1. 训练目标

克服紧张情绪，在熟人面前展示主持能力。

2. 训练材料

姥姥今年 80 岁了，身体很硬朗。父母和舅舅、阿姨三家打算联合为姥姥举办 80 大寿宴，届时将邀请亲朋好友和老邻居到场。这三家主办方打算分别为姥姥送上精心挑选的礼物和鲜花，舅舅将代表主办方向来宾致辞。父母想让自己的孩子担任本次生日宴会的主持人。请根据这个情况设计生日寿辰的流程和主持词，并在台前模拟主持。

3. 训练说明

由教师和台下的同学做评委，评出最佳的主持人。

四、节目主持口才训练

（一）情景再现训练

1. 训练目标

提高用语言再现情景的能力，做到以情带声、情景交融。

2. 训练材料

（1）雨中情

一个盛夏的傍晚，雷阵雨过后，天空仍然飘洒着淅淅沥沥的雨，很是有些凉意。车站四周空荡荡的，只有几棵小树在雨中摇曳。我和车站上的几个人打着伞，静静地等着车。

这时，在一片雨帘中，一个小伙子，从远处急匆匆地向车站跑来，他环视左右，竟没有发现一处可以躲雨的地方，他不安地在雨中踱着步。看着他那狼狈的样子，我心中不禁一动：我是不是应该帮他一下，两人同打一把伞？可又想，周围的人会不会笑话我自作多情呢？唉，做人那么复杂干什么，帮助人有什么错？于是我坦然地走到他身旁，把伞举到小伙子的头顶上。他惊异地望着我，我微微一笑说："咱们一同打伞吧。"他会意地点了点头，眼里流露出感激之情。我默默地打着伞，听着那越来越急的雨声，我的左肩已感觉到湿意。

车终于来了，他挤上车，同时冲我大声喊："多谢了！"随着这一声谢，一股极为舒畅的快意滋润了我的心田。这件小事给我带来了深深的长久的喜悦，不仅是因为我做了一件我想做并敢于做的事情，同时我发觉，我真的很在意人与人之间的真情，如果人人都能这样……

（2）走在雨中

天黑了，我独自走在清冷的深巷中，只有那淅淅沥沥的小雨伴着我，还有那阵阵袭来的刺骨凉风。刚和妈妈吵过架，摔门而出。我心里难受极了，像是塞着什么东西，透不过气来。我漫无目的地走着。

"妈妈，您的肩膀都湿了……"甜甜的童音飘进我的耳膜，循声望去，我身后走着一对母女。

那位年轻的母亲，左手抱着一个小姑娘，右手举着雨伞。雨伞有限的伞面倾斜在女儿一侧，而母亲的右肩却已被雨水打湿。小女孩伸出胖乎乎的小手，竭力护着母亲那湿透的右肩。

妈妈笑笑，说，"没事儿，妈妈爱淋雨！"接着在女儿小脸蛋上亲了一下。"冷吗？"妈妈关心地问。

小女孩很懂事地摇摇头："不冷不冷！"

我出神地望着这母女俩，脑海中浮现的却是我妈妈，她不也是这么疼爱我吗？可我呢？我的鼻子酸了，眼泪不听话地流了下来。

雨，更大了，那对母女已走到了我的前面。我打了个寒战，清晰地看到，年轻妈妈手中的伞向女儿那边移了移，移了移……我的泪和雨水混在了一起。

雨，似乎停了，抬头看，是一把熟悉的花伞。接着，一双温暖的手搂住了我。妈妈，一定是妈妈，我低下头，不敢看，那种矛盾的心情真是难以形容。"回家吧！"妈妈轻轻地说。是呀，回家吧。刚走出家门，我就后悔，就强烈地想转身回家。为什么不，还迟疑什么？我返身投入了妈妈的怀抱。

"妈，我错了，真的错了……"

妈妈不说话，只是紧紧地搂着我。一切都静悄悄的。

雨幕中，我抬起头，向那对母女投去深深的一瞥。

3. 训练说明

情景再现是在符合稿件需要的前提下，以稿件提供的材料为原型，将稿件中的人物、事件、情节、场面、景物、情绪等在主持人脑海中再现，并行成连续活动的画面，引发相应的态度、感情。在情景再现训练中必须注意情景再现的方向性、丰富性和实用性。做到以宣传为目的，受宣传目的引导和制约；以情为主，情景交融；以稿件为依据，使文字语言得以升华。

朗读以上两篇材料，在朗读过程中试对两段内容进行合理想象，使人物鲜活起来，生动再现情节和场面，做到以情带声。

（二）捕捉对象感训练

1. 训练目标

训练主持人对听众进行设想，从感觉上把握听众的存在。

2. 训练材料

（1）记者的来历

记者作为一种职业是在欧洲威尼斯诞生的。16世纪的威尼斯是欧洲的经济中心，各国商人、银行家以至达官贵人等纷纷来到这里进行商务活动。他们迫切需要了解和掌握来自世界各地的消息。这样，有些人便投其所好，专门采集有关政治事务、物价行情、船只抵达起航等方面的消息，或手抄成单卷，或刊刻成册，然后公开出售。人们根据这种工作的特点，分别称他们为报告记者、手书新闻记者、报纸记者。这些专以采集和出卖新闻为生的人，就是世界上最早的职业记者。我国19世纪70年代开始有专职的采访记者，起初叫"访员""访事""报事人"，19世纪90年代开始采用"记者"这种称谓。

（2）拉里·金的麦克风恐惧症

拉里·金（Larry King）是美国家喻户晓的谈话节目主持明星，其实他没什么"学历"，1951年18岁高中毕业，因成绩太差没能进入大学，打了四年零工后进入电台当DJ，却发现自己有"麦克风恐惧症"。但是经过14年的奋斗，他成为广播电视界的世界级明星。

拉里·金至今还记得最初进入一家电台工作的情景。

当时电台经理西蒙对他说："好的，你叫拉里·金，你主持的节目叫'拉里·金秀'。"拉里·金庆幸终于有了一份工作，一份他向往已久的工作。

他匆匆上岗值班，在播音间正襟危坐，开始节目直播。可是，放完开始曲后，却说不出话来，"嘴巴干得像塞了棉花一样"。于是他只能一遍一遍地放开始曲，一次一次面对话筒张口无声，他紧张得大汗淋漓。

拉里·金记得，当时他脑子里想的是"拉里，你太抬举自己了，你不过是个口齿还算伶俐的家伙，根本没见过大场面，你真的行吗……"后来当开始曲进入尾声，他就不由自主地颤抖起来。

这时，播音间的门被经理西蒙一脚踹开，大声吼道："拉里·金，你听着，这是传播事业!"说完,西蒙经理把门重重地关上,走了。

就在那一刻,拉里·金"奋不顾身"地倾身对着麦克风开口说出毕生头一回主持节目的开头语:

"各位早安,我叫拉里·金,今天是我这辈子头一回来主持广播节目。我一直梦想成为广播节目主持人,也花了整个周末的时间准备,15分钟前电台给了我一个节目的名字,我也选了新的开始曲,可是,我的嘴干得不得了,我紧张得要命,刚才我们经理一脚把门踢开,对我说'这是传播事业'……"

这是拉里·金头一回靠嘴巴吃饭的经历。

未曾想到的是,电台很快就接到许多赞赏这位结结巴巴主持人的电话,说"这是真诚可信的声音""我们希望天天听到他的声音"。

从此,他信心倍增"一发而不可收",渐渐走向成功,直至1978年重金受聘在共同广播公司(MBS)主持的夜间广播谈话《拉里·金节目》,从25个电台到250多个电台加盟,听众达500多万,最后推向全国,成为一位将政治与娱乐、电视新闻及谈话节目结合起来的传奇式节目主持人。

3. 训练说明

通常,主持人在录制节目时面对的都是摄像机或话筒,而不是真正的听众,这时就需要主持人设想听众,在"目中无人"的情况下做到"心中有人"。获得对象感主要在"感"。这种"感"主要在于主持人的自我感觉,要做到与听众和观众交流起来,在自我感觉上时时感觉到听(观)众的存在和反应,做好交流。

(三)主持人交流训练

1. 训练目标

练习主持人与不同人群的交流、沟通方式,训练在口语表达上的交流技巧。

2. 训练材料

设计一个农民节目的片段,讲一讲"外出打工应注意的问题"。仔细揣摩在语言上应如何与农民沟通,怎么讲才入耳动听。

3. 训练说明

在交流过程中要注意遵循礼貌、认同、商询、合作的原则。可以"我"的进入实现"真情面对"的交流,把"我"摆进去,以主持人的经历感染受众,拉近与受众的距离,以增强可信度,引起共鸣;在谈话对象出现"卡壳"的时候,主持人可以垫话,及时让对方摆脱窘困和尴尬;当谈话对象的用词不准确时,可以用简短的话语修正或完善;也可以用自问自答的方式引起受众的思考,在探寻中得出结论。

(四)主持人点评训练

1. 训练目标

展现主持人个人魅力,揭示或提升节目的主题,点明要害或给人留下启示和思考。

2. 训练材料

请以"小事不小"为话题，做点评练习。小事指司空见惯而又对公众有影响的事。比如，垃圾箱里出现面包、水果等，菜市场出现卖青蛙、野禽的小贩，家长用开工资的方式激励孩子努力学习……

3. 训练说明

"点"要有选择，"评"要有针对性。要把握好分寸，不能信马由缰。点评常常是同嘉宾或来宾共同完成，可以在顺应对方的观点或语脉下作语意的引申、强化。

五、主持人形象设计训练

1. 训练目标

掌握主持人形象设计的要领。

2. 训练材料

（1）假设由你主持本班级的元旦联欢晚会，请根据自己的外貌特征和风格进行形象设计。

（2）会议主持人属于哪种形象风格？请试设计出3种符合这种风格的着装。

3. 训练说明

先分组讨论，设计实施方案，后进行实际操作和搭配，由老师和同学评出最佳方案。

经典推荐

1. 《演讲与口才》杂志。
2. 中国播音主持网。

附录 A

容易读错的字

A

1. 挨紧 āi
2. 挨饿受冻 ái
3. 白皑皑 ái
4. 狭隘 ài
5. 不谙水性 ān
6. 熬菜 āo
7. 煎熬 áo
8. 鏖战 áo
9. 拗断 ǎo
10. 拗口令 ào

B

1. 纵横捭阖 bǎihé
2. 稗官野史 bài
3. 扳平 bān
4. 同胞 bāo
5. 炮羊肉 bāo
6. 剥皮 bāo
7. 薄纸 báo
8. 并行不悖 bèi
9. 蓓蕾 bèilěi
10. 奔波 bēn
11. 投奔 bèn
12. 迸发 bèng
13. 包庇 bì
14. 麻痹 bì
15. 奴颜婢膝 bìxī
16. 刚愎自用 bì
17. 复辟 bì
18. 濒临 bīn
19. 针砭 biān
20. 屏气 bǐng
21. 摒弃 bìng
22. 剥削 bōxuē
23. 波涛 bō
24. 菠菜 bō
25. 停泊 bó
26. 淡薄 bó
27. 哺育 bǔ

C

1. 粗糙 cāo
2. 嘈杂 cáo
3. 参差 cēncī
4. 差错 chā
5. 偏差 chā
6. 差距 chā
7. 搽粉 chá
8. 猹 chá

9. 刹那 chà	10. 差遣 chāi	11. 谄媚 chǎn	12. 忏悔 chàn
13. 羼水 chàn	14. 场院 cháng	15. 一场雨 chǎng	16. 赔偿 cháng
17. 徜徉 cháng	18. 绰起 chāo	19. 风驰电掣 chè	20. 瞠目结舌 chēng
21. 乘机 chéng	22. 惩前毖后 chéng	23. 惩创 chéngchuāng	24. 驰骋 chěng
25. 鞭笞 chī	26. 痴呆 chī	27. 痴心妄想 chī	28. 白痴 chī
29. 踟蹰 chíchú	30. 奢侈 chǐ	31. 整饬 chì	32. 炽热 chì
33. 不啻 chì	34. 叱咤风云 chìzhà	35. 忧心忡忡 chōng	36. 憧憬 chōng
37. 崇拜 chóng	38. 惆怅 chóuchàng	39. 踌躇 chóuchú	40. 相形见绌 chù
41. 黜免 chù	42. 揣摩 chuǎi	43. 椽子 chuán	44. 创伤 chuāng
45. 凄怆 chuàng	46. 啜泣 chuò	47. 辍学 chuò	48. 宽绰 chuò
49. 瑕疵 cī	50. 伺候 cì	51. 烟囱 cōng	52. 从容 cóng
53. 淙淙流水 cóng	54. 一蹴而就 cù	55. 璀璨 cuǐ	56. 忖度 cǔnduó
57. 蹉跎 cuōtuó	58. 挫折 cuò		

D

1. 呆板 dāi	2. 答应 dā	3. 逮老鼠 dǎi	4. 逮捕 dài
5. 殚思极虑 dān	6. 虎视眈眈 dān	7. 肆无忌惮 dàn	8. 档案 dàng
9. 当（本）年 dàng	10. 追悼 dào	11. 提防 dī	12. 瓜熟蒂落 dì
13. 缔造 dì	14. 掂掇 diānduo	15. 玷污 diàn	16. 装订 dìng
17. 订正 dìng	18. 恫吓 dònghè	19. 句读 dòu	20. 兑换 duì
21. 踱步 duó			

E

1. 阿谀 ēyú	2. 婀娜 ēnuó	3. 扼要 è

F

1. 菲薄 fěi	2. 沸点 fèi	3. 氛围 fēn	4. 肤浅 fū
5. 敷衍塞责 fūyǎnsèzé	6. 仿佛 fú	7. 凫水 fú	8. 篇幅 fú
9. 辐射 fú	10. 果脯 fǔ	11. 随声附和 fùhè	

G

1. 准噶尔 gá
2. 大动干戈 gē
3. 诸葛亮 gě
4. 脖颈 gěng
5. 提供 gōng
6. 供销 gōng
7. 供给 gōng jǐ
8. 供不应求 gōng yìng
9. 供认 gòng
10. 口供 gòng
11. 佝偻 gōu lóu
12. 勾当 gòu
13. 骨朵 gū
14. 骨气 gǔ
15. 蛊惑 gǔ
16. 商贾 gǔ
17. 桎梏 gù
18. 粗犷 guǎng
19. 皈依 guī
20. 瑰丽 guī
21. 刽子手 guì
22. 聒噪 guō

H

1. 哈达 hǎ
2. 尸骸 hái
3. 稀罕 hǎn
4. 引吭高歌 háng
5. 沆瀣一气 hàngxiè
6. 干涸 hé
7. 一丘之貉 hé
8. 上颌 hé
9. 喝彩 hè
10. 负荷 hè
11. 蛮横 hèng
12. 飞来横祸 hèng
13. 发横财 hèng
14. 一哄而散 hòng
15. 糊口 hú
16. 囫囵吞枣 húlún
17. 华山 huà
18. 怙恶不悛 hù quān
19. 豢养 huàn
20. 病入膏肓 huāng
21. 讳疾忌医 huìjí
22. 诲人不倦 huì
23. 阴晦 huì
24. 污秽 huì
25. 浑水摸鱼 hún
26. 混淆 hùnxiáo
27. 和泥 huó
28. 搅和 huò
29. 豁达 huò
30. 霍乱 huò

J

1. 茶几 jī
2. 畸形 jī
3. 羁绊 jī
4. 羁旅 jī
5. 放荡不羁 jī
6. 无稽之谈 jī
7. 跻身 jī
8. 通缉令 jī
9. 汲取 jí
10. 即使 jí
11. 开学在即 jí
12. 疾恶如仇 jí
13. 嫉妒 jí
14. 棘手 jí
15. 贫瘠 jí
16. 狼藉 jí
17. 一触即发 jí
18. 脊梁 jí
19. 人才济济 jǐ
20. 给予 jǐyǔ
21. 觊觎 jìyú
22. 成绩 jì
23. 事迹 jì
24. 雪茄 jiā
25. 信笺 jiān
26. 歼灭 jiān
27. 草菅人命 jiān
28. 缄默 jiān
29. 渐染 jiān
30. 眼睑 jiǎn
31. 间断 jiàn
32. 矫枉过正 jiǎo
33. 缴纳 jiǎo
34. 校对 jiào
35. 开花结果 jiē
36. 事情结果 jié
37. 结冰 jié
38. 反诘 jié
39. 拮据 jiéjū
40. 攻讦 jié

41. 桔梗 jié
42. 押解 jiè
43. 情不自禁 jīn
44. 根茎叶 jīng
45. 长颈鹿 jǐng
46. 杀一儆百 jǐng
47. 强劲 jìng
48. 劲敌 jìng
49. 劲旅 jìng
50. 痉挛 jìng
51. 抓阄 jiū
52. 针灸 jiǔ
53. 韭菜 jiǔ
54. 内疚 jiù
55. 既往不咎 jiù
56. 狙击 jū
57. 咀嚼 jǔjué
58. 循规蹈矩 jǔ
59. 矩形 jǔ
60. 沮丧 jǔ
61. 龃龉 jǔyǔ
62. 前倨后恭 jù
63. 镌刻 juān
64. 隽永 juàn
65. 角色 jué
66. 口角 jué
67. 角斗 jué
68. 角逐 jué
69. 倔强 juéjiàng
70. 崛起 jué
71. 狷獗 jué
72. 一蹶不振 jué
73. 诡谲 jué
74. 矍铄 jué
75. 攫取 jué
76. 细菌 jūn
77. 龟裂 jūn
78. 俊杰 jùn
79. 崇山峻岭 jùn
80. 竣工 jùn
81. 隽秀 jùn

K

1. 同仇敌忾 kài
2. 不卑不亢 kàng
3. 坎坷 kě
4. 可汗 kèhán
5. 恪守 kè
6. 倥偬 kǒngzǒng
7. 会计 kuài
8. 窥探 kuī
9. 傀儡 kuǐ

L

1. 邋遢 lāta
2. 拉家常 lá
3. 丢三落四 là
4. 书声琅琅 láng
5. 唠叨 láo
6. 落枕 lào
7. 奶酪 lào
8. 勒索 lè
9. 勒紧 lēi
10. 擂鼓 léi
11. 羸弱 léi
12. 果实累累 léi
13. 罪行累累 lěi
14. 擂台 lèi
15. 罹难 lí
16. 潋滟 liàn
17. 打量 liáng
18. 量入为出 liàng
19. 撩水 liāo
20. 撩拨 liáo
21. 寂寥 liáo
22. 瞭望 liào
23. 趔趄 lièqie
24. 恶劣 liè
25. 雕镂 lòu
26. 贿赂 lù
27. 棕榈 lú
28. 掠夺 lüè

M

1. 抹桌子 mā
2. 阴霾 mái
3. 埋怨 mán
4. 耄耋 màodié
5. 联袂 mèi
6. 闷热 mēn
7. 扪心自问 mén
8. 愤懑 mèn
9. 蒙头转向 mēng
10. 蒙头盖脸 méng
11. 靡费 mí
12. 萎靡不振 mǐ

13. 静谧 mì 14. 分娩 miǎn 15. 酩酊 mǐngdǐng 16. 荒谬 miù
17. 脉脉 mò 18. 抹墙 mò 19. 蓦然回首 mò 20. 牟取 móu
21. 模样 mú

N

1. 羞赧 nǎn 2. 呶呶不休 náo 3. 泥淖 nào 4. 口讷 nè
5. 气馁 něi 6. 拟人 nǐ 7. 隐匿 nì 8. 拘泥 nì
9. 亲昵 nì 10. 拈花惹草 niān 11. 宁死不屈 nìng 12. 泥泞 nìng
13. 忸怩 niǔní 14. 执拗 niù 15. 驽马 nú 16. 虐待 nüè

O

1. 偶然 ǒu

P

1. 扒手 pá 2. 迫击炮 pǎi 3. 心宽体胖 pán 4. 蹒跚 pán
5. 滂沱 pāngtuó 6. 彷徨 páng 7. 炮制 páo 8. 咆哮 páoxiào
9. 炮烙 páoluò 10. 胚胎 pēi 11. 香喷喷 pèn 12. 抨击 pēng
13. 澎湃 péngpài 14. 纰漏 pī 15. 毗邻 pí 16. 癖好 pǐ
17. 否极泰来 pǐ 18. 媲美 pì 19. 扁舟 piān 20. 大腹便便 pián
21. 剽窃 piāo 22. 饿殍 piǎo 23. 乒乓 pīngpāng 24. 湖泊 pō
25. 居心叵测 pǒ 26. 糟粕 pò 27. 解剖 pōu 28. 前仆后继 pū
29. 奴仆 pú 30. 风尘仆仆 pú 31. 玉璞 pú 32. 匍匐 púfú
33. 瀑布 pù 34. 一曝十寒 pù

Q

1. 休戚与共 qī 2. 蹊跷 qīqiao 3. 祈祷 qí 4. 颀长 qí
5. 歧途 qí 6. 绮丽 qǐ 7. 修葺 qì 8. 休憩 qì
9. 关卡 qiǎ 10. 悭吝 qiān 11. 掮客 qián 12. 潜移默化 qián
13. 虔诚 qián 14. 天堑 qiàn 15. 戕害 qiāng 16. 强迫 qiǎng

17. 勉强 qiǎng　　18. 强求 qiǎng　　19. 牵强附会 qiǎng　　20. 襁褓 qiǎng
21. 翘首远望 qiáo　22. 讥诮 qiào　　23. 怯懦 qiè　　　　24. 提纲挈领 qiè
25. 锲而不舍 qiè　　26. 惬意 qiè　　27. 衾枕 qīn　　　　28. 倾盆大雨 qīng
29. 引擎 qíng　　　30. 亲家 qìng　　31. 曲折 qū　　　　32. 祛除 qū
33. 黢黑 qū　　　　34. 水到渠成 qú　35. 清癯 qú　　　　36. 瞿塘峡 qú
37. 通衢大道 qú　　38. 龋齿 qǔ　　　39. 兴趣 qù　　　　40. 面面相觑 qù
41. 债券 quàn　　　42. 商榷 què　　　43. 逡巡 qūn　　　　44. 麇集 qún

R

1. 围绕 rào　　　2. 荏苒 rěnrǎn　　3. 稔知 rěn　　　　4. 妊娠 rènshēn
5. 仍然 réng　　6. 冗长 rǒng

S

1. 缫丝 sāo　　　　2. 稼穑 jiàsè　　　3. 堵塞 sè　　　　　4. 刹车 shā
5. 芟除 shān　　　6. 潸然泪下 shān　7. 禅让 shàn　　　　8. 讪笑 shàn
9. 赡养 shàn　　　10. 折本 shé　　　11. 慑服 shè　　　　12. 退避三舍 shè
13. 海市蜃楼 shèn　14. 舐犊之情 shì　15. 教室 shì　　　　16. 有恃无恐 shì
17. 狩猎 shòu　　　18. 倏忽 shū　　　19. 束缚 shùfù　　　20. 刷白 shuà
21. 游说 shuì　　　22. 吸吮 shǔn　　 23. 瞬息万变 shùn　　24. 怂恿 sǒngyǒng
25. 塑料 sù　　　　26. 簌簌 sù　　　　27. 虽然 suī　　　　28. 鬼鬼祟祟 suì
29. 婆娑 suō

T

1. 趿拉 tā　　　　2. 鞭挞 tà　　　　3. 叨光 tāo　　　　4. 熏陶 táo
5. 体己 tī　　　　6. 孝悌 tì　　　　7. 倜傥 tìtǎng　　　8. 恬不知耻 tián
9. 殄灭 tiǎn　　　10. 轻佻 tiāo　　11. 调皮 tiáo　　　12. 妥帖 tiē
13. 请帖 tiě　　　14. 字帖 tiè　　　15. 恸哭 tòng　　　16. 如火如荼 tú
17. 湍急 tuān　　　18. 颓废 tuí　　　19. 蜕化 tuì　　　　20. 囤积 tún

W

1. 逶迤 wēiyí　　　2. 违反 wéi　　　3. 崔嵬 wéi　　　　4. 冒天下之大不韪 wěi

5. 为虎作伥 wèi chāng　6. 龌龊 wòchuò　7. 斡旋 wò　8. 深恶痛疾 wù jí

X

1. 膝盖 xī
2. 檄文 xí
3. 狡黠 xiá
4. 厦门 xià
5. 纤维 xiānwéi
6. 翩跹 xiān
7. 屡见不鲜 xiān
8. 垂涎三尺 xián
9. 勾股弦 xián
10. 鲜见 xiǎn
11. 肖像 xiào
12. 采撷 xié
13. 叶韵 xié
14. 纸屑 xiè
15. 机械 xiè
16. 省亲 xǐng
17. 不朽 xiǔ
18. 铜臭 xiù
19. 星宿 xiù
20. 长吁短叹 xū
21. 自诩 xǔ
22. 抚恤金 xù
23. 酗酒 xù
24. 煦暖 xù
25. 眩晕 xuàn
26. 炫耀 xuàn
27. 洞穴 xué
28. 戏谑 xuè
29. 驯服 xùn
30. 徇私舞弊 xùn

Y

1. 倾轧 yà
2. 揠苗助长 yà
3. 殷红 yān
4. 湮没 yān
5. 筵席 yán
6. 百花争妍 yán
7. 河沿 yán
8. 偃旗息鼓 yǎn
9. 奄奄一息 yǎn
10. 赝品 yàn
11. 佯装 yáng
12. 怏怏不乐 yàng
13. 安然无恙 yàng
14. 杳无音信 yǎo
15. 窈窕 yǎotiǎo
16. 发疟子 yào
17. 耀武扬威 yào
18. 因噎废食 yē
19. 揶揄 yéyú
20. 陶冶 yě
21. 呜咽 yè
22. 摇曳 yè
23. 拜谒 yè
24. 笑靥 yè
25. 甘之如饴 yí
26. 颐和园 yí
27. 迤逦 yǐlǐ
28. 旖旎 yǐnǐ
29. 自怨自艾 yì
30. 游弋 yì
31. 后裔 yì
32. 奇闻轶事 yì
33. 络绎不绝 yì
34. 造诣 yì
35. 友谊 yì
36. 肄业 yì
37. 熠熠闪光 yì
38. 一望无垠 yín
39. 荫凉 yìn
40. 应届 yīng
41. 应承 yìng
42. 应用文 yìng
43. 应试教育 yìng
44. 邮递员 yóu
45. 黑黝黝 yǒu
46. 良莠不齐 yǒu
47. 迂回 yū
48. 向隅而泣 yú
49. 愉快 yú
50. 始终不渝 yú
51. 逾越 yú
52. 年逾古稀 yú
53. 娱乐 yú
54. 伛偻 yǔlǚ
55. 舆论 yú
56. 尔虞我诈 yú
57. 囹圄 yǔ
58. 参与 yù
59. 驾驭 yù
60. 家喻户晓 yù
61. 熨帖 yù
62. 寓情于景 yù
63. 鹬蚌相争 yù
64. 卖儿鬻女 yù
65. 断瓦残垣 yuán
66. 苑囿 yuànyòu
67. 头晕 yūn
68. 允许 yǔn
69. 晕船 yùn
70. 酝酿 yùnniàng

Z

1. 扎小辫 zā
2. 柳荫匝地 zā
3. 登载 zǎi
4. 载重 zài
5. 载歌载舞 zài
6. 怨声载道 zài
7. 拒载 zài
8. 暂时 zàn
9. 臧否 zāngpǐ
10. 宝藏 zàng
11. 确凿 záo
12. 啧啧称赞 zé
13. 谮言 zèn
14. 憎恶 zēng
15. 赠送 zèng
16. 驻扎 zhā
17. 咋呼 zhā
18. 挣扎 zhá
19. 札记 zhá
20. 咋舌 zé
21. 择菜 zhái
22. 占卜 zhān
23. 客栈 zhàn
24. 破绽 zhàn
25. 精湛 zhàn
26. 战栗 zhàn
27. 高涨 zhǎng
28. 涨价 zhǎng
29. 着慌 zháo
30. 沼泽 zhǎo
31. 召开 zhào
32. 肇事 zhào
33. 折腾 zhē
34. 动辄得咎 zhé jiù
35. 蛰伏 zhé
36. 贬谪 zhé
37. 铁砧 zhēn
38. 日臻完善 zhēn
39. 甄别 zhēn
40. 箴言 zhēn
41. 缜密 zhěn
42. 赈灾 zhèn
43. 症结 zhēng
44. 拯救 zhěng
45. 症候 zhèng
46. 诤友 zhèng
47. 挣脱 zhèng
48. 脂肪 zhī
49. 踯躅 zhízhú
50. 近在咫尺 zhǐ
51. 博闻强识 zhì
52. 标志 zhì
53. 质量 zhì
54. 脍炙人口 zhì
55. 鳞次栉比 zhì
56. 对峙 zhì
57. 中听 zhōng
58. 中肯 zhòng
59. 刀耕火种 zhòng
60. 胡诌 zhōu
61. 啁啾 zhōu
62. 压轴 zhòu
63. 贮藏 zhù
64. 莺啼鸟啭 zhuàn
65. 撰稿 zhuàn
66. 谆谆 zhūn
67. 弄巧成拙 zhuō
68. 灼热 zhuó
69. 卓越 zhuó
70. 啄木鸟 zhuó
71. 着陆 zhuó
72. 穿着打扮 zhuó
73. 恣意 zì
74. 浸渍 zì
75. 作坊 zuō
76. 柞蚕 zuò

附录 B

普通话水平测试试卷样卷

单位：　　　　　　　　　　　　　　　　　　　　姓名：

一、读单音节字词（100个音节，共10分，限时3.5分钟）

饼	而	桩	另	瞥	喂	波	舜	巢	滤
仿	辛	桶	瓣	驶	峡	构	活	踹	聊
瑟	盯	此	用	谨	昂	柳	袜	肥	悦
腔	循	驾	泥	蒸	跪	歪	胁	抓	仍
擦	袋	披	存	砍	盆	洒	该	怎	材
嘘	愁	允	旁	啃	兽	北	僧	偶	捐
舔	债	孔	亭	主	翁	鸟	穷	党	泽
取	书	算	拖	凤	膜	屋	恨	蕊	刀
犬	缩	码	官	闹	满	隔	自	烘	酿
蕨	日	鸡	水	床	东	遗	谬	炉	雁

二、读多音节词语（100个音节，共20分，限时2.5分钟）

佛寺	照相	亲切	返青	耻辱	幼儿园	爽快
局面	钢铁	传说	人群	逗乐儿	摧毁	爱国
挫折	篱笆	报答	随后	盼望	提成儿	螺旋桨
修养	明白	英雄	军阀	的确	公民	拉链儿
从中	暖瓶	深化	难怪	灯泡儿	温柔	内在
调和	总得	恰好	完善	眉头	夸张	学习
窘迫	毽子	典雅	妇女	标准	不速之客	

三、朗读短文（400个音节，共30分，限时4分钟）

作品14号

读小学的时候，我的外祖母去世了。外祖母生前最疼爱我，我无法排除自己的忧伤，每天在学校的操场上一圈儿又一圈儿地跑着，跑得累倒在地上，扑在草坪上痛哭。

那哀痛的日子，断断续续地持续了很久，爸爸妈妈也不知道如何安慰我。他们知道与其骗我说外祖母睡着了，还不如对我说实话：外祖母永远不会回来了。

"什么是永远不会回来呢？"我问着。

"所有时间里的事物，都永远不会回来。你的昨天过去，它就永远变成昨天，你不能再回到昨天。爸爸以前也和你一样小，现在也不能回到你这么小的童年了；有一天你会长大，你会像外祖母一样老；有一天你度过了你的时间，就永远不会回来了。"爸爸说。

爸爸等于给我一个谜语，这谜语比课本上的"日历挂在墙壁，一天撕去一页，使我心里着急"和"一寸光阴一寸金，寸金难买寸光阴"还让我感到可怕；也比作文本上的"光阴似箭，日月如梭"更让我觉得有一种说不出的滋味。

时间过得那么飞快，使我的小心眼儿里不只是着急，还有悲伤。有一天我放学回家，看到太阳快落山了，就下决心说："我要比太阳更快地回家。"我狂奔回去，站在庭院前喘气的时候，看到太阳//还露着半边脸，我高兴地跳跃起来，那一天我跑赢了太阳。以后我就时常做那样的游戏，有时和太阳赛跑，有时和西北风比快，有时一个暑假才能做完的作业，我十天就做完了；那时我三年级，常常把哥哥五年级的作业拿来做。每一次比赛胜过时间，我就快乐得不知道怎么形容。（"//"以后部分，不予评分。）

四、命题说话（请在下列话题中任选一个，共40分，限时3分钟）

1. 我的假日生活
2. 谈谈社会公德（或职业道德）

附录 C

口才自我训练方案

目标：锻炼最大胆的发言、最大声的说话、最流畅的谈话。
目标实现时间：100 天

一、积极心态训练（20 分钟）

1. 自我暗示：每天清晨默念 10 遍"我一定要最大胆地发言，我一定要最大声地说话，我一定要最流畅地演讲。我一定行！今天一定是幸福快乐的一天！"（平常也自我暗示，默念或写出来，至少 10 遍。）（10 分钟）

2. 想象训练：至少 5 分钟想象自己在公众场合成功地演讲，想象自己成功的时刻。（5 分钟）

3. 至少 5 分钟在镜前学习微笑，展示自己的手势及形态。（5 分钟）

二、口才锻炼（40 分钟）

（一）每天至少 10 分钟深呼吸训练。（10 分钟）

（二）抓住一切机会讲话，锻炼口才。（30 分钟）

1. 每天至少与 3 个人有意识地交流思想。（10 分钟）
2. 每天大声朗诵或大声讲话至少 5 分钟。（10 分钟）
3. 每天训练自己"三分钟演讲"一次或"三分钟默讲"一次。（5 分钟）
4. 每天给亲人、同事讲一个故事或完整叙述一件事情。（5 分钟）

① 讲话前，深吸一口气，平静心情，面带微笑，眼神交流一遍后，开始讲话。
② 勇敢地讲出第一句话，声音大一点，速度慢一点，说短句，语句中间不打岔。
③ 当发现紧张卡壳时，停下来有意识地深吸一口气，然后随着吐气讲出来。
④ 如果表现不好，自我安慰："刚才怎么又紧张了？没关系，继续平稳地讲"；同时，用感觉和行动上的自信战胜恐惧。

⑤ 紧张时，可以做放松练习，深呼吸或尽力握紧拳头，又迅速放松，连续 10 次。

三、辅助锻炼（40 分钟）

1. 每天至少 20 分钟阅读励志书籍或口才书籍，培养自己积极的心态，学习一些表达的技巧。(20 分钟)
2. 每天放声大笑 10 次，乐观面对生活，放松情绪。(5 分钟)
3. 训练接受他人的视线、目光，培养自信和观察能力。(5 分钟)
4. 培养微笑的习惯，要笑得灿烂、笑得真诚，锻炼亲和力。(5 分钟)
5. 学会检讨，每天总结得与失，写心得体会。每周要全面总结收获及不足，并确定下周的目标。(5 分钟)

参 考 文 献

[1] 张波. 口才训练教程. 北京：机械工业出版社, 2006.
[2] 晨曦. 大学生求职面试口才技巧. 北京：中国物资出版社, 2000.
[3] 马淑贞. 推销口才特训. 广州：暨南大学出版社, 2005.
[4] 刘翔飞. 实用谈判口才. 长沙：中南大学出版社, 2003.
[5] 肖胜萍. 决胜谈判桌. 北京：中国纺织出版社, 2003.
[6] 贝思德教育机构. 谈判口才训练教程. 西安：西北大学出版社, 2002.
[7] 吴秀红. 二十一世纪谈判口才艺术. 长春：时代文艺出版社, 2001.
[8] 甘华鸣, 许立东. 谈判. 北京：中国国际广播出版社, 2001.
[9] 赵忠祥, 白谦诚. 主持人技艺训练教程. 武汉：武汉大学出版社, 2003.
[10] 何书宏. 演讲与口才知识全集. 北京：北京工业大学出版社, 2005.
[11] 魏星. 导游语言艺术. 北京：中国旅游出版社, 2002.
[12] 韩荔华. 实用导游语言技巧. 北京：旅游教育出版社, 2002.
[13] 蒋炳辉. 导游带团艺术. 北京：中国旅游出版社, 2002.
[14] 李瑞玲. 导游实务. 郑州：郑州大学出版社, 2005.
[15] 程在伦. 讲演与口才. 北京：高等教育出版社, 2004.
[16] 许利平. 职业口才训练教程. 北京：北京交通大学出版社, 2007.
[17] 李兴军, 刘金同. 大学生实用口才与演讲. 北京：清华大学出版社, 2006.
[18] 周立. 应用写作与口头表达. 北京：北京工业大学出版社, 2006.
[19] 刘伯奎. 教师口语. 上海：华东师范大学出版社, 1994.
[20] 刘伯奎. 口才交际能力训练. 北京：中国人民大学出版社, 2011.
[21] 刘伯奎. 口才与演讲. 北京：中国人民大学出版社, 2002.
[22] 孟广智. 普通话水平测试指南. 哈尔滨：黑龙江教育出版社, 2001.